法律基础知识
（第2版）

主　编　王富君
副主编　张奕雌　王　玮
编　委　王清华　龙再嘉　王泽德
　　　　傅细华　王云峰　康道德

北京理工大学出版社
BEIJING INSTITUTE OF TECHNOLOGY PRESS

内 容 简 介

法律基础知识是中等职业学校德育课程的重要组成部分，因此，根据《中等职业学校德育课课程教学大纲(试行)》中的《法律基础知识教学大纲(试行)》组织专家学者编写了本教材。

全书共分为绪论、宪法、刑法、行政法、民法、诉讼法、劳动法和社会保险法等。突出了能力培养的教学目的，每章一练能够帮助学生巩固基础知识。书中配有知识库和小锦囊等，形式新颖，生动活泼，具有实用性和指导性的特点。

本书不仅适合中等职业技术学校的德育课教学使用，也可以作为学生家长、教育工作者、社会工作者以及关心青少年法制教育的人士的参考书。

版权专有　侵权必究

图书在版编目（CIP）数据

法律基础知识 / 王富君主编. —2版. —北京：北京理工大学出版社，2021.6重印
ISBN 978-7-5640-4796-2

Ⅰ.①法⋯　Ⅱ.①王⋯　Ⅲ.①法律-中国-中等专业学校-教材　Ⅳ.D92

中国版本图书馆CIP数据核字（2011）第136776号

出版发行 / 北京理工大学出版社有限责任公司
社　　址 / 北京市海淀区中关村南大街5号
邮　　编 / 100081
电　　话 / （010）68914775（总编室）
　　　　　（010）82562903（教材售后服务热线）
　　　　　（010）68948351（其他图书服务热线）
网　　址 / http://www.bitpress.com.cn
经　　销 / 全国各地新华书店
印　　刷 / 定州市新华印刷有限公司
开　　本 / 787毫米×1092毫米　1/16
印　　张 / 13
字　　数 / 340千字
版　　次 / 2021年6月第2版第10次印刷　　　　　责任校对 / 周瑞红
定　　价 / 33.00元　　　　　　　　　　　　　　责任印制 / 边心超

图书出现印装质量问题，请拨打售后服务热线，本社负责调换

前言

随着我国经济的发展和国力的日益强盛，法律素质成为社会成员必须具备的综合素质之一。通过本书的学习，能够使中职生了解和掌握与自己生活密切相关的法律基础知识，增强法律意识，树立法制观念，提高辨别是非的能力，从而不仅做到自觉守法，严格依法办事，而且还能积极运用法律武器，维护自身合法权益，同各种违法犯罪行为做斗争，成为具有较高法律素质的公民，并为将来依法从事职业活动打下良好的基础。

法律基础知识是中等职业学校德育课程的重要组成部分，因此，根据《中等职业学校德育课课程教学大纲（试行）》中的《法律基础知识教学大纲（试行）》组织专家学者编写了本教材。

全书共分为绪论、宪法、刑法、行政法、民法、诉讼法、劳动法和社会保险法等。突出了能力培养的教学目的，每章一练能够帮助学生巩固基础知识。书中配有知识库和小锦囊等，形式新颖，生动活泼，具有实用性和指导性的特点。

本书不仅适合中等职业技术学校的德育课教学使用，也可以作为学生家长、教育工作者、社会工作者以及关心青少年法制教育的人士的参考书。

由于编写时间有限，书中难免存在不尽如人意之处，恳请广大读者批评指正。

编　者

目 录

第一章 绪 论 ... 1
- 知识点1 法的基础知识 ... 2
- 知识点2 我国社会主义的法律体系 ... 4

第二章 宪 法 ... 9
- 知识点1 宪法简介 ... 10
- 知识点2 我国宪法概述 ... 16

第三章 刑 法 ... 28
- 知识点1 刑法简介 ... 29
- 知识点2 犯罪的相关知识 ... 35
- 知识点3 排除社会危害性的行为 ... 41
- 知识点4 故意犯罪的停止形态 ... 43
- 知识点5 共同犯罪 ... 45
- 知识点6 刑 罚 ... 48
- 知识点7 刑罚的适用范围及条件 ... 55
- 知识点8 刑法分则 ... 61
- 知识点9 刑法修正案（八）... 83

第四章 行政法 ... 91
- 知识点1 行政法概述 ... 92

知识点2　行政主体概述 …………………………………………… 98
　　知识点3　行政行为 ………………………………………………… 102
　　知识点4　行政法制监督概述 …………………………………… 106

第五章　民　法　109

　　知识点1　民法的相关概念 …………………………………… 110
　　知识点2　民事主体 ………………………………………………… 114
　　知识点3　民事权利 ………………………………………………… 120
　　知识点4　合　同 …………………………………………………… 125
　　知识点5　民事责任 ………………………………………………… 135

第六章　诉讼法　140

　　知识点1　刑事诉讼法 ……………………………………………… 141
　　知识点2　行政诉讼法 ……………………………………………… 154
　　知识点3　民事诉讼法 ……………………………………………… 163

第七章　劳动法　179

　　知识点1　劳动法概述 ……………………………………………… 180
　　知识点2　劳动合同 ………………………………………………… 183
　　知识点3　工作时间、休息休假和工资制度 …………………… 186
　　知识点4　劳动争议 ………………………………………………… 189

第八章　社会保险法　193

　　知识点1　《社会保险法》颁布实施的重要意义和立法原则 …… 194
　　知识点2　社会保险体系的基本框架、覆盖范围及筹资渠道 …… 195
　　知识点3　社会保险的待遇项目和享受条件 …………………… 196
　　知识点4　社会保险关系转移接续和社会保险费征缴制度 …… 198
　　知识点5　社会保险基金管理制度和社会保险监督制度 ……… 198
　　知识点6　法律责任 ………………………………………………… 200

第一章 绪 论

教学目标

通过本章的学习,使学生了解法律产生的过程,了解我国社会主义的法律体系,并在此基础上深刻理解,为建设我国社会主义法治社会而努力。

教学要求

认知:了解法律的产生过程,了解我国社会主义的法律体系以及体系的运行过程。

理解:理解法律的作用和我国社会主义法治国家的建设。

运用:在认知和理解的基础上,能够在生活中自觉学习并且运用法律知识,为我国建设社会主义法治社会而努力。

法律基础知识

知识点 1 法的基础知识

一、法的一般知识

1. 法的产生

在原始社会里,调整人们相互关系、维护社会秩序的社会规范是氏族习惯。

法是随着私有制、阶级和国家的产生而产生的,是适应社会分裂为阶级以后的需要而出现的。

法是阶级社会特有的现象,是社会发展到一定历史阶段的产物,它经历了一个长期渐进的形成和发展过程。

2. 法的本质和特征

(1)法的概念 法是由国家制定或认可,并由国家强制力保证实施的,反映统治阶级意志的规范体系。这一意志的内容是由统治阶级的物质生活条件所决定的。法通过规定人们在社会关系中的权利和义务,确认、保护和发展有利于统治阶级的社会关系和社会秩序。

(2)法的本质 法是统治阶级意志的体现。

法所体现的统治阶级意志,是统治阶级作为一个整体在根本利益一致的基础上所形成的共同意志。法并非体现统治阶级的所有意志和要求,法所体现的只是"被奉为法律"的统治阶级意志,是统治阶级国家意志的体现。统治阶级意志的内容是由统治阶级的物质生活条件决定的。

(3)法的特征 法的主要特征有以下几个方面:

- 法是一种特殊的社会规范,它具有规范性、概括性等特点。
- 法是国家制定或认可的,制定和认可是国家创制法的两种方式。
- 法规定了人们的权利和义务。
- 法是由国家强制力保证实施的。

3. 法的作用

(1)法的规范作用 所谓法律的规范作用是指法律对人的行为所产生的影响及其方式和过程。法律对人的行为可以通过两种途径发生影响。

- 对人们行为的直接控制。法律通过它的不同的规范性表现形式,如授权性规范、禁止性规范、命令性规范等来调整一定的社会关系,指引人们的行为。
- 通过对人们心理的影响,间接地约束人们的行为,这种间接控制行为的方式可称为法律的心理控制作用。法律的心理控制不是直接规定行为的可行与否,而是通过教化以及其他手段作用于人们的头脑。心理控制的最终目的,是通过法律意识的指导,使人们的行为符合法律的要求。

(2)法的社会作用 法律的社会作用是指法律对经济的、政治的、文化的等各种社会关系的影响及其方式和过程,它体现了法律对于社会整体影响的效果。法律发挥其社会作用的途径也可归纳为两种方式。

- 维护统治阶级在政治、经济和思想等领域中的统治。在社会主义国家,法律的这种作用的主要表现是:保障和促进社会主义政治文明建设,确认人民主权和维护人民当家做主的权利,保障和促进社会主义市场经济健康有序地发展,保障和促进社会主义精神文明建设。

- 执行社会公共事务方面的作用。大量的法律规范是用以调整每一社会成员所共同面临的社会性事务的,如维护人类基本生活条件的法律,内容包括自然资源和环境保护、交通通讯、医疗卫生等方面。法律在这方面的作用,为统治阶级的经济、政治等社会关系奠定了基础,实际上是在间接地维护统治阶级的经济、政治统治。

当然,上述两方面的作用往往是互相交织在一起的,它们作为一个整体服务于法律的最终目标,体现出法律的本质。

4. 法与其他社会现象之间的关系

(1)法与经济　法在市场经济宏观调控中的作用:引导作用、促进作用、保障作用、制约作用。

法在规范微观经济行为中的作用:确认经济活动主体的法律地位;调整经济活动中各种关系;解决经济活动中的各种纠纷;维护正常的经济秩序。

> 讨论
> 法与社会文化之间是否有关系？

(2)法与政治、政策　法律受政治的制约主要体现在:政治关系的发展变化是影响法的发展变化的重要因素;政治体制的改革也制约法的内容及其发展的变化;政治活动的内容更制约法的内容及其变化。

党的政策指导法制建设的各个环节,社会主义法是实现党的政策的重要手段和形式,同时又对党的政策起到一定的制约作用。

二、法律制度的相关概念

1. 法的制定

法的制定主要是指一定的国家机关依照法定职权和法定程序制定、修改、废止法律和其他规范性法律文件的一种专门活动,一般也称为法律的立、改、废活动。

立法的基本原则:

- 立法必须以宪法为依据;
- 立法必须从实际出发;
- 总结实践经验与科学预见相结合;
- 吸收、借鉴历史和国外的经验;
- 以多数人的最大利益为标准,立足全局,统筹兼顾;
- 原则性和灵活性相结合;
- 保持法律的稳定性和连续性与及时立、改、废相结合。

2. 法律实施

法律实施包括执法、司法和守法。

(1)法律适用的要求

- 准确,指适用法律时,事实要调查清楚,证据要准确;
- 合法,指司法机关审理案件时要合乎国家法律的规定,依法办案;
- 及时,指司法机关办案时在正确、合法的前提下,还必须做到遵守时限。

(2)法律适用的原则

- 公民在法律面前一律平等;
- 以事实为根据,以法律为准绳;

- 司法机关依法独立行使职权；
- 实事求是，有错必纠。

3. 法律关系

法律关系的基本特征主要是：

- 法律关系是以权利义务为内容的社会关系；
- 法律关系是由国家强制力保证的社会关系；
- 法律关系是以现行法律存在为前提的社会关系；
- 法律关系不属于物质关系，而是一种思想关系。

你知道吗 ➤➤➤

广义和狭义的法律

广义的法律：是指法的整体，包括法律、有法律效力的解释及其行政机关为执行法律而制定的规范性文件(如规章)。

狭义的法律：专指拥有立法权的国家机关依照立法程序制定的规范性文件。

在三权分立的国家，由行政机关为执行法律而制定的行政命令仅对该行政机关的公务员有拘束力，除法规命令外，原则上行政机关所制定的行政规则对人民均不发生拘束力。而限制人民自由权利的法律必须由人民所选举的立法机关制定(即后者)。

知识点 2　我国社会主义的法律体系

一、我国社会主义法律体系的概况

法律体系是指由一国现行法律规范总和构成的、具有有机联系的统一整体。在法律体系中，法律规范是基本元素，法律部门是基本单位。

宪法、行政法、民商法、经济法、刑法、程序法等各自独立、又彼此联系的众多法律部门组成了我国社会主义法律体系。

1. 宪法

宪法是国家的根本法，也常被称为"最高法律""国家法"。

- 宪法的内容都是国家的重大问题，如国家的根本制度、根本任务、基本国策和公民的基本权利和义务；
- 宪法集中表现各种政治力量的实际对比关系；
- 宪法不仅是其他一般法律的立法基础，是"母法"，其他法律不得与它相抵触，而且它具有最高法律效力，它的制定和修改比一般法律更为复杂。

习惯上，把《全国人民代表大会组织法》《民族区域自治法》《香港特别行政区基本法》《澳门特别行政区基本法》《立法法》《全国人民代表大会和地方各级人民代表大会选举法》《全国人民代表大会和地方各级人民代表大会代表法》《国旗法》《国徽法》《国籍法》等作为与宪法相关的法律。

2. 行政法

行政法是调整行政活动的法律规范的总称。行政法是国务院根据宪法和法律的规定，在其职权范围内制定的有关国家行政管理活动的规范性文件。它分为一般行政法和特别行政法。行政法规不得与宪法和法律相抵触。

3. 民商法

民商法是调整民事和商事活动的法律规范的总称。目前我国尚无一部比较完整的民法典，而是以《民法通则》为基本法律，辅之以其他民事单行法律。商法是调整公民、法人之间商事关系和商事行为的法律规范的总称。

4. 经济法

经济法是调整国家在监管与协调经济运行过程中发生的经济关系的法律规范的总称。主要包括两个部分：

- 创造平等竞争环境、维护市场方面的法律；
- 国家宏观调控和经济管理方面的法律。

5. 刑法

刑法是规定犯罪、刑事责任和刑罚的法律规范的总称。

6. 程序法

程序法是规定保证权利和义务得以实现或职权和权责得以履行的法律规范的总称。

二、我国社会主义法律体系的运行

1. 法律制定的概念、特点

(1) 法律制定的概念　法律制定，又称立法，通常有广义和狭义两种理解。广义的法律制定泛指有关国家机关在其法定的职权范围内，依照法定程序，制定、修改、补充、废止规范性法律文件的活动。狭义的法律制定专指国家最高权力机关(或称国会、国家立法机关等)制定、修改、补充、废止基本法律(或法典)的活动。

(2) 法律制定的特点

- 法律制定是国家的专有活动，是国家机关依照法定职权进行活动的法律形式之一；
- 法律制定是国家机关依照法定程序进行的活动；
- 法律制定是制定、修改、补充、废止规范性法律文件的活动。

2. 法律制定的指导思想和基本原则

(1) 法律制定的指导思想　我国《立法法》第3条规定："立法应当遵循宪法的基本原则，以经济建设为中心，坚持社会主义道路，坚持人民民主专政，坚持中国共产党的领导，坚持马克思列宁主义毛泽东思想邓小平理论，坚持改革开放。"

马克思列宁主义、毛泽东思想、邓小平理论和"三个代表"重要思想，集中体现了我国社会主义初级阶段一切工作的重心和基本任务，集中代表了我国现阶段工人阶级和广大人民群众的意志和愿望，也集中体现了我国法律的价值取向，因此是我国法律制定的指导思想。

(2) 法律制定的基本原则

- 实事求是，一切从实际出发；
- 坚持原则性和灵活性相结合；
- 维护法律的严肃性、稳定性和连续性；
- 坚持群众路线，坚持领导与群众相结合；

- 有选择地汲取和借鉴我国历史上的和国外的立法经验。

3.法律制定的程序

法律的制定程序又叫立法程序,是指国家机关在制定、修改和废止法律和其他规范性文件的活动中必须履行的法定步骤或阶段。

我国立法程序大体包括:法律案的提出;法律案的审议;法律案的表决;法律的公布四个环节。

4.法律遵守

法律遵守,即通常所说的"守法",是指国家机关、社会组织和公民个人依照法律规定,行使权力和权利以及履行职责和义务的活动。

5.法律执行

广义的法律执行是指国家机关及其公职人员,在国家和公共事务管理中依照法定职权和程序,贯彻和实施法律的活动。

狭义的法律执行是指国家行政机关执行法律的活动,也被称为行政执法。

6.法律适用

法律适用是指国家司法机关及其公职人员依照法定职权和程序适用法律处理案件的专门活动。

法律适用有广狭两种含义。从广义上说,法律适用是指国家机关及其工作人员和国家授权的社会组织依照法定的职权和程序,运用国家权力,把法律规范的规定运用于具体的主体或场合,解决具体问题的专门活动,包括一切司法和执法活动;从狭义上说,法律适用专指司法机关及其工作人员依照法定的职权和程序,运用法律规范处理具体案件的活动,也称司法或司法适用。

新中国的法律大事

1978年:全国有3 187个各级法院,法官人数6万余人,当年处理各类案件61万多件。1988年8月:浙江省苍南县农民包郑照状告县政府非法拆除其房子,开创了中国"民告官"的先例,促成了后来《中华人民共和国行政诉讼法》的产生。1998年:中国实行公开审理的制度。1998年7月11日:著名的"十大电影厂维权案"开审,中央电视台首次进行审判过程的电视直播。2004年3月14日:"国家尊重和保护人权"被写入宪法。2007年:全国有3 557个各级法院,法官人数19万余人,当年处理各类案件885万多件。

三、建设有中国特色的社会主义法治国家

1.法治的基本概念

法治是现代行之有效的、首要选择的治理社会、管理国家之道。其基本内涵是:

(1)法治是一种宏观的治国方略 作为一种治国方略,它是指一个国家在多种社会控制手段面前选择以法律为主的手段进行控制,而不是其他手段,即"依法治国"。

(2)法治是一种民主基础上的制度模式 法治社会需要一整套完备的法律制度,但有了

法律制度并不一定就是法治社会。通常所说的法制并不一定是民主的,它完全可以为专制制度服务。而法治正是指与民主相结合的法制模式,法律通过民主的手段制定,法律首要的目的是保护人民的权利。

(3)法治是一种理性的办事原则　法律是人们事先设定的规则,具有稳定性、连续性、普遍性和一致性,在制定法律之后,任何人和组织均受既定法律规则的约束,即依法办事。

(4)法治体现了一系列价值的法律精神　这种价值和精神包括:法律至上,即当法律与权力发生冲突时,应当服从法律而不是权力者个人的意志;善法之治,即通过民主的手段制定科学的体现人民意志的法律是一个基本的前提;权利本位,即人民的利益是最高的法律,法治的最终目的不是别的,而是人民的利益、公民的权利;平等适用,即法律面前人人平等;权力制约和正当程序,即权力必须受到制约,权力的行使要受到法律的制约,尤其要受到法律程序的制约。

(5)法治是一种理想的社会秩序　法治所追求的目标是一种理想的社会结构和社会秩序,因此它必然不是一个一成不变的确定状态,而是一个不断探索和不断实践的过程,具有由低到高发展的阶段性。

2.法制与法治的关系

所谓法制,从广义上说,就是指国家的法律和制度,或者说就是一个国家或地区的法律上层建筑的整个系统。在这个系统中,核心因素是现行法系统(即法的体系),同时还包括与现行法相适应的法律意识(即统治阶级的法律意识)和一系列的法律实践(包括法律制定、法律实施和法律解释的活动)。

一般来说法治就是指与民主相联系的治国的原则和方略,或者说就是一切国家机关、公职人员、公民、社会组织和团体必须普遍守法的原则,亦即依法办事的原则。

法制和法治尽管是两个概念,但它们毕竟是密切联系的。法制也好,法治也好,它们都要以法律为核心内容和因素;它们都属于社会上层建筑的范畴,都受一定的物质生活条件的制约;它们都体现统治阶级的意志和利益,都为统治阶级服务。

法制和法治尽管存在着上述联系和共同点,但它们毕竟是两个不同的概念。法制是国家的法律和制度的简称,是整个法律上层建筑系统,更多的是就静态意义上讲的。而法治包括治国的原则和方略,普遍的守法原则,依法办事的原则,是同政治民主相联系的;法制是与国家政权相伴而生,有国家政权就有法制,而法治则是与民主政治相伴而生,一个国家可以有健全的法制但不等于实行了法治,有了民主政治才可能实行法治;它们各自在语言表述上,无论中文还是外文都是有区别的。

总之,法制和法治二者既有联系又有区别,既不能割裂开来,也不能混淆起来。

3.法治与人治的关系

法治和人治是两种不同的治国原则和方略。人治一般是提倡圣君贤人的道德教化,主张因人而异,对人的行为作具体指引,推崇个人权威;而法治一般同民主政治相联系,强调统治者通过法律来治理,提倡一般性规则的作用,树立法律的权威。

古今中外的历史经验已经证明,法治优于人治,法治是人类社会文明进步的重要标志。所以我们要实行法治,要依法治国,不搞人治。

4.依法治国的科学含义

依法治国,就是广大人民群众在党的领导下,按照宪法和法律的规定,通过各种途径和形式管理国家事务,管理经济文化事业,管理社会事务,保证国家各项工作都依法进行,逐步实现社会主义民主的制度化、法律化,使这种制度和法律不因领导人的改变而改变,不因领导人看法和注意力的改变而改变。

建设社会主义法治国家的主要任务有以下几项:第一,完善中国特色社会主义法律体系;第二,提高党依法执政的水平;第三,建立社会主义法治政府;第四,健全司法体制与制度;第五,完善权力制约与监督机制;第六,培植社会主义新型法律文化。

> 讨论
>
> 法治与人治之间有冲突吗?

每章一练

1. 简述法的本质和特征。
2. 法的作用有哪些?
3. 立法有哪些基本原则?
4. 我国的法律体系主要包括哪些内容?
5. 简述我国法律制定的指导思想。
6. 如何建设有中国特色的社会主义法治建设?

第二章 宪 法

教学目标

通过本章的学习,使学生了解宪法的概念和特征,了解国内外宪法的发展,理解我国公民的基本权利和义务。

教学要求

认知:了解宪法的相关知识以及我国宪法的发展和演变,并了解宪法的基本内容以及我国的国家机构设置。

理解:理解我国宪法规定的基本制度以及我国公民的基本权利和义务。

运用:在认知和理解的基础上,能够在以后的生活学习中自觉学习宪法的相关知识,维护自己的相关权利并执行相关义务。

知识点 1 宪法简介

一、宪法的含义和基本特征

1. 法学意义上的宪法含义

在宪法学中,宪法一词经常在两种意义上使用:一是作为法学基本概念的"宪法";二是作为法律渊源形式的"宪法"。其中,"宪法"的第一种意义不仅涵盖了第二种意义,它还指宪法的创制、实施、保障等属于宪法运行制度的内容,而且也指宪法的历史、与宪法制度有关的宪政思想和各种意识形态等。总而言之,它是指作为宪法学研究对象的"宪法",在这个意义上,宪法与宪法学的外延完全重合,宪法即宪法学。第二种意义的宪法又有两方面的含义:一是指在一国法律体系中与一般法律相区别、具有根本法地位的一切法律规范的总称,包括宪法典、宪法性法律、宪法惯例、宪法判例等;二是指成文宪法典或冠以"宪法"名称的法律规范文件,其中第一层含义包括了第二层含义。

2. 宪法的特征

宪法是根本法,这是宪法的最基本特征。具体说来:

(1)宪法首先是法,是法律渊源形式之一　作为一国法律体系中的部门法之一,它与民法、刑法、诉讼法等一样具有法的一般特征和主要特点,即它也是调整社会关系的行为规范、国家制定或认可的行为规范、以权利和义务为内容的行为规范、司法机关可以适用的行为规范、由国家保证其实施的行为规范,并具有确定性、程序性、公开性、平等性的特点。

(2)宪法其次是根本法,它又不同于民法、刑法、诉讼法等一般法律　宪法的根本法地位主要体现为以下四个方面:

①在法律内容上,宪法作为根本大法,它规定了一国最根本、最重要的制度性内容。

宪法作为国家的根本大法,它的内容涉及一个国家带有普遍性、全局性的根本问题,诸如如何界定主权、如何组织政府、如何设置国家机关、如何调整国家与公民的法律关系、如何确认和保护公民的基本权利等,即宪法的内容是对一国最主要问题的制度化安排,是关于如何划分国家权力和公民权利及其相互关系的法律化处置,这些处置和安排不仅反映了一国政治、经济、文化和社会生活的主要内容及其发展方向,还从社会制度和国家制度的根本原则上规范了整个国家、社会和普通公民的活动。

而一般法律所规定的内容更为具体、富有细节性,它们所涉及的往往只是国家生活、社会生活某些或某一方面、某些或某一领域的内容,如民法规定的是民事领域平等主体的财产关系和人身关系方面的内容;刑法规定的是刑事领域的定罪、量刑和行刑问题;诉讼法规定的是民事、刑事或行政领域的法律适用程序问题等。并且,一般法律的内容是根据宪法创制出来的,是由宪法的相关规定所派生的。

②在法律效力上,宪法作为根本大法,它具有最高的法律效力。

所谓法律效力,是指已颁布生效的法律对人、对事、对地所具有的约束力和强制力。任何法律都有法律效力,宪法也不例外,但它的法律效力要高于一般法律。在成文宪法国家,宪法在国家法律体系中居于最高的法律地位,享有最高的法律效力。具体来说,宪法的最高法律效力是指:

第一,宪法是一般法律的立法依据,任何法律法规的创制不得与宪法的原则和精神相违背。当普通法律法规的创制程序不合宪法要求或其内容与宪法相矛盾相抵触时,应当宣布有问题的法律法规违宪,予以废除或修改。

第二,宪法是一切国家机关、社会团体、企事业单位和全体公民的最高行为准则,而不得有凌驾于宪法之上的特权,是执法、司法和守法的最终法律依据。宪法与一般法律的关系是"母法"和"子法"的关系,宪法是"法律的法律"。

如1982年中国宪法序言明确规定:"本宪法以法律的形式确认了中国各族人民奋斗的成果,规定了国家的根本制度和根本任务,是国家的根本法,具有最高的法律效力""全国各族人民、一切国家机关和武装力量、各政党和各社会团体、各企事业单位,都必须以宪法为根本的活动准则,并且负有维护宪法尊严、保证宪法实施的职责"。

又如美国联邦宪法第6条第2款规定:"本宪法与依照本宪法所制定的合众国法律,及以合众国的权力所缔结或将缔结的条约,均为全国最高法律。即使与任何州的宪法或法律有抵触,各州法官仍应遵守。"

③在法律创制上,宪法作为根本大法,它有其严格而特殊的创制程序。

由于宪法是根本法,是人民意志(执政阶级意志)的最集中体现,具有最高的法律权威,因而其创制程序也有其严格而特殊的规定。

第一,在宪法的制定上,宪法由特定机关通过特定程序予以制定。

就宪法的制定机关而言,有的国家宪法由最高权力机关制定和通过,如1977年苏联宪法是由苏联最高苏维埃制定和通过,1960年捷克斯洛伐克宪法由国民会议通过,1982年中国宪法是由全国人民代表大会制定和通过;有的国家宪法由专门的立宪会议或制宪会议制定或通过,如意大利宪法由制宪会议通过,美国联邦宪法由特设的制宪会议制定并经各州州议会或州制宪会议批准,法国宪法由国民制宪会议通过;有的国家宪法在宪法正式公布之前还要经过全民讨论或公民复决,而一般法律由国家立法机关制定和通过。

第二,在宪法的修改上,无论是宪法修正案的提出,还是宪法修正案的议决,也都有比一般法律更严格的程序规定。

宪法修正案的通过一般要由立法机关或修宪机关全体成员的2/3或3/4多数通过才能生效,而一般法律的修改只要立法机关成员过半数通过就能生效。如美国联邦宪法修正案必须由国会两院议员2/3多数要求或应2/3的州议会的请求召集特别会议才能提出,而修正案的通过则必须由3/4的州议会或3/4的州修宪会议批准才能生效。又如中国1982年宪法第64条规定:"宪法的修改,由全国人民代表大会常务委员会或五分之一以上的全国人民代表大会代表提议,并由全国人民代表大会以全体代表的三分之二以上多数通过。"另外,有些国家还明文规定,宪法的某些内容不得修改,如法国现行宪法第89条规定:"政府的共和政体不能成为修改的对象。"意大利现行宪法第139条规定:"共和国的体制不得成为宪法修改对象。"

第三,在宪法的解释上,就解释宪法的机关和程序亦有特别规定。

就宪法解释机关而言,有的由最高立法(权力)机关解释,如1980年越南宪法第100条规定国务委员会有权解释宪法,1982年中国宪法第67条规定全国人大常委会有权解释宪法;有的由普通法院解释,如1948年大韩民国宪法规定最高法院可解释宪法,而美国联邦最高法院1803年首创了违宪司法解释机制;还有由专门宪法监督机关予以解释,如奥地利设有宪法法院,法国有宪法委员会,联邦德国有联邦宪法法院等有权解释本国宪法。

④在法律实施及其监督上,宪法作为根本大法,它与一般法律相比,也有特别规定。

作为根本法的宪法一般由宪法制定者直接来监督实施。在具体监督宪法实施的实践中，宪法往往将监督宪法实施的权力授予国家最高权力机关或特设的专门监督机关。因此在宪法实施的实践中，为保证宪法监督机关的权威性和有效性，只有宪法明确授予宪法监督权的国家机关或特定主体才有权监督宪法的实施。而其他宪法非授权主体只能在履行自身职责的过程中负有保障宪法实施的义务，而不能代替宪法制定者来行使监督宪法实施的权力。如1982年中国宪法第62、第67条规定只有全国人大及其常委会有权监督宪法的实施。

二、宪法的本质

根据马克思主义法学观，宪法与其他法律一样都是被上升为国家意志的统治阶级意志的体现，但宪法在表现统治阶级意志的过程中却存在自身的特点。即一方面，各国宪法都在实质上或形式上与民主有关，都表现着统治阶级建立民主制国家的意志；另一方面，宪法比其他法律更集中更全面地表现着统治阶级的意志。然而，宪法对统治阶级意志的表现并不是随心所欲的。在创制宪法时，统治阶级必须全面综合考察当时各种政治力量的对比关系，并以这种对比关系为依据来确定宪法的基本内容。

因此，宪法的本质就在于，它是一国统治阶级在建立民主制国家过程中各种政治力量对比关系的集中体现。在理解宪法的这一本质时，应注意两点：

(1)在政治力量对比中，阶级力量的对比居首要地位　这要从以下几方面来理解：

第一，宪法是阶级斗争的产物。

宪法的产生与阶级斗争分不开，它是由阶级斗争中取得胜利、掌握国家政权的阶级制定的，是对阶级斗争的总结，并反映了阶级斗争的成果。资本主义宪法是资产阶级在反对封建地主阶级斗争中取得胜利成果的总结；社会主义宪法是无产阶级经过长期斗争，推翻了资产阶级统治，建立无产阶级政权的结果。

第二，"宪法是阶级力量对比关系的集中体现"的基本含义是：宪法明确规定了社会各阶级在一国中的地位及其相互关系，说明了宪法是代表统治阶级的意志、用以实现阶级统治的工具，反映的是统治阶级与被统治阶级的关系。

因此，宪法确认了哪个阶级对哪个阶级的专政，哪个阶级是统治阶级，哪个阶级是被统治阶级。资本主义宪法确认资产阶级是统治阶级，无产阶级及其他广大劳动人民是被统治阶级；而社会主义宪法确认无产阶级和其他劳动人民是国家的主人，被推翻的少数剥削者是被统治的对象。

第三，"宪法是阶级力量对比关系的集中体现"还意味着：在同一类型的国家，甚至在某一国家的不同时期，由于阶级力量对比关系的发展变化，也会影响宪法内容的发展变化，但这种发展变化并不是宪法本质的改变。

如在资产阶级革命时期，由于各国革命力量的不同特点，其宪法的内容因此而有所差别：在17世纪的英国，由于资产阶级势力的相对软弱、封建贵族势力的相对强大，资产阶级革命以资产阶级与封建贵族的妥协而告终，建立了君主立宪制国家，英国宪法正反映了这个特点；18世纪的法国资产阶级革命是较彻底的，其革命胜利后制定的宪法就明确地确认了资产阶级的民主、平等、自由和人权，宣告废除封建制度的贵族、封号和特权等内容。

社会主义宪法也是如此，1918年的《苏俄宪法》规定了彻底消灭人剥削人的制度，而我国1954年宪法，则保留了资产阶级、小资产阶级等非公有制的所有权制度，直至如今的

1982年宪法还规定了鼓励非公有制经济适度发展的条款。

就同一国家不同时期的宪法,因为阶级力量的对比变化而影响到其内容的重大变化,18世纪以来的法国最为典型。1791年宪法确立了君主立宪政体,反映了法国革命初期资产阶级与国王为首的封建势力的妥协;随着雅克宾派上台,法国颁布了1793年宪法,宣布法国为议会制共和国,废除君主立宪政体;热月党人执政后,颁布了1795年宪法,它反映的是大资产阶级和投机商人的利益;1799年拿破仑发动雾月政变,颁布新的法国宪法,实行最高统治权实际上集中于拿破仑一人的三人执政官制度;1802年,拿破仑又颁布共和国第十年宪法,规定其执政终身;1804年,拿破仑再次修改宪法,宣布法兰西第一帝国成立;1814年波旁王朝复辟,颁布《钦定宪章》,恢复君主立宪制度;1830年,法国七月王朝上台,颁布七月王朝宪法;1848年二月革命后,成立了法兰西第二共和国,颁布了法兰西第二共和国宪法。

> **讨论**
> 有永恒的宪法吗?

(2)社会政治力量的对比　除了阶级力量对比这一主要因素外,还包括其他政治力量的对比,这主要是同一阶级内部的各个阶层、各个派别的力量对比,与阶级力量对比既相联系又相区别的各种社会利益集团(如民族组织、行业协会、公民自治组织等)的力量对比等。

阶级力量对比外的其他力量对比不可忽视,它们也会对宪法的内容造成程度不等的影响,特别是在现代宪政社会,否则就无法理解许多宪法现象。如美国1787年联邦宪法并没有规定有色人种尤其是黑人的权利,直至后来的第15宪法修正案才规定黑人与白人享有平等的投票权。再如中国宪法规定的政治协商制度、民族区域自治制度、村民居民自治制度、特别行政区制度等,都需要从阶级力量对比以外的因素寻求宪法答案。

三、宪法的分类

1. 宪法的形式分类

宪法的形式分类属于宪法的传统分类,它是按照宪法的外部属性和特征进行的分类。由于宪法属性和特征的多样性,宪法的形式分类又可进一步地细分:

(1)按照宪法的不同表现形式,它可分为成文宪法和不成文宪法　宪法分为成文宪法和不成文宪法,是英国法学家詹姆斯·布赖斯(James Bryce)于1884年在牛津大学讲学时提出,这是对宪法的最早分类。

成文宪法(Written Constitution)是一国以一个或几个法律文书所表现的宪法,故称文书宪法(Documentary Constitution);又因成文宪法由特定的机关或个人在特定时期所制定的宪法,故称制定宪法(Statutory Constitution)。

成文宪法大多以国名冠之,当今世界上绝大多数国家采用成文宪法形式,而且大多以一个法律文书表示,如美国、法国、印度、朝鲜、日本、中国等;但也有少数国家的成文宪法采用几个同时期或不同时期制定的书面文件表示,如1875年法兰西第三共和国宪法即由1875年制定的三个法律文件组成:《国家权力组织法》《参议院组织法》和《国家权力关系法》;现行瑞典王国宪法即由1975年生效的新《政府组织法》、1810年通过经多次修改的《王位继承法》、1812年制定并经多次修改《出版自由法》和1975年修改生效的《议会法》组成。成文宪法的优点是:结构严谨、条款清晰、内容系统全面、稳定性强、不容易被修改;其不足是:适应性差,不容易顺应复杂多变的政治形势和社会发展。

不成文宪法(Unwritten Constitution)无统一的书面文件形式,而是表现于不同时期颁布的宪法性法律、形成的宪法惯例和宪法判例的汇集,故称汇集宪法(Compilatory Constitution)。

最早的资产阶级宪法是英国的不成文宪法,它是17世纪中期资产阶级与封建贵族争夺政权过程中互相妥协的产物。通过一系列逐步限制王权和扩大资产阶级政治权力的宪法性法律,如《权利请愿书》《人身保护法》《王位继承法》《国会法》等,这些宪法性法律同政治惯例、司法判例一起构成了英国宪法,确立了英国立宪君主制政体和议会内阁制。

美国在反对英国殖民统治的独立战争胜利后,于1776年由各州的代表参加的制宪会议草拟了《邦联条例》,经各州批准后于1781年3月生效,成为美国也是世界上第一部成文宪法,开创了一个成文宪法时代。1787年9月通过的《美国宪法》于1789年4月生效,这部宪法确立了美国的联邦制度和以三权分立为核心的总统制。1791年法国制定了欧洲大陆第一部宪法,把1789年法国大革命中诞生的《人权与公民权宣言》作为宪法的序言,在这部宪法的基础上建立起法兰西第一共和国。

英国是世界上最早的宪法国家,但英国宪法没有制定出一部统一的、完整的成文法典,而是由各个历史时期颁布的宪法性文件、法院判例和国会惯例所组成。

美国宪法是资本主义国家第一部成文宪法,它是以1776年美国独立战争胜利后通过的《独立宣言》和联邦条例为基础,于1787年在费城制宪会议上制定的,在资本主义国家制宪中产生了很大的影响。

英国是最典型的不成文宪法国家。英国宪法主要由三部分组成:

• 宪法法案,这包括具有规约性质的重要文件如1215年的《自由大宪章》、1259年的《人民公约》、1628年《权利请愿书》和国会立法文件如1679年的《人身保护法》、1689年《权利法案》、1701年的《王位继承法》、1911年的《国会法》、1918年的《国民参政法》、1928年的《国民参政(男女选举平等)法》、1948年颁布经1969年修正的《人民代表法》等;

• 长期形成的宪法惯例,如内阁由下院多数党组成并对下院负责、国会至少每年集会一次、两院制、首相由英王任命等;

• 具有宪法性质的法院判例中所宣示的宪法原则,如人身自由、言论自由、正当法律程序、法官独立等。1949年前的匈牙利也是不成文宪法国家。不成文宪法的优点在于:容易为公民所接受、适应性强、易应付紧急事变,但存在内容凌乱分散、缺乏系统、不易为公民所系统掌握。

英国之所以长期保持不成文宪法,主要是由于英国资产阶级革命的不彻底性,及英国公众对不成文宪法的习惯和认同。

(2)按照宪法有无严格的创制机关和程序,它可分为刚性宪法和柔性宪法　宪法分为刚性宪法和柔性宪法,也是由英国法学家詹姆斯·布赖斯(James Bryce)提出,是他于1901年在《历史与法学研究》中提出的。这种分类法的出发点是认为宪法不同于普通法律,宪法是国家根本法,应具有更高的权威性和稳定性,其修改的机关和程序应严于普通法律。

刚性宪法(Rigid Constitution)也叫硬性宪法、固定宪法,其修改的机关和程序不同于普通法律,这一般有三种情况:

• 制定或修改宪法的机关不是普通立法机关,而是特别成立的机关;

• 制定或修改宪法的程序严于一般的立法程序;

• 制定或修改宪法的机关与程序均不同于普通法律。美、日、中等国现行宪法即是刚性

宪法。成文宪法一般属于刚性宪法,但也有例外,如第一次世界大战前的普鲁士宪法的修改程序与一般法律一样。

柔性宪法(Flexible Constitution)也叫软性宪法、弹性宪法、可动宪法,是指由普通立法机关以一般立法程序修改的宪法。英国是实行柔性宪法的典型国家。1948年的意大利宪法,新西兰、以色列、伊朗、梵蒂冈、加拿大、摩纳哥等国宪法也是柔性宪法。

> 讨论
>
> 你能否用表格的形式将宪法的分类的依据和分类情况进行归纳。

(3)按照制宪机关或主体的不同,它可分钦定宪法、协定宪法和民定宪法 钦定宪法(Constitution Granted by the Sovereign)是指由君主或以君主的名义制定和颁布的宪法,它奉行主权在君原则,它往往产生于封建势力强大、资产阶级力量不占优势的二元君主立宪制国家。世界上最古老并仍在生效的钦定宪法是1814年制定的挪威王国宪法,此外,1889年日本明治天皇颁布的大日本国宪法和1908年中国清政府颁布的《钦定宪法大纲》都属于钦定宪法。

协定宪法(Contractual Constitution),也叫协议宪法、协约宪法,是指由君主或国王与国民或国民代表机关协商制定的宪法,即君民间协定的宪法。它是阶级妥协的产物,当新兴资产阶级尚无力量推翻君主统治,而封建君主又不能进行绝对专制统治时,协定宪法的产生就是必然的,它往往产生于议会君主制国家。法国1830年宪法就是法国国会与国王路易·菲力普共同颁布的。

民定宪法(Constitution Granted by the People)是指由公民直接或其选出的代表制定的宪法,它奉行主权在民原则,存在于民主共和制国家。民定宪法是成文宪法的最早形式。

宪法的形式分类还有以下:按照宪法的实施效果的不同,它可分为规范宪法、名义宪法和语义宪法;按照国家政体的不同,宪法可分为君主宪法和共和宪法;按照国家结构形式的不同,宪法可分为单一宪法和联邦宪法;按照时间为标准,宪法可分为古代宪法、近代宪法和现代宪法,等等。

2. 宪法的本质分类

这是马克思主义宪法学的一种分类方法,它根据马克思主义的社会形态论,以国家类型和宪法的阶级属性为标准,将宪法分为资本主义宪法和社会主义宪法两种基本类型。这种分类方法的鲜明特点就是揭示了宪法的本质,反映了宪法的阶级属性,"而且这种分类同宪法的历史发展过程也正相吻合,因为在封建专制制度下就没有、也不可能有宪法,宪法是资产阶级搞起来的,而现在还是资本主义宪法和社会主义宪法并存的局面"。

当然,资本主义宪法根据各资本主义国家社会发展程度的不同,它又可分为发达资本主义国家宪法和发展中资本主义国家宪法。社会主义宪法根据社会主义发展的不同阶段,它也可分为建设社会主义宪法、发展中社会主义宪法和社会主义初级阶段宪法等。

社会主义宪法与资本主义宪法的主要区别在于:

(1)各自的经济基础不同 前者建立在生产资料社会主义公有制基础之上,它宣布社会主义公共财产的不可侵犯,并同时保护公民合法的个人财产;后者建立在生产资料的资本主义私人所有制的基础之上,它公开宣布私人财产神圣不可侵犯的宪法原则。

(2)确认的国家制度不同 前者是无产阶级专政的工具,规定的是社会主义人民当家做主的国家制度;后者是资产阶级专政的工具,规定的是资产阶级的国家制度。

(3)采取的民主原则不同　前者规定的是社会主义民主,是广大人民群众的民主,并为实现民主规定了切实的法律和物质保障;后者规定的是资产阶级的民主,是少数有产者的民主,它虽然从法律上规定了普通公民形式上的广泛权利和自由,却没有规定实现这些权利和自由的物质保障。

你知道吗

中国古今法律思想的比较

古代原始公社制度的解体和法的产生是同时进行的,法是阶级矛盾不可调和的产物。据我国第一部字典《说文解字》解释:"法,刑也,平之如水,从水。法,所以触不直者去之,从去。"从水,取其平,即法平如水,也就是公平的意思。在西方一些民族的语言中,"法"的词义,也都兼有"公平""正义"的含义。然而,在阶级社会里,不同的阶级有不同的公平、正义观,法所体现的只能是不同统治阶级的公平、正义观。社会主义的法,是从具有阶级性的社会规范向反映社会全体成员共同意志、维护全社会共同利益的社会规范过渡的法。它除了具有调整敌我矛盾和人民内部矛盾两类不同性质关系的功能外,还对社会主义的物质文明和精神文明的建设有着重要的促进作用。

知识点 2　我国宪法概述

一、我国宪法的相关知识

1. 我国宪法的指导思想

坚持邓小平理论和党在社会主义初级阶段的基本路线是我国现行宪法的指导思想。邓小平理论是马列主义和毛泽东思想的继承和发展,是当代中国的马克思主义,是马克思主义在中国发展的新阶段。坚持社会主义道路,坚持人民民主专政,坚持中国共产党的领导,坚持马列主义、毛泽东思想和邓小平理论是我们的立国之本,是我国改革开放和社会主义现代化建设事业健康发展和取得胜利的最根本的保证。

2. 我国宪法的基本原则

宪法的基本原则就是宪法在调整社会关系、确定国家制度和社会制度基本原则时的思想、理论依据和准绳。宪法的基本原则是宪法本质特征的集中表现,是建立在一定经济基础之上的民主制度的法律化,反映国家的本质与发展方向。

(1)人民主权原则　亦称主权在民原则,核心是国家权力来源于人民,属于人民。西方国家采取三权分立制,而我国为民主集中制。

人民主权原则的主要内容为:

· 在宪法中明确规定:"中华人民共和国的一切权力属于人民",以确定人民主权原则;

· 明确规定人民行使国家权力的机关是全国人民代表大会和地方各级人民代表大会,以保障人民当家做主的人民主权的原则的实现;

· 通过确定社会主义的经济制度,以奠定人民主权原则实现的经济基础;

· 明确肯定人民可以依照法律规定,通过各种途径和形式,管理国家事务,管理经济和

文化事业,管理社会事务,从而将人民主权原则贯彻于社会生活的各个领域;
- 宪法确定了广泛的公民权利及其保障措施,保障和促进人民主权原则的实现。

(2)基本人权原则　人权,就是作为一个人所应当享有的权利,"天赋人权""人人生而平等"。

我国现行宪法在第2章"公民的基本权利和义务"中,对公民的权利做了比较全面详细的规定。

- 牢固确立宪法至上的法制观念　宪法是我国的根本大法,其中,公民的基本权利更是人权保障的法律依据,所以,我们要将宪法运用到实践中去,努力做到有法可依,有法必依。它有利于显示国家对人权保护的重视,利于我国人权事业的发展,因此在司法活动中也要以宪法为根本,贯彻宪法对人权保障的精神。
- 完善在刑事诉讼中的法律制度　如完善犯罪嫌疑人、被告人的申诉权、控告权,赋予嫌疑人、被告人在羁押期间与外界的通讯、联络权。充分保障律师的会见权。明确规定非法证据排除规则,同时建立相应的配套措施。
- 遵守法律程序,克服执法中的主观任性　法律程序是法的生命存在形式,是严格执行法律的基本要求。法治正是通过程序实现其价值的,我们必须高度重视法律程序,严格执行法律程序,这是维护司法公正的保障。只有严格执法的法律程序,才能保护执法的合法性,做到依法办事。

(3)法治原则　法治,"依法治国",是对于"人治"而言的,它指的是一种治理国家的理论、原则和方法。宪法中具体体现:

- 序言中"发扬社会主义民主,健全社会主义法制"。总纲中"国家维护社会主义法制的统一和尊严""任何组织或个人不得有超越宪法和法律的特权"。
- "公民的基本权利和义务"中"中华人民共和国公民在法律面前一律平等""公民的人身自由不受侵犯""公民的人格尊严不受侵犯"等。
- 在"国家机构"中,人民法院、人民检察院依法独立行使审判权、检察权,"不受行政机关、社会团体和个人的干涉"。另在1999年宪法修正案中正式将"中华人民共和国实行依法治国,建设社会主义法治国家"写入宪法。

我国现行宪法中"本宪法以法律的形式确认了中国各族人民奋斗的成果,规定了国家的根本制度和根本任务,是国家的根本法,具有最高的法律效力。全国各族人民、一切国家机关和武装力量、各政党和各社会团体、各企业事业组织,都必须以宪法为根本的活动准则,并且负有维护宪法尊严、保证宪法实施的职责""一切法律、行政法规和地方性法规都不得同宪法相抵触。一切国家机关和武装力量、各政党和各社会团体、各企业事业组织都必须遵守宪法和法律。一切违反宪法和法律的行为,必须予以追究。"

(4)权力制约原则　权力制约原则是指国家权力的各个部分之间相互监督、相形牵制、相互制约,以保障公民权利的原则。

我国与资本主义国家分权制衡原则不同的做法,为民主集中制的原则。

我国宪法第3条规定"中华人民共和国的国家机构实行民主集中制的原则。全国人民代表大会和地方各级人民代表大会都由民主选举产生,对人民负责,受人民监督。国家行政机关、审判机关、检察机关都由人民代表大会产生,对它负责,受它监督。中央和地方的国家机构职权的划分,遵循在中央的统一领导下,充分发挥地方的主动性、积极性的原则。"这些规定充分表明,民主集中制的原则,在整个国家机构体系中,人民代表机关居于最高地位,其他一切国家机关都从属于人民代表机关,人民代表机关又从属于人民;国家机构内部实行民主集中制的原则,最终都必须对人民负责,从而体现了人民是国家一切权力的源泉,国家的一切权力属于人民。

二、我国的基本制度

1. 人民民主专政制度

(1)国家性质的概念 国家性质(State Nature),即国体(State System),它是指社会各阶级在国家中的地位。正如毛泽东所指出的:"这个国体问题,从前清末年起,闹了几十年还没有闹清楚。其实,它只是指的一个问题,就是社会各阶级在国家中的地位。"具体而言,国家性质是指在一国中,谁占统治地位,谁是统治阶级;谁处于被统治地位,谁是被统治阶级;谁是统治阶级的同盟者,以及统治阶级与被统治阶级之间、统治阶级与其同盟者之间的各种社会关系。国家性质的主要内容体现为统治阶级利用国家机器对被统治阶级实行专政、管理和统治。国家性质即国家的本质,指的是一国的根本制度。

人类社会出现过四类不同性质的国家,即奴隶制国家、封建制国家、资本主义国家和社会主义国家。其中,前三类国家属于剥削阶级专政的国家,是这些国家中占人数极少数的剥削者为该社会的统治阶级,占有和支配生产资料并控制国家政权,对社会中的绝大多数人实行剥削和统治;而社会主义国家是在工人阶级领导下,占社会人口绝大多数的人民群众对极少数被推翻剥削者所实行的专政,即无产阶级专政。在当代世界,存在资产阶级专政的资本主义国家和无产阶级专政的社会主义国家两类国体。

(2)人民民主专政制度的基本内容和特点 我国现行宪法第1条规定:"中华人民共和国是工人阶级领导的、以工农联盟为基础的人民民主专政的社会主义国家。""社会主义制度是中华人民共和国的根本制度。禁止任何组织或者个人破坏社会主义制度。"这表明,我国的国家性质是人民民主专政的社会主义国家,其核心内容就是人民民主专政。序言进一步确认:"工人阶级为领导的、以工农联盟为基础的人民民主专政,实质上即无产阶级专政"。这表明了人民民主专政的实质和基本内容。

①人民民主专政是对人民实行民主和对敌人实行专政的结合 对人民实行民主和对敌人实行专政是人民民主专政的两个方面。人民是相对于敌人而言的,它是指以其存在和活动推动历史向前发展的那些社会阶层、阶级和社会集团。人民是一个历史概念。在我国,抗日战争时期,人民是指一切主张抗日的阶级、阶层和社会集团;解放战争时期,人民是指一切反帝反封建和反官僚资本主义的阶级、阶层和社会集团;新中国成立初期,人民是指中国工人阶级、农民阶级、小资产阶级、民族资产阶级及其他爱国民主分子;在社会主义初级阶段,人民是指全体社会主义劳动者、拥护社会主义的爱国者和拥护祖国统一的爱国者。"民主"一词来自于古希腊文,本指多数人的统治,民主作为国家制度是指掌握国家政权的阶级内部依据平等、少数服从多数的原则管理国家,实行阶级统治的一种政治制度。"专政"一词来自古罗马文,本指独裁,专政作为国家制度是指掌握政权的阶级依据暴力对被统治阶级进行压迫的一种政治制度。在社会主义初级阶段,由于阶级斗争的长期性和复杂性,及社会主义民主政治建设的必要性和紧迫性,我国必须保留民主与专政两方面内容的人民民主专政的提法。

②人民民主专政的阶级构成:以工人阶级为领导、以工农联盟为基础

第一,工人阶级是人民民主专政的领导力量。

工人阶级通过共产党实现对国家的领导是人民民主专政首要的根本标志,中国共产党是中国的领导核心,它主要通过政治领导、思想领导和组织领导的方式来实现对国家的领导。

第二,工农联盟(the Alliance of Workers and Peasants)是人民民主专政的基础。

无产阶级能否取得国家政权以及取得国家政权后能否巩固其统治,一个关键的问题就是工农联盟。我国是农业农村人口占绝大多数的发展中国家,农民问题始终是中国革命和建设的根本问题。中国工人阶级与农民阶级在根本利益上的一致性决定了建立工农联盟的可能性。中国工农联盟是在中国共产党的领导下在长期的革命和建设中建立和巩固起来的,为人民民主专政和统一战线的基础,是中国革命和建设取得胜利的根本保证。

第三,知识分子已成为工人阶级的组成部分,是其依靠力量之一。

知识分子并不是一个独立的阶级,而是出身于不同社会阶级的特殊阶层。在社会主义条件下,知识分子已成为工人阶级的组成部分,他们凭借其知识、技能和经验从事脑力劳动,是社会主义革命和建设不可或缺的依靠力量。如我国现行宪法序言指出:"社会主义的建设事业必须依靠工人、农民和知识分子。"第23条规定:"国家培养为社会主义服务的各种专业人才,扩大知识分子的队伍,创造条件,充分发挥他们在社会主义现代化建设中的作用。"随着人类社会步入信息社会、知识经济社会,知识分子在社会主义建设中的作用更显重要。

③坚持爱国统一战线(the Patriotic United Front) 统一战线思想是无产阶级专政理论的重要组成部分。所谓统一战线,就是指无产阶级及其政党在革命和建设中,为了获得最广泛的同盟军以壮大自己的力量,同其他革命阶级以及一切可以团结的人们所结成的政治联盟。它是一个比工农联盟更加广泛的联盟。它在中国革命和建设的不同时期有不同表现,在抗日战争时期表现为抗日民族统一战线,在解放战争时期和新中国成立初期表现为人民民主统一战线,在社会主义初级阶段表现为爱国统一战线。

在社会主义初级阶段的爱国统一战线包括两个范围的政治联盟:

一个是中国内地范围内,以工人、农民、知识分子为主体的全体社会主义劳动者和拥护社会主义的爱国者组成的以社会主义为政治基础的联盟,这个联盟是爱国统一战线的主体;

二是广泛团结台湾同胞、港澳同胞、海外侨胞,以拥护祖国统一为政治基础的联盟,这个联盟是爱国统一战线的重要组成部分,是爱国统一战线在新时期的重大发展。爱国统一战线的组织形式是中国人民政治协商会议(the Chinese People's Political Consultative Conference)。

> 讨论
> 网络工程师是属于哪个范围的?

正如中国现行宪法序言所确认的:"在长期的革命和建设过程中,已经结成由中国共产党领导的,有各民主党派和各人民团体参加的,包括全体社会主义劳动者、拥护社会主义的爱国者和拥护祖国统一的爱国者的广泛的爱国统一战线,这个统一战线将继续巩固和发展。中国人民政治协商会议是具有广泛代表性的统一战线组织。"

2. 人民代表大会制度

(1)政体的概念 政体,即政权组织形式,它是指掌握国家政权的阶级为了行使国家权力,依据一定的原则和方式而确立的旨在反对敌人、保护自己、治理社会的国家政权机关的组织体系。正如毛泽东所指出的:"至于还有所谓'政体'问题,那是指的政权构成的形式问题,指的是一定的社会阶级采取何种形式去组织那反对敌人保护自己的政权机关。"其中,政权组织形式主要指国家最高权力机关的组织形式,具体包括国家政权的组成、组织程序和最高权力的分配情况,以及社会成员参与管理国家和社会事务的程序和方式。政权组织形式是一国政治制度的核心,是国家权力资源的主要制度配置形式,为一国的根本政治制度之所在。这是因为它与国家性质关系最为密切,它取决、适应并服务于国家性质,是国家性质的主要外在表现。

(2)我国的人民代表大会制度 人民代表大会制(度)是我国现阶段的一种社会主义的人民民主共和政体的具体政权组织形式,它是指拥有国家权力的我国人民根据民主集中制原则,通过民主选举组成全国人民代表大会和地方各级人民代表大会,并以人民代表大会为基础,建立全部国家机构,对人民负责,受人民监督,以实现人民当家作主的政治制度。其中,一切国家权力属于人民是人民代表大会制的逻辑起点,选民民主选举是人民代表制的前提,对人民负责、受人民监督则是人民代表大会制的关键,以人民代表大会为基础建立全部国家机构是人民代表大会制的核心。

①人民代表大会制度的基本内容

第一,一切国家权力属于人民,是人民主权宪法原则的集中表述。

"中华人民共和国的一切权力属于人民"(我国现行宪法第2条第1款)。这里的"人民"是集合概念,"一切国家权力属于人民"反映了国家权力的最高性和统一不可分割性及公民权利的优先性。

第二,各级人民代表大会是人民行使国家权力的国家机关,它由人民普选产生,直接对人民负责,受人民监督。

"人民行使国家权力的机关是全国人民代表大会和地方各级人民代表大会"(我国现行宪法第2条第2款),"全国人民代表大会和地方各级人民代表大会都由民主选举产生,对人民负责,受人民监督"(我国现行宪法第3条第2款)。

第三,各级人民代表大会常务委员会是各级人民代表大会的常设机关,在各级人民代表大会闭会期间履行本级人民代表大会的职权,直接对本级人民代表大会负责,受其监督。

"全国人民代表大会的常设机关是全国人民代表大会常务委员会"(我国现行宪法第57条),"全国人民代表大会常务委员会对全国人民代表大会负责并报告工作"(我国现行宪法第69条)。"县级以上的地方各级人民代表大会设立常务委员会"(我国现行宪法第96条第2款),"县级以上的地方各级人民代表大会常务委员会……对本级人民代表大会负责并报告工作"(我国现行宪法第103条第1款)。

第四,国家元首、行政、军事、司法机关都由人大(及其常委会)产生,对它负责,受它监督。

"国家行政机关、审判机关、检察机关都由人民代表大会产生,对它负责,受它监督"(我国现行宪法第3条第2款)。"中华人民共和国主席、副主席由全国人民代表大会选举产生"(我国现行宪法79条第1款)。"全国人民代表大会行使下列职权:……(六)选举中央军事委员会主席;根据中央军事委员会主席的提名,决定中央军事委员会其他组成人员的人选"(我国现行宪法第62条第6款),"中央军事委员会主席对全国人民代表大会和全国人民代表大会常务委员会负责"(我国现行宪法第94条)。

第五,民主集中制是我国人民代表大会制的组织原则。

"中华人民共和国的国家机构实行民主集中制的原则"(我国现行宪法第3条第1款)。

②人民代表大会制是我国的根本政治制度 人民代表大会制作为我国的政权组织形

式,是我国的一项根本政治制度,这是因为:

第一,人民代表大会制直接反映了我国的国家性质,体现了我国人民主权的最高宪法原则。

我国的国家性质是人民民主专政的社会主义国家,人民(首先是工人阶级通过其政党——中国共产党)掌握国家政权是其最根本的内容,一切属于人民范畴的我国公民都是统治阶级的成员,我国宪法所规定的人民代表大会制正是从组织上、制度上和最高法律规范上保证了人民主权宪法原则的实现,因为各级人大及其常委会是由人民通过民主普选产生,人民正是通过其选举产生的代议机关行使国家权力的,各级国家机关又是通过人大产生,他们对人民负责,受人民监督。

第二,人民代表大会制是长期革命和建设的历史产物,是我国国家制度的核心和一切政治制度(立法、行政、司法制度和选举、政党制度等)产生的组织基础和宪法基础。

第三,人民代表大会制是我国公民行使国家权力和实现公民权利的最佳制度化途径,人民代表大会制为我国公民在行使公民权利尤其是公民的政治权利和自由时提供了制度保障和法律保障,而其他国家制度提供的选择不带有人民代表大会制的根本性,不能与之并列,更无法取代人民代表大会制的制度功能。

③加强和完善人民代表大会制度　人民代表大会制度是我国实现社会主义民主的基本形式,是具有巨大优越性的根本政治制度,我们必须坚持它。同时,这种制度也需要不断地加强和完善,以适应社会主义宪政的政治文明建设的需要:

一是理顺各级人大及其常委会与其他机关组织之间的关系,主要是理顺与党组织、行政机关、司法机关之间的关系。

二是加强人民代表大会制度的自身建设:

第一,在组织机构方面,增设必要的机构,如宪法委员会、监察委员会;加强地区、乡镇人大的机构建设和各级人大及其常委会的机构建设。

第二,在制度建设方面,完善会议制度,加强人大与人大代表的联系制度,人大代表的视察、调查制度和学习制度,促进人大代表整体素质的提高。

你知道吗

人民代表大会制度的产生和发展

人民代表大会制是我国革命和建设时期逐渐形成和完善的。第一次国内革命战争时期的省港工人代表大会、上海市民大会、农民协会等是人民代表大会制的萌芽;第二次国内革命战争时期,全国各地建立了许多革命根据地和苏维埃政权,特别是1931年在江西瑞金召开了第一次全国工农兵代表大会,成立了中华苏维埃共和国,工农兵代表苏维埃制就是当时革命根据地的政权组织形式;抗日战争时期,抗日根据地根据"三三制"原则组织了各级参议会和政府,"三三制"的参议会制度是当时抗日根据地的政权组织形式;解放战争时期,确立了人民代表会议制;1949年9月通过的《共同纲领》以临时宪法的形式从制度上确认了人民代表大会制,它是我国1949年后的政权组织形式;1954年全国人民代表大会第一次全体会议召开,通过了《中华人民共和国宪法》,这标志着人民代表大会制的正式确立;"文化大革命"时期,人民代表大

> 会的职权实质上为各级"革命委员会"所取代,人民代表大会制名存实亡;1978年宪法和1982年宪法的颁布实施,一系列组织法、选举法的制定与实施,标志着人民代表大会制的恢复和完善。

3. 中国共产党领导的多党合作和政治协商制度

(1)基本含义　中国共产党领导的多党合作和政治协商制度是中华人民共和国的一项基本的政治制度。

中国共产党领导的多党合作制度就是:中国共产党是中华人民共和国的唯一执政党,八个民主党派在接受中国共产党领导的前提下,具有参政党的地位,与中国共产党合作,参与执政。

政治协商制度是在中国共产党的领导下,各民主党派、各人民团体、各少数民族和社会各界的代表,对国家的大政方针以及政治、经济、文化和社会生活中的重要问题在决策之前举行协商和就决策执行过程中的重要问题进行协商的制度。

政治协商以中国人民政治协商会议为组织形式。政治协商是中国共产党领导的多党合作的最主要的政治内容和组织形式。政治协商是统一战线的形式之一。

中国共产党领导的多党合作和政治协商制度存在的政治基础是四项基本原则。中国共产党与各民主党派合作的基本方针是:长期共存,互相监督,肝胆相照,荣辱与共。

(2)中国的参政党　中国的参政党是中国的民主党派。中国的民主党派是指那些成立于1949年之前,致力于在中国实现资产阶级共和国,同时在中国共产党推翻国民党统治的过程中明确支持中国共产党、承认中国共产党领导权、反对国民党,并在中华人民共和国成立以后能够存在下去的政党。

①中国国民党革命委员会(简称民革)　1947年11月,中国国民党民主派和其他爱国民主人士第一次联合会议在香港举行。1948年1月1日,会议宣布中国国民党革命委员会正式成立。

民革以同原中国国民党有关系的人士、同民革有历史联系和社会联系的人士、同台湾各界有联系的人士以及其他人士为对象,着重吸收其中有代表性的中上层人士和中高级知识分子。

民革历任主席为李济深、何香凝、朱蕴山、王昆仑、屈武、朱学范、李沛瑶、何鲁丽。现任主席周铁农。

目前,民革在30个省、自治区、直辖市建立了组织,现有党员81 000多人。

②中国民主同盟(简称民盟)　1941年3月19日在重庆秘密成立,当时名称是中国民主政团同盟。11月16日,张澜在重庆公开宣布中国民主政团同盟成立。1944年9月,中国民主政团同盟在重庆召开全国代表会议,决定将中国民主政团同盟改为中国民主同盟。

民盟主要由从事文化教育以及科学技术工作的中高级知识分子组成。

民盟历届主席为黄炎培、张澜、沈钧儒、杨明轩、史良、楚图南、费孝通、丁石孙。现任主席蒋树声。

目前,民盟在30个省、自治区、直辖市建立了组织,现有盟员181 000多人。

③中国民主建国会(简称民建)　1945年12月16日,由爱国的民族工商业者和有联系的知识分子发起,在重庆成立。民建主要由经济界人士组成。

民建历届领导人和主席为黄炎培、胡厥文、孙起孟、成思危。现任主席陈昌智。

目前,民建在 30 个省、自治区、直辖市建立了组织,现有成员 108 000 多人。

④中国民主促进会(简称民进)　1945 年 12 月 30 日,以文化教育出版界知识分子为主,还有一部分工商界爱国人士,在上海正式宣告成立。民进主要由从事教育文化出版工作的中高级知识分子组成。

民进历届主席为马叙伦、周建人、叶圣陶、雷洁琼、许嘉璐。现任主席严隽琪。

目前,民进在 29 个省、自治区、直辖市建立了组织,现有会员 103 000 多人。

> 讨论
> 请用归纳法将我国的参政党基本情况用表格的形式列出。

⑤中国农工民主党(简称农工党)　1930 年 8 月 9 日,国民党左派领导人邓演达在上海主持召开了第一次全国干部会议,成立中国国民党临时行动委员会,1935 年 11 月 10 日改名为中华民族解放行动委员会,1947 年 2 月 3 日改名为中国农工民主党。农工党主要由医药卫生界中高级知识分子组成。

农工党历届领导人和主席为邓演达、黄琪翔、章伯钧、季方、周谷城、卢嘉锡、蒋正华。现任主席桑国卫。

目前,农工民主党在 30 个省、自治区、直辖市建立了组织,有成员 99 000 多人。

⑥中国致公党(简称致公党)　1925 年 10 月,由华侨社团发起,在美国旧金山成立。1947 年 5 月,致公党在中国香港举行第三次代表大会,进行改组,成为一个新民主主义的政党。致公党主要由归侨侨眷中的中上层人士组成。

致公党历任主席为陈其尤、黄鼎臣、董寅初、罗豪才。现任主席万钢。

目前,致公党在 19 个省、自治区、直辖市建立了组织,有党员 28 000 多人。

⑦九三学社　1944 年年底,一批进步学者为争取抗战胜利和政治民主,继承和发扬五四运动的反帝爱国与民主科学精神,在重庆组织了民主科学座谈会。为纪念 1945 年 9 月 3 日抗日战争和世界反法西斯战争的伟大胜利,改建为九三学社。1946 年 5 月 4 日,在重庆正式召开九三学社成立大会。

九三学社主要由科学技术界中高级知识分子组成。

九三学社历任主席为许德珩、周培源、吴阶平。现任主席韩启德。

目前,九三学社在 30 个省、自治区、直辖市建立了组织,现有成员 105 000 多人。

⑧台湾民主自治同盟(简称台盟)　在台湾人民"二·二八"起义以后,由一部分从事爱国主义运动的台湾省人士于 1947 年 11 月 12 日在香港成立。台盟由台湾省人士组成。

台盟历届主席为谢雪红、蔡啸、苏子蘅、蔡子民、张克辉。现任主席林文漪。1987—1992 年,台盟第四届中央委员会实行主席团制,主席团执行主席林盛中(1987—1988 年)、蔡子民(1988—1992 年)。

目前,台盟在 13 个省、直辖市建立了组织,现有成员 2 100 多人。

4. 民族区域自治制度

根据我国《民族区域自治法》的序言规定:"民族区域自治是在国家统一领导下,各少数民族聚居的地方实行区域自治,设立自治机关,行使自治权。"民族区域自治制度就是在中华人民共和国主权范围内,在中央政府的统一领导下,以少数民族聚居区为基础,建立相应的自治机关,行使宪法和法律所授予的自治权的一项我国基本政治制度。

这一制度是中国共产党成功运用马克思列宁主义、毛泽东思想关于民族问题的理论解决中国实际问题的产物,是具有中国特色的地方自治制度,其特点是:

(1)民族区域自治以国家主权统一和领土完整为前提　民族自治区域是在中华人民共和国主权范围之内,统一接受中央政府的领导,它属于地方行政区域的范畴,其自治机关也只是地方国家机关。

(2)民族区域自治以少数民族聚居区为基础　民族自治地方既不设立在汉民族聚居区,也并非就存在于任何少数民族居住地,因为它不是一般的地方行政区域,而是实行民族自治兼地方自治的特殊行政区域。根据我国现行宪法的规定,民族自治地方分为自治区、自治州和自治县三级。此外,凡相当于乡规模的少数民族聚居区建立民族乡,但民族乡不属于民族自治地方的范畴,不享有宪法意义上的自治权。民族自治区的建置由全国人大批准,民族自治州、自治县的建置由国务院批准。民族自治地方的名称一般按照地方名称、民族名称、行政地位的顺序排列,如新疆维吾尔自治区、湘西土家族苗族自治州、广东乳源瑶族自治县等。

根据民族的构成,民族自治地方分为三类:一是以单一少数民族聚居区为基础,如西藏自治区;二是以其中一个少数民族聚居区为基础,同时又包括另一个或几个人口相对较少的少数民族聚居区,如新疆维吾尔自治区;三是以两个或两个以上的少数民族聚居区为基础,如黔东南苗族侗族自治州、云南元江哈尼族彝族傣族自治县等。

(3)民族区域自治的核心和标志是由民族自治机关行使自治权　根据《民族区域自治法》第15条第1款的规定:"民族自治地方的自治机关是自治区、自治州、自治县的人民代表大会和人民政府。"民族自治机关具有双重职能,一是在宪法地位上为国家的一级地方政权机关,其产生方式、任期、机构设置和组织原则上与一般的地方国家机关完全相同,也行使相应的一般地方国家机关职能;二是为民族自治地方根据宪法和法律的授权活动的自治性质的国家机关,行使着比一般地方国家机关更大的自治权。根据《民族区域自治法》第16条第3款的规定:"民族自治地方的人民代表大会常务委员会中应当有实行区域自治的民族的公民担任主任或副主任。"第17条第1款规定:"自治区主席、自治州州长、自治县县长由实行区域自治的民族的公民担任。自治区、自治州、自治县的人民政府的其他组成人员,应当合理配置实行区域自治的民族和其他少数民族的人员。"《民族区域自治法》第三章第19条~第45条规定了自治机关广泛的自治权。

(4)民族自治区域的民族关系平等　即"要反对大民族主义,主要是大汉族主义,也要反对地方民族主义"(我国现行宪法序言及《民族区域自治法》序言),"民族自治地方的自治机关保障本地方内各民族都享有平等权利"(《民族区域自治法》第48条)。

5. 我国的基本经济制度

我国宪法规定:"中华人民共和国的社会主义经济制度的基础是生产资料的社会主义公有制,即全民所有制和劳动群众集体所有制。"同时还规定:"国家在社会主义初级阶段,坚持公有制为主体、多种所有制经济共同发展的基本经济制度,坚持按劳分配为主体、多种分配方式并存的分配制度。"

改革开放以来,我们党认真总结以往在所有制问题上的经验教训,制定以公有制为主体、多种经济成分共同发展的方针,逐步消除所有制结构的不合理对生产力的羁绊,促进了经济发展。今后要进一步调整和完善所有制结构,进一步解放和发展生产力。

你知道吗

几则中国法律制修订时间列表

中华人民共和国宪法　1982年12月4日、2004年3月14日

反分裂国家法　2005年3月14日

中华人民共和国全国人民代表大会和地方各级人民代表大会选举法　1995年2月28日

中华人民共和国全国人民代表大会组织法　1982年12月10日

中华人民共和国地方各级人民代表大会和地方各级人民政府组织法　2004年10月27日

中华人民共和国国务院组织法　1982年12月10日

中华人民共和国人民法院组织法　1979年7月1日、1983年9月2日、2006年10月31日

中华人民共和国人民检察院组织法　1983年9月2日

中华人民共和国立法法　2000年3月15日

中华人民共和国各级人民代表大会常务委员会监督法　2006年8月27日

中华人民共和国香港特别行政区基本法　1990年4月4日

三、我国的国家机构

所谓国家机构是国家为实现其职能而建立起来的国家机关的总和。它由国家的本质决定，具有强烈的阶级性，是阶级社会中，特定阶级为了实现其统治而建立的具有国家强制力的严整的组织系统。

1. 我国国家机构的组织和活动遵循的原则

- 党的领导原则；
- 民主集中制原则；
- 集体领导与个人负责相结合原则；
- 密切联系群众、接受群众监督的原则；
- 社会主义法制原则。

2. 我国的国家机构

- 全国人民代表大会及其常务委员会；
- 中华人民共和国主席；
- 国务院；
- 中央军事委员会；
- 地方各级人民代表大会和地方各级人民政府；
- 民族自治地方的自治机关；
- 特别行政区国家机关；
- 人民法院和人民检察院。

全国人民代表大会是我国的最高权力机关，它在我国国家机构中居于首要地位，它所通

过的法律和决议,其他国家机关都必须遵照执行。

其职权主要有:修宪权和立法权;决定选举和罢免国家领导人;决定国家生活中的重大问题。

我国国家元首为中华人民共和国主席,国家主席不是握有一定国家权力的个人,而是一种国家机关。其特点是:①元首职权由国家主席同最高国家权力机关结合起来行使;②武装力量的统帅权由国家的中央军事委员会行使;③元首地位从属于全国人民代表大会。

中华人民共和国国务院,即中央人民政府,是我国最高国家行政机关,也是最高国家权力机关的执行机关。国务院在全国行政机关系统中居最高地位。它统一领导地方各级人民政府的工作,统一领导和管理国务院各部、各委员会的工作。宪法规定:"国务院实行总理负责制。"最高决策权属于总理。国务院担负着组织和管理我国的政治、经济、文化、国防和外交等各方面的繁重任务,行使职权非常广泛。

我国的地方国家机关是地方各级人民代表大会和人民政府。地方各级人民代表大会是由人民代表组成。省、自治区、直辖市、自治州、设区的市的人民代表大会代表由下一级人民代表大会选出。而地方各级人民政府是地方各级国家权力机关的执行机关,地方国家权力机关所通过的决议,执行机关必须贯彻。地方各级人民政府又是地方各级国家行政机关,管理本地区的各项行政工作。

我国的审判机关和检察机关分别是各级人民法院和人民检察院。审判机关的组织系统是基层人民法院、中级人民法院、高级人民法院、专门人民法院及最高人民法院。其任务是审判刑事案件和民事案件,维护社会主义法制和社会秩序。而人民检察院是国家的法律监督机关,由最高人民检察院、地方各级人民检察院、专门人民检察院构成。

案例分析

某省一县城有一处著名的旅游胜地。为了创收,该县人大制定了一项地方性法规,规定:凡是通过该县著名旅游胜地的车辆,一律征收过路费。有一天,北京市的一位商人杨某开自己的私家车去该省某一大城市,恰好路过该县城,在通行过程中遭到该县有关人员的拦截,声称:"此山是我开,此树是我栽,想要从此过,留下买路钱。"同时声称有本县人大的规定为凭。为此,杨某拒绝交付"过路费",遭到该人员的扣押。

请根据宪法和法律的有关规定分析:

1. 该县侵犯了杨某的何种宪法权利?其宪法依据是什么?
2. 县人大是否有权制定征收过路费的地方性法规?为什么?
3. 杨某应当如何维护自己的权利?

四、我国公民的基本权利和义务

1. 我国公民的基本权利

(1)平等权　我国公民在法律面前一律平等。这是我国公民的一项基本权利,也是社会主义的基本原则。

(2)政治权利和自由　这是公民基本权利的重要内容,是宪法规定公民有权参加国家政治生活的民主权利以及在政治上享有表达个人见解和意愿的自由。

(3)宗教信仰的自由　是党和国家对待宗教问题的基本政策,是关系到国家安定和民族团结的大问题。宗教信仰自由是指有信仰和不信仰宗教的自由,有信仰这种宗教或那种宗教的自由,在同一宗教里有信仰这个教派或那个教派的自由,有过去信教而现在不信教的自由或过去不信教而现在信教的自由。

(4)人身自由 指公民的人身自由不受侵犯,与人身相连的人格尊严和住宅不受侵犯以及公民的通信自由、通信秘密受法律保护。

(5)有批评权、建议权、申诉权、控告权、检举权和取得赔偿的权利。

(6)有社会经济权利。即指公民享有经济物质权,包括劳动权、休息权、物质帮助权。

(7)文化教育权和自由。包括受教育权和进行科研、文艺创作及其他文化活动的自由。

(8)国家保护妇女的权利和利益。宪法第48条规定:"妇女在政治的、经济的、文化的、社会的和家庭的生活等方面享有同男子平等的权利。"

(9)婚姻、家庭、老人、妇女、儿童有受国家保护的权利。

(10)华侨、归侨和侨眷的正当权益受国家保护。

2. 我国公民的基本义务

公民的基本义务是国家对公民最重要、最基本的法律要求,是公民必须履行的最低限度的、也是最主要的责任。我国公民的基本义务主要有以下几个方面:

- 维护国家的统一和民族的团结的义务。
- 遵守宪法和法律,保守国家秘密,爱护公共财产,遵守劳动纪律,尊重社会公德的义务。
- 维护祖国的安全、荣誉和利益的义务。
- 保卫祖国、依法服兵役和参加民兵组织的义务。
- 依法纳税的义务。
- 夫妻双方有计划生育的义务,父母有抚养教育未成年子女的义务,成年子女有赡养、扶助父母的义务。
- 有劳动的义务。
- 有接受教育的义务。

每章一练

1. 为什么说宪法是国家的根本法?
2. 简述宪法的定义和本质。
3. 简述宪法的分类。
4. 我国宪法的指导思想和原则是什么?
5. 简述我国人民民主专政制度的特点。
6. 如何加强和完善我国的人民代表大会制度?
7. 结合当代世界各国宪法的发展趋势,谈谈如何完善我国宪法。

第三章 刑法

教学目标

通过本章的学习,使学生了解刑法的基本概念、性质和任务,理解犯罪的构成要件。

教学要求

认知:了解刑法的相关知识,了解排除社会危害性的行为。

理解:理解犯罪的构成要件,故意犯罪停止的几种状态以及刑罚的具体使用情况。

运用:在认知和理解的基础上,能够充分体会刑法的内涵,并且在实践中继续学习相关知识,在自身权益受到危害时,能够运用法律武器保护自己。

知识点 1　刑法简介

一、刑法的基本概念

刑法是规定犯罪、刑事责任和刑罚的法律,是掌握政权的统治阶级为了维护本阶级政治上的统治和经济上的利益,根据其阶级意志,规定哪些行为是犯罪并应当负刑事责任,给予犯罪人何种刑事处罚的法律。

刑法有广义刑法与狭义刑法之分。广义刑法是指一切规定犯罪、刑事责任和刑罚的法律规范的总和,包括刑法典、单行刑法以及非刑事法律中的刑事责任条款。狭义刑法是指刑法典。

《中华人民共和国刑法》为狭义刑法,即中国的刑法典,它是由最高立法机关颁布的完整而系统的有关犯罪、刑事责任与刑罚的规定。广义刑法是指规定犯罪与刑罚的一切形式的法律规范,其中包括刑法典,同时还包括单行刑法和附属刑法的形式。单行刑法是针对某种犯罪或某几种犯罪和刑罚单独制定的专项刑事法律。例如1998年12月29日全国人大常委会通过的《关于惩治骗购外汇、逃汇和非法买卖外汇犯罪的决定》。附属刑法是指非刑事法律中的其他法律、法规中有关犯罪、刑事责任和刑罚的规定,例如《中华人民共和国产品质量法》《中华人民共和国海关法》《中华人民共和国公司法》等法律中关于刑事法律条款的规定。

二、刑法的属性和特征

1. 刑法的属性

从刑法的实质定义已反映出刑法的本质属性——刑法的阶级性。刑法从其产生就是同阶级与阶级斗争联系在一起的,社会上有了统治阶级与被统治阶级之后,才有所谓反对统治关系的犯罪。由于刑法是反映掌握国家政权的统治阶级的意志,是规定什么样的行为是犯罪,应给予什么刑罚处罚的法律,因此它的阶级性表现得最为鲜明。

历史上的刑法可以概括为两大类:一类是建立在私有制基础之上的剥削阶级类型的刑法,包括奴隶制国家的刑法、封建制国家的刑法和资本主义国家的刑法;另一类是社会主义类型的刑法,即建立在公有制经济基础之上,体现以工人阶级为领导的广大人民意志的社会主义国家的刑法。中国刑法属于后一种类型。

刑法除具有阶级性这一本质属性外,还具有社会性、文化共同性、规范性、强制性等非本质的其他属性。

2. 刑法的特征

(1)刑法在保护的利益与调整的对象上其范围比其他法律部门广泛　刑法所调整的是由于犯罪而引起的各种社会关系,所保护的利益包括国家的安全利益,社会的公共利益,法人和自然人的经济利益、公民的人身权利、民主权利、社会的管理秩序等极其广泛的范围。其他法律所保护的只是特定的社会利益,调整的是某一方面特定的社会关系,范围较窄。例如,民法所保护和调整的只是一定范围内的公民之间、法人之间以及他们相互之间的财产关系及与财产关系相联系的人身非财产关系。

(2)刑法的任务以及实现任务的方法不同于其他法律部门　刑法的任务是用刑罚的方法同一切犯罪行为作斗争,对违反刑法的人追究刑事责任。其他法律则各有自己的任务以

及实现其任务的方法,例如,民法的任务是调整民事法律关系,当事人在法律上权利平等,如一方侵权,则承担民事责任,用民事赔偿等方法解决。

(3)刑法的强制力程度较其他法律的强制力程度严厉得多 具有强制力是所有法律的共同特点,任何违法者都必须承担相应的法律责任,受到应有的处罚。例如,违反行政法规,则承担行政责任,受到行政处罚,行政处罚中最严厉的莫过于违反《治安管理处罚条例》中的行政拘留15天的处罚。但是,违反刑法构成犯罪的人所承担的刑事责任,受到的刑罚处罚则是相当严厉的,对犯罪分子可以剥夺其财产、自由,甚至是生命。刑法的这种强制力,是其他法律所没有的。

三、刑法的性质和任务

我国《刑法》第2条指出:"中华人民共和国刑法的任务,是用刑罚同一切犯罪行为做斗争,以保卫国家安全,保卫人民民主专政和社会主义制度,保护国有财产和劳动群众集体所有的财产,保护公民私人所有的财产,保护公民的人身权利、民主权利和其他权利,维护社会秩序、经济秩序,保障社会主义建设事业的顺利进行。"根据这一规定,我国刑法的任务是打击犯罪与保护人民的统一。

打击犯罪与保护人民是手段与目的的关系。打击犯罪是指采用刑罚即刑事制裁的方法,同一切危害国家安全的和其他的刑事犯罪行为做斗争。打击犯罪的目的是为了保护人民,根据我国刑法的规定,保护人民主要是指保护国家的根本政治制度和公民的合法权益。具体地说,表现在以下几个方面:

第一,保卫人民民主专政的政权和社会主义制度。

严厉打击直接危害我国人民民主专政的政权和社会主义制度的危害国家安全的犯罪行为,这是我国刑法的首要任务。

第二,保护公共财产和公民私人所有的合法财产。

国有财产和劳动群众集体所有的财产,是社会主义的物质基础,是我国进行现代化建设的物质保证。它们直接关系到我国政权和制度的巩固以及社会生活的正常和繁荣,因而保护公共财产是我国刑法的重要任务。公民私人所有的合法财产,是公民生产、工作、生活必不可少的物质条件。保护公民私人所有的财产,贯彻了宪法的原则。

第三,保护公民的人身权利、民主权利和其他权利。

保护人民的合法权益是我们社会主义国家的根本任务,也是我国刑法任务的重要内容之一。

第四,维护社会秩序和经济秩序。

良好的社会秩序和经济秩序,是社会主义建设事业顺利进行的保障,同人民的切身利益密切相关,因此,维护社会秩序和经济秩序是刑法的一项重要任务。

四、刑法的原则

刑法的基本原则是刑法的灵魂与核心,是刑法的内在精神的集中体现。现行刑法对刑法基本的原则作了明文规定,它对我国刑法的制定与适用都具有重要意义。

1. 罪刑法定原则

法无明文规定不为罪和法无明文规定不处罚是罪刑法定的基本含义。罪刑法定原则的基本要求是:

(1) 法定化　即犯罪和刑罚必须事先由法律作出明文规定,不允许法官自由擅断;

(2) 实定化　即对于什么是犯罪和犯罪所产生的具体法律后果,都必须作出实体性的规定;

(3) 明确化　即刑法条文必须文字清晰,意思确切,不得含糊其辞或模棱两可。

我国1979年刑法没有明确规定罪刑法定原则,相反却在其第79条规定了有罪类推制度。1997年修订后的刑法从完善我国刑事法治、保障人权的需要出发,明文规定了罪刑法定原则,并废止类推,成为刑法典修订和我国刑法发展史上的一个重要标志。修订后的《刑法》第3条规定:"法律明文规定为犯罪行为的,依照法律定罪处刑;法律没有明文规定为犯罪行为的,不得定罪处刑。"这一原则的价值内涵和内在要求,在修订后的刑法中得到了较为全面、系统的体现。尤其是刑法修订后的新增罪名,不仅反映了罪刑法定原则规范详备的要求,而且本身也加强了罪刑法定原则在刑事司法实务中的可行性。

2. 平等适用刑法原则

平等适用刑法原则也即法律面前人人平等,是我国宪法确立的社会主义法治的一般原则。这一原则要真正取得效果,有必要在各个部门法律中得到贯彻执行。鉴于我国司法实践中适用刑法不平等的现象在现阶段还比较严重,《刑法》第4条明确规定:"对任何人犯罪,在适用法律上一律平等。不允许任何人有超越法律的特权。"

刑法面前人人平等原则的基本含义是:就犯罪人而言,任何人犯罪,都应当受到法律的追究;任何人不得享有超越法律规定的特权;对于一切犯罪行为,不论犯罪人的社会地位、家庭出身、职业状况、政治面貌、才能业绩如何,都一律平等地适用刑法,在定罪量刑时不应有所区别,一视同仁,依法惩处。就被害人而言,任何人受到犯罪侵害,都应当依法追究犯罪,保护被害人的权益;被害人同样的权益,应当受到刑法同样的保护;不得因为被害人身份地位、财产状况等情况的不同而对犯罪和犯罪人予以不同的刑法适用。

3. 罪刑相适应原则

罪刑相适应原则的基本含义是:犯多大的罪,就应当承担多大的刑事责任,法院亦应判处其相应轻重的刑罚,做到重罪重罚,轻罪轻罚,罚当其罪,罪刑相称;罪轻罪重,应当考虑行为人的犯罪行为本身和其他各种影响刑事责任大小的因素。

我国《刑法》第5条规定:"刑罚的轻重,应当与犯罪分子所犯罪行和承担的刑事责任相适应。"根据这一规定,首先,刑事立法对各种犯罪的处罚原则规定,对刑罚裁量、刑罚执行制度以及对各种犯罪法定刑的设置,不仅要考虑犯罪的社会客观危害性,而且要考虑行为人的主观恶性和人身危险性。其次,在刑事司法中,法官对犯罪分子裁量刑罚,不仅要看犯罪行为及其所造成的危害结果,而且也要看整个犯罪事实包括罪行和罪犯各方面因素综合体现的社会危害性程度,实现刑罚个别化。

五、刑法的适用范围

刑法的适用范围,即刑法的效力范围,是指刑法在什么地方、对什么人和在什么时间内具有效力。刑法的适用范围,分为刑法的空间效力与刑法的时间效力。

1. 刑法的空间效力

刑法的空间效力,是指刑法对地和人的效力,也就是解决一个国家的刑事管辖权的范围问题。刑事管辖权是国家主权的组成部分。一个独立自主的国家,无不在刑法中对刑法的空间效力即刑事管辖权的范围问题做出规定。

(1)刑法的属地管辖　我国《刑法》第6条第1款规定:"凡在中华人民共和国领域内犯罪的,除法律有特别规定的以外,都适用本法。"这是我国刑法关于空间效力的基本原则,它包括以下两项主要内容:

①"中华人民共和国领域内"的含义　所谓中华人民共和国领域内,是指我国国境以内的全部空间区域,具体包括:

第一,领陆,即国境线以内的陆地及其地下层,这是国家领土的最基本和最重要的部分;

第二,领水,即国家领陆以内与陆地邻接的一定宽度的水域,包括内水、领海及其地下层。内水包括内河、内湖、内海以及同外国之间界水的一部分,通常以河流中心线或主航道中心线为界。领海即与海岸或内水相邻接的水域,包括海床和底土。根据我国政府1958年9月4日发表的声明,我国的领海宽度为12海里。

第三,领空,即领陆、领水的上空。

同时,根据国际条约和惯例,以下两部分属于我国领土的延伸,适用我国刑法:

• 我国的船舶、飞机或其他航空器。我国《刑法》第6条第2款还规定:"凡在中华人民共和国船舶或者航空器内犯罪的,也适用本法。"

• 我国驻外使领馆。根据我国承认的《维也纳外交关系公约》的规定,各国驻外大使馆、领事馆不受驻在国的司法管辖而受本国的司法管辖。这些地方亦视同为我国领域,在其内发生的任何犯罪都适用我国刑法。

除此之外,针对犯罪行为与犯罪结果在时间或地点方面存在跨国界等情况,我国刑法又进一步明确了属地管辖的具体标准。我国《刑法》第6条第3款规定:"犯罪的行为或者结果有一项发生在中华人民共和国领域内的,就认为是在中华人民共和国领域内犯罪。"这里包括三种情况:

• 犯罪行为与犯罪结果均发生在我国境内,这是较常见的情况;

• 犯罪行为在我国领域内实施,但犯罪结果发生于国外;

• 犯罪行为实施于国外,但犯罪结果发生于我国境内,比如在我国境外开枪,打死境内居民。根据刑法的规定,上述三种情况均适用我国刑法。

②"法律有特别规定"的含义　我国《刑法》第6条在确立属地管辖基本原则的同时,提出了法律特别规定的例外情况。这些"特别规定"主要是指:

• 《刑法》第11条关于"享有外交豁免权的外国人的刑事责任,通过外交途径解决。"所谓外交特权和豁免权,是指根据国际公约,在国家间互惠的基础上为保证驻在本国的外交代表机构及其工作人员正常执行职务而给予的一种特别权利和待遇。享有外交豁免权的有关人员承担着尊重我国法律、法规的义务,不得侵犯我国国家主权,违反我国法律。一旦发生违法犯罪现象,我们当然不能听之任之,而应通过外交途径加以解决,诸如要求派遣国召回、宣布其为不受欢迎的人,限期离境等。

• 《刑法》第90条规定:"民族自治地方不能全部适用本法规定的,可以由自治区或者省的人民代表大会根据当地民族的政治、经济、文化的特点和本法规定的基本原则,制定变通或者补充的规定,报请全国人民代表大会常务委员会批准施行。"这是为了照顾少数民族习惯和文化传统,切实保证民族自治权的行使,巩固多民族国家的团结、稳定与发展。

> 讨论
> 外国人在中国犯罪了是依据我国刑法量罪,还是依据犯罪人本国法律规定量罪?

● 刑法施行后国家立法机构制定的特别刑法的规定,包括单行刑法和附属刑法。若出现法条竞合,按照"特别法优于普通法"的原则处理。

● 我国香港特别行政区和澳门特别行政区基本法做出的例外规定。由于政治历史的原因,我国刑法的效力还无法及于港澳地区,这属于对刑法属地管辖权的一种事实限制。

(2)刑法的属人管辖 《刑法》第7条第1款规定:"中华人民共和国公民在中华人民共和国领域外犯本法规定之罪的,适用本法,但是按本法规定的最高为三年以下有期徒刑的,可以不予追究。"第7条第2款规定:"中华人民共和国国家工作人员和军人在中华人民共和国领域外犯本法规定之罪的,适用本法。"

根据上述规定,我国公民在我国领域外犯罪的,无论按照当地法律是否认为是犯罪,亦无论罪行是轻是重,以及是何种罪行,也不论其所犯罪行侵犯的是何国或何国公民的利益,原则上都适用我国刑法。只是按照我国刑法的规定,该中国公民所犯之罪的法定最高刑为3年以下有期徒刑的,才可以不予追究。

所谓"可以不予追究",不是绝对不追究,而是保留追究的可能性。此外,如果是我国的国家工作人员或者军人在域外犯罪,则不论其所犯之罪按照我国刑法的规定法定最高刑是否为3年以下有期徒刑,我国司法机关都要追究其刑事责任。这主要是考虑到对国家工作人员和军人在域外犯罪管辖应从严要求。

《刑法》第10条规定:"凡在中华人民共和国领域外犯罪,依照本法应当负刑事责任的,虽然经过外国审判,仍然可以依照本法追究,但是在外国已经受过刑法处罚的,可以免除或者减轻处罚。"这条规定,包括我国公民在域外犯罪的情况在内。这条规定表明,我国作为一个独立自主的主权国家,其法律具有独立性,外国的审理和判决对我国没有约束力。但是从实际情况及国际合作角度出发,为了使被告人免受过重的双重处罚,又规定对在外国已经受过刑罚处罚的犯罪人,可以免除或者减轻处罚。这样既维护了我国的国家主权,又从人道主义出发对被告人的具体情况做了实事求是的考虑,充分体现了原则性与灵活性的统一。

(3)刑法的保护管辖 《刑法》第8条规定:"外国人在中华人民共和国领域外对中华人民共和国国家或者公民犯罪,而按本法规定的最低刑为三年以上有期徒刑的,可以适用本法,但是按照犯罪地的法律不受处罚的除外。"

根据这条规定,外国人在我国领域外对我国国家或者公民犯罪,我国刑法有权管辖,但是这种管辖权是有一定限制的:一是这种犯罪按照我国刑法规定的最低刑必须是3年以上有期徒刑;二是按照犯罪地的法律也应受刑罚处罚。当然,要实际行使这方面的管辖权存在着一定的困难,因为犯罪人是外国人,犯罪地点又是在国外,如果该犯罪人不能引渡过来,或者没有在我国领域内被抓获,我们就无法对其进行刑事追究。但是,如果刑法对此不加以规定,就等于放弃自己的管辖权,那些犯罪的外国人就可以肆无忌惮地对我国国家或者公民的利益进行侵害。因此,做出这样的规定,是为了在法律上表明我们的立场,这对于保护我国国家利益,保护我国驻外工作人员、考察访问人员、留学生、侨民的利益是完全必要的。此外《刑法》第10条对于在国外对我国国家或者公民犯罪的外国人也是适用的。

(4)刑法的普遍管辖 《刑法》第9条规定:"对于中华人民共和国缔结或者参加的国际条约所规定的罪行,中华人民共和国在所承担条约义务的范围内行使刑事管辖权的,适用本法。"

根据这一规定,凡是我国缔结或者参加的国际条约中规定的罪行,不论罪犯是中国人还是外国人,也不论其罪行是发生在我国领域内还是领域外,在我国所承担条约义务的范围

内,如不引渡给有关国家,我国就应当行使刑事管辖权,依照我国刑法的有关规定对罪犯予以惩处。

2. 刑法的时间适用范围

我国刑法采取的是从旧兼从轻的原则。就是指对新刑法颁布实施前的行为,原则上适用行为当时的旧日法律,即新刑法没有溯及力,从旧;但是如果新刑法对该行为处罚更轻时,则适用新刑法,即有溯及力,从轻。

对于刑法实行以前发生的,刑法实行以后尚未审理或正在审理的案件,按刑法规定作如下处理:

• 如果当时的法律不认为是犯罪的,而新刑法认为是犯罪的,适用当时的法律,即新刑法没有溯及力。

• 如果当时的法律认为是犯罪的,而新刑法不认为是犯罪的,只要该行为未经审判或判决尚未确定,就适用新刑法,即新刑法有溯及力。

• 如果当时的法律和新刑法都认为是犯罪的,并且依照新刑法规定应当追诉的,原则上按照当时的法律追究刑事责任,即新刑法不具有溯及力。但是,如果当时的法律处刑比新刑法重,则适用新刑法,即新刑法具有溯及力。

你知道吗

法律与道德的关系

法律与道德相同之处是:第一,它们都是人们的社会行为规范;第二,它们的内容是互相渗透的。在社会上占统治地位的道德要求常常明文规定在法律里。例如我国《宪法》第24条、第46条、第51条等条款中,就明确规定了作为社会主义道德基本内容的"五爱"以及社会公德的要求。在宪法的其他条款和一系列法律中,也直接规定或隐含了道德的要求。第三,二者建立在同一经济基础上并随着经济基础的发展变化而发展变化。在经济基础基本不变而经济体制有了变化,生产力有了很大发展的情况下,法和道德也会随之发生变化。例如,我国实行社会主义市场经济体制后,宪法作了修改,法律、法规正在进行大量的立、改、废,道德也发生了变化。第四,二者的目标是竞合的。它们追求的都是社会秩序安定,人际关系和谐,生产力发展,人们生活幸福。

法律与道德的区别是:第一,产生的社会条件不同。道德与人类社会的形成同步,法律是私有制、阶级和国家出现后才有的。第二,表现形式不同。法律不论是成文法还是判例法都以文字形式表现出来,道德的内容则主要存在于人们的道德意识中,表现于人们的言行上。第三,体系结构不同。法律是国家意志的统一体现,有严密的逻辑体系,有不同的位阶和效力。道德虽然有共产主义道德、社会主义道德、社会公德、职业道德以及家庭美德之分,但不具有法律那样的严谨的结构体系。第四,推行的力量不同。法律当然主要是靠广大干部群众自觉守法来推行,但也要靠国家强制力来推行;道德则主要靠人们内心的道德信念和修养来维护。第五,制裁的方式不同。违法犯罪的后果有明确规定,是一种"硬约束";不道德行为的后果,是自我谴责和舆论压力,是一种"软约束"。

知识点 2 犯罪的相关知识

一、犯罪的含义和本质

1. 犯罪的内涵

犯罪是指掌握国家政权的统治者和管理者,对于危害既定统治秩序和社会秩序而以法律的形式规定应处以刑罚的行为。犯罪是人类社会特有的一种社会现象,它是人类社会发展到一定阶段,随着私有制的产生,人类分裂为阶级,与国家同时出现的。所以,犯罪和法一样,是一个历史范畴,它既不是从来就有的,也不是永世长存的。它将随着阶级和国家的消亡而消灭。

2. 犯罪的特征

根据马克思主义关于犯罪一般概念的基本原理,我国《刑法》第13条规定了犯罪的概念,明确了犯罪的定义,即一切危害社会的,依照法律应当受刑罚处罚的行为,都是犯罪;但是情节显著轻微危害不大的,不认为是犯罪。

上述犯罪定义表明,我国刑法中的犯罪具有三个基本特征:

(1)犯罪是危害社会的行为,即具有社会危害性　行为具有社会危害性是犯罪得以成立的最本质的、具有决定意义的特征。所谓社会危害性,就是指对国家和人民利益的危害。怎样认定行为的社会危害性,应当本着全面分析的观点、透过现象看本质的观点、发展变化的观点加以全面考察。社会危害性的程度轻重,对于犯罪的认定具有重要意义。

(2)犯罪是触犯刑法的行为,即具有刑事违法性　行为的社会危害性体现在法律上就是刑事违法性。所谓刑事违法性,就是指行为违反了刑法禁止性的规定,从而触犯了刑法。行为的社会危害性是刑事违法性的基础,没有社会危害性就无所谓刑事违法性;但某些行为虽然具有一定的社会危害性,但没有达到触犯刑法的程度,也不构成犯罪。所以,刑事违法性是社会危害性在法律上的体现,犯罪的社会危害性是由违反了刑法的禁止性规定而反映出来的。

(3)犯罪是应受刑罚惩罚的行为,即具有刑事惩罚性　犯罪具有刑事惩罚性,是由犯罪前两个特征所派出来的,是行为的社会危害性和刑事惩罚性的法律结果。所谓刑事惩罚性,就是指任何一种构成犯罪的行为,在法律的评价上都应当受到刑罚的惩罚。

应当注意,犯罪具有刑事惩罚性与司法实践中对某些犯罪人免除刑事处罚是两个不同的概念,二者既有联系又有区别。犯罪只有在应受刑事惩罚的前提下,才能对犯罪人免除刑事处罚;对犯罪人免除刑事处罚,并不是从法律特征上出发的,而是从惩办与宽大相结合的刑事政策上考虑的。

上述三个基本特征是紧密结合,高度统一的。它们集中反映了犯罪固有的本质属性。

二、犯罪构成的概念及其构成要件

1. 犯罪构成的概念

犯罪构成是指我国刑法规定的,决定某一行为构成某一犯罪所必须具备的一切客观要件和主观要件的总和。犯罪构成具有以下特征:

- 犯罪构成是以犯罪概念为核心内容的,犯罪构成与犯罪概念在本质上是一致的。没

有社会危害性或没有达到应受刑罚惩罚的程度的行为,不存在具备犯罪构成。

• 犯罪构成是一系列要件的总和。任何一个犯罪,总是包含着很多要件,而犯罪构成就是这一系列要件的总和。这一"总和"表明,犯罪构成是一系列要件的有机结合;犯罪构成是一系列要件的主客观内容的统一。

• 犯罪构成是以表明某种行为构成某种犯罪所必需的诸事实特征为必要要件的。任何一个犯罪都可以由很多事实特征来表明,但并不是所有的事实特征都是犯罪构成的必要内容。犯罪构成的要件,只是指对行为构成犯罪具有实体意义和确定性质意义的那些事实特征。

• 犯罪构成所必须具备的诸要件,都是由刑法加以明确规定的,这是我国刑法罪刑法定原则的直接反映。行为是否具备犯罪构成与行为是否违反刑法是完全一致的。正像没有社会危害性就没有犯罪构成一样,没有刑事违法性也就没有犯罪构成。

2. 犯罪构成的共同要件

各种具体犯罪的具体要件各不相同。但是根据刑法理论通说,任何犯罪的构成都必须具备四个方面的要件:

• 犯罪客体,是指为我国刑法保护的而为犯罪行为所侵犯的社会主义社会关系。

• 犯罪的客观要件,是指刑法规定的,构成某种犯罪的行为在客观上需要的诸事实特征。

• 犯罪主体,是指实施犯罪行为,依法对自己行为应负刑事责任的人。

• 犯罪的主观要件,是指犯罪主体对其实施的危害行为及其导致的危害结果所抱有的心理态度。

> **讨论**
> 为什么一些曾经判定为犯罪的人,后来可以确定为无罪释放?

上述四个方面的要件是有机统一、密切结合的,任何犯罪构成都是这四个要件的统一体。

3. 研究犯罪构成的意义

犯罪构成的理论在社会主义刑法理论体系中居于重要的地位,刑法中几乎所有的问题都与犯罪构成有着密切的联系。犯罪构成是犯罪成立的规格,研究犯罪构成有着重要意义:

• 有助于掌握罪与非罪的界限。
• 有助于区分此罪与彼罪的界限。
• 有助于正确确定犯罪的刑事责任。

三、犯罪客体以及客观要件

1. 犯罪客体的概念

犯罪客体是指为我国刑法保护的而为犯罪行为所侵犯的社会主义社会关系。犯罪客体是犯罪构成的必要要件,它主要揭示犯罪行为侵害什么样的社会利益。犯罪客体具有三层含义:

(1)犯罪客体是一定的社会关系　一定的社会关系总是和一定的社会利益联系在一起的,体现着统治阶级利益的社会关系,在社会中总是处于主导地位;社会关系有物质的和非物质的两种形式;在我国,只有社会主义社会关系才能成为犯罪客体。

(2)犯罪客体是为我国刑法保护的社会关系　总的说来,刑法保护的社会关系是十分广

泛的,但仅仅又是非常广泛的社会关系中比较重要的那一部分,并不是所有的社会关系都能成为犯罪客体。只有为我国刑法所保护的那部分社会关系,才能成为犯罪客体。

(3)犯罪客体是为犯罪行为侵犯的社会关系　犯罪客体总是和犯罪行为同时存在。研究犯罪客体的意义在于:有助于我们认识犯罪的社会危害性,以帮助认定犯罪的性质;有助区分此罪与彼罪的界限,以帮助正确定罪;有助于恰当量刑。

2. 犯罪客体的种类

根据犯罪行为所侵犯的社会关系的层次,犯罪客体可分为三种,即一般客体、同类客体、直接客体。

犯罪的一般客体是指一切犯罪共同侵犯的客体,也就是我国刑法所保护的整个社会主义社会关系。犯罪的一般客体揭示了一切犯罪的共同本质。研究犯罪的一般客体,对于从本质上认清我国刑法的任务,加深理解同犯罪做斗争的社会政治意义,是非常重要的。

犯罪的同类客体是指某一类犯罪所共同侵犯的客体,也就是我国刑法所保护的社会主义社会关系整体中的某一方面或者某一部分。我国刑法分则依据同类客体的理论将各种犯罪分为十大类。

犯罪的直接客体是指某一具体犯罪所直接侵犯的客体,也就是我国刑法所保护的某种具体的社会主义社会关系。犯罪的直接客体直接决定了犯罪的性质。犯罪的直接客体有两种形式:一是简单客体,指一种具体犯罪只是直接侵犯了一种直接客体;二是复杂客体,指一种具体犯罪同时直接侵犯了两种以上的直接客体。

上述三种客体是一般与特殊、整体与部分、共性与个性的关系。

3. 犯罪客体与犯罪对象

犯罪对象是指为犯罪行为直接侵犯或者施加影响的人或物,也就是为犯罪行为所侵犯的直接客体的物质承担者。

犯罪客体与犯罪对象有着密切的联系。一定的犯罪对象总是表现为一定的犯罪客体,而一定的犯罪客体在一般情况下又总是以一定的犯罪对象为自己的物质内容。因此,犯罪对象是犯罪客体的物质表现,犯罪客体是犯罪对象的性质反映。

犯罪客体与犯罪对象又有一定的区别。犯罪客体决定了犯罪的性质,而犯罪对象则不然;犯罪客体是犯罪构成的必要要件,而犯罪对象则不是;任何犯罪都必然损害犯罪客体,而犯罪对象则不然;犯罪客体是犯罪分类的基础,而犯罪对象则不是。

4. 犯罪的客观要件

(1)犯罪的客观要件概述　犯罪的客观要件,是指刑法规定的、构成某种犯罪的行为在客观上的诸事实特征。即犯罪行为实施过程中的诸客观事实特征,包括犯罪的行为、犯罪的结果、行为与结果之间的因果关系,以及犯罪的方法、犯罪的对象、犯罪的时间、犯罪的地点等内容。犯罪的客观要件是犯罪构成的必要要件,它主要揭示犯罪是通过什么样的方法、手段,在什么时空条件下针对什么样的对象实施的,又造成了什么样的危害结果。

犯罪的客观要件具有以下三个特征:

- 犯罪客观要件都是由刑法加以明确规定的,刑法分则条文中的罪名与罪状主要是反映犯罪客观要件的内容。
- 犯罪行为在犯罪的客观要件中居于核心的地位,任何犯罪在客观上首先表现为实施一定的危害行为。
- 犯罪客观要件与犯罪的其他必要要件有着密切的联系。

(2)犯罪客观要件的基本要素

犯罪客观要件的基本要素主要有：

①危害行为　危害行为是指行为人在自己的意识和意志支配下实施的危害社会的、触犯刑法的行为。犯罪首先表现为人的一种有社会危害性的行为，没有危害社会的行为，就没有犯罪。危害行为具有三个基本特征：

第一，危害行为是人有意识和有意志的行为。无意识和不受意志控制的行为不能认为是刑法意义上的人的行为。

第二，危害行为是人危害社会的行为，而不是指人的所有活动。

第三，危害行为是为刑法所禁止的行为，这是刑法意义上的危害行为与其他违法而有危害的行为之间的区别。

具有社会危害性而构成犯罪的行为有两种表现形式：

第一，作为。

作为也称积极的危害行为，是指行为人以积极的行动实施刑法所禁止的行为。刑法上的一个作为是指行为人在实施一个犯罪过程中的一系列活动和环节的总和，而不是指行为人的一个动作或者个别环节。

第二，不作为。

不作为也称消极的危害行为，是指行为人以消极的方式不去实施其应当实施的行为。不作为行为构成犯罪应具备三个条件：行为人必须负有应当履行的特定义务；行为人具有履行义务的可能性；行为人并没有履行其应当履行、能够履行的义务。

②危害结果　危害结果，是指危害社会的行为对犯罪客体造成的损害。作为犯罪客体内容的社会关系有物质性的和非物质性的两种形式，因此作为对犯罪客体的损害结果也有物质性的和非物质性的两种形式，两者以能否见之于形、摸之有物、计之以量为区别标准。

危害结果在刑法中具有重要意义：危害结果的有无是过失犯罪能否成立的客观基础；危害结果的大小是认定罪与非罪的一个依据；在具有物质内容的故意犯罪中，物质性结果的出现与否，是既遂、未遂相区别的一个标志；在结果加重犯中，严重结果的有无，是应否加重刑事责任的客观依据；危害结果的轻重是量刑轻重的重要标准。

(3)犯罪客观要件的其他要素　犯罪客观要件的其他要素包括犯罪的方法、犯罪的对象、犯罪的时间、犯罪的地点等内容。在一般情况下，这些要素对于犯罪的成立与否，并不起着决定的作用，也不是这些犯罪构成所必需的。但是在刑法有明文规定的某些具体犯罪中，则具有决定犯罪能否成立的意义。

四、犯罪主体以及主观要件

1. 犯罪主体的概念

犯罪主体是指实施犯罪行为，依法对自己的行为应负刑事责任的人。犯罪主体是犯罪构成的必要要件，它主要表明犯罪是由什么人实施的。

犯罪主体不但是犯罪行为的实施者，而且也是刑事责任的承担者。因此研究犯罪主体，不但对于定罪和确定犯罪的整体社会危害性程度，而且对于公正合理地适用刑罚，做到恰当量刑，都具有十分重要的意义。

犯罪主体从自然属性上可以分为自然人犯罪主体和拟制人（即法人单位）犯罪主体；自然人犯罪主体从法律属性上可以分为一般主体和特殊主体。

2. 自然人犯罪的一般主体

根据我国刑法规定,自然人犯罪的一般主体是指达到一定刑事责任年龄,具有刑事责任能力,而实施了犯罪行为的自然人。根据这一概念,自然人犯罪一般主体的成立须具备三个条件:

(1)自然人犯罪的一般主体必须是具有生命的自然人　因为只有具有生命的自然人,才能有意识和有意志地去支配行为,危害社会。也只有具有生命的自然人,才能对其施加刑罚,进行惩罚,实现教育改造的刑罚功能。

(2)自然人犯罪的一般主体必须是达到一定年龄的自然人　年龄的增长与人们对客观外界的辨认能力和对自己行为的控制能力是成正比关系的。我国刑法对刑事责任年龄作了明确规定:

- 不满14周岁的人实施任何危害行为都不负刑事责任。即绝对无刑事责任时期。
- 已满14周岁不满16周岁的人,犯故意杀人、故意伤害致人重伤或者死亡、强奸、抢劫、贩卖毒品、放火、爆炸、投毒罪的,应当负刑事责任。即相对负刑事责任时期。
- 已满16周岁的人,对一切犯罪都应负刑事责任。即完全负刑事责任时期。
- 已满14周岁不满18周岁的人犯罪,应当从轻或者减轻处罚。即刑事责任从轻减轻时期。

(3)自然人犯罪的一般主体必须是具有刑事责任能力的人　所谓刑事责任能力,是指一个人辨认自己行为的性质、后果和意义以及控制自己行为的能力。马克思主义关于意志自由的观点是我国刑法确定刑事责任能力的理论根据。

我国刑法规定:在一般情况下,达到一定年龄的人具有刑事责任能力,对自己造成的危害结果应当负刑事责任;醉酒的人犯罪,应当负刑事责任;又聋又哑的人或盲人犯罪,应当负刑事责任,但可以从轻、减轻或者免除处罚;间歇性的精神病人在精神正常的时候犯罪,应当负刑事责任;精神病人在不能辨认或者不能控制自己行为的时候造成危害结果,经法定程序鉴定确认的,不负刑事责任;尚未完全丧失辨认或者控制自己行为能力的精神病人犯罪的,应当负刑事责任,但是可以从轻或者减轻处罚。

3. 自然人犯罪的特殊主体

自然人犯罪的特殊主体是指除具备犯罪的一般主体应当具备的条件外,还必须以一定的身份条件而构成特定犯罪的人。特殊主体在刑法中具有两个作用:

- 是某些特定犯罪的构成要件的必要内容,具有定罪的作用,如国家工作人员的犯罪。
- 是某些应当从重处罚的量刑情节,具有量刑的作用。如国家工作人员犯诬告陷害罪的,从重处罚。

特殊主体与一般主体构成共同犯罪时,一般主体能否构成只有特殊主体才能构成的犯罪,应当以特殊主体的身份条件是否在共同犯罪中发生作用为标准予以认定。

4.(法人)单位犯罪主体

(法人)单位犯罪是指(法人)单位中的法定代表人或者其内部成员为了单位的整体利益,以单位的名义,在社会活动过程中所实施的危害社会、触犯刑法、应当受刑罚处罚的行为。(法人)单位犯罪主体的范围包括公司、企业、事业单位、机关、团体。

(法人)单位犯罪的成立条件是:单位成立的合法性、行为活动的整体性、符合分则的规定性。

5. 犯罪的主观要件

(1)犯罪的主观要件概述　犯罪的主观要件,是指犯罪主体对其实施的危害行为及其导

致的危害结果所抱有的心理态度。它包括两种罪过（故意和过失）与犯罪的目的。犯罪的主观要件是犯罪构成的必要要件，它主要说明犯罪是在行为人什么样的心理状态支配下实施的，行为人又是怎样对待犯罪结果的。犯罪的主观要件包含着这样几点含意：

- 犯罪主观要件是行为人在实施危害行为时的一种心理活动，从而表明犯罪是一种有意识的活动。
- 犯罪主观要件是行为人对危害行为及可能导致的危害社会的结果所抱有的心理状态，从而表明了行为人主观恶性的深浅。
- 犯罪主观要件是支配行为人实施危害行为的内在动力，而不是纯粹的思想活动。

研究犯罪的主观要件，对于确定犯罪的性质、行为人的主观恶性，从而对于确定刑事责任具有重要的意义。

(2)犯罪的故意　犯罪的故意，是指行为人明知自己的行为会发生危害社会的结果，并且希望或者放任这种结果发生所持有的一种心理态度。故意由两个因素组成：一是意识因素，即行为人明知自己的行为会发生危害社会的结果。这里的"明知"，包括对行为的性质、行为指向的对象性质、行为导致的结果性质具有明确的认识；二是意志因素，即行为人希望或者放任危害社会的结果的发生。

根据行为人对危害社会结果持有的意志因素的不同，刑法理论将故意分为直接故意和间接故意两种形式。直接故意是指行为人明知自己的行为会发生危害社会的结果，并且希望这种结果发生所持有的一种心理态度。间接故意是指行为人为明知自己的行为会发生危害社会的结果，并且放任这种结果发生所持有的一种心理态度。"放任"表明了行为人对危害结果持有容忍的态度。

(3)犯罪的过失　犯罪的过失，是指行为人应当预见自己的行为可能发生危害社会的结果，因为疏忽大意而没有预见或者已经预见而轻信能够避免，以致发生这种结果所持有的一种心理态度。

你知道吗

犯罪的过失与犯罪的故意的区别

从主观上说，故意是明知故犯，对危害结果是持希望和放任的态度，而过失对危害结果则持明显否定的态度；从客观上说，故意犯罪（主要指直接故意犯罪）有无结果，不影响犯罪的成立，而过失犯罪只有发生严重结果，才构成犯罪；从刑事责任上说，故意犯罪一律要负刑事责任，而过失犯罪只有刑法分则有明确规定的才负刑事责任。

犯罪的过失有疏忽过失与轻信过失两种形式。疏忽过失是指行为人应当预见自己的行为可能发生危害社会的结果，因为疏忽大意而没有预见，以致发生这种结果所持有的一种心理态度。轻信过失是指行为人已经预见自己的行为可能发生危害社会的结果，但是轻信能够避免，以致发生这种结果所持有的一种心理态度。

轻信过失与间接故意有相似之处，又有严格区别。相似点：两者都预见到自己行为可能发生危害社会的结果；两者都不是希望危害结果的发生。不同点：两者对危害结果发生的预见程度不同；两者对危害结果持有的意志内容不同。

(4)犯罪的目的和动机　犯罪目的，是指行为人在主观上希望通过实施犯罪行为而追求某种犯罪结果的一种主观愿望。犯罪目的只能存在于直接故意犯罪中。犯罪目的具有这样一些特征:它是支配行为人实施犯罪行为的内在力量;它的内容包含了对犯罪客体损害的结果,因此与犯罪客体、危害结果有着密切的联系;它直接决定了犯罪行为的价值取向、实施方向,从而决定了犯罪行为的法律性质。

犯罪动机,是指引起行为人实施犯罪行为以求犯罪目的的内心起因。犯罪动机和犯罪目的既有联系又有区别。联系表现在:一定的犯罪目的总是由一定的动机所引起,而一定的犯罪动机又总会形成一定的目的。区别表现在:犯罪动机是犯罪目的的内心起因,而犯罪目的是犯罪动机的具体指向;犯罪动机表明了行为人内心的某种需要,而犯罪目的是行为人希望通过改变客观外界来满足这种需要。

知识点 3　排除社会危害性的行为

一、排除社会危害性行为概述

1. 排除社会危害性行为概念

排除社会危害性行为是指行为在形式上具备某种犯罪的客观要件,但在实质上不具有社会危害性,甚至对国家和社会还会有益,或者在主观上不具备罪过的情形。

刑法中规定排除社会危害性的行为,从反面证实了只有具有社会危害性、主观罪过性的行为才能构成犯罪的刑法原理。

2. 排除社会危害性行为的特征

排除社会危害性行为主要有两个基本特征:

- 形式上,行为给不法侵害人造成损害或已经造成了损害第三人利益或损害社会的结果。
- 实质上,行为不具备犯罪构成,是有益于社会的。

二、正当防卫概述

1. 正当防卫的概念和意义

正当防卫,是指为了使国家、公共利益、本人或者他人的人身和其他权利免受正在进行的不法侵害,对正在实施不法侵害的行为人所采取的还击行为。刑法中规定正当防卫,对于鼓励人民群众,同犯罪做斗争,威慑犯罪分子具有重要作用。

正当防卫是我国公民的一项正当权利,又是每个公民应尽的道德义务。对于负有特定职责的人员来说,正当防卫还是一项法定义务。

2. 正当防卫应当具备的条件

- 正当防卫必须是为了保卫合法权益才能实施,这是正当防卫的目的条件。
- 正当防卫必须是针对不法侵害才能实施,这是正当防卫的前提条件。
- 正当防卫必须是针对正在进行的不法侵害才能实施,这是正当防卫的时间条件。
- 正当防卫必须是针对不法侵害人本人才能实施,这是正当防卫的对象条件。
- 正当防卫不能超出必要限度造成不应有的损害,这是正当防卫的限度条件。

3. 防卫过当的认定及刑事责任

防卫过当是指防卫行为明显超过必要限度造成不应有的重大损害的行为。

防卫过当应负刑事责任,但是应当酌情减轻或者免除处罚。

三、紧急避险

1. 紧急避险的概念和意义

紧急避险,是指为了使国家、公共利益、本人或者他人的人身和其他权利免受正在发生的危险,不得已而采取的损害另一较小合法利益,以保护较大合法利益的行为。刑法中规定紧急避险,对于鼓励公民同违法犯罪活动和其他危害作斗争,增强人们之间团结互助的精神,有着积极的作用。

2. 紧急避险应具备的条件

- 紧急避险必须是为了保护合法权益才能实施,这是目的条件。
- 紧急避险必须是合法权益受到危险的威胁时才能实施,这是前提条件。
- 紧急避险必须是对实际存在的正在发生的危险才能实施,这是时间条件。
- 紧急避险必须是无其他方法来排除或避免危险时才能实施,这是唯一的选择条件。
- 紧急避险必须不超过必要限度而造成不应有的损害,这是限度条件。

3. 避险过当的认定及其刑事责任

避险过当是指紧急避险超过必要限度造成不应有损害的行为。避险过当应负刑事责任,但是应当酌情减轻或者免除处罚。

4. 紧急避险与正当防卫的异同

紧急避险与正当防卫在目的方面,在制止和排除侵害或危险方面,在刑事责任方面有相同之处。

但两者又有许多不同点,主要是:危害的来源不同;损害的对象不同;行为的要求不同;对实施人自身的要求不同;对损害程度的要求不同。

四、其他排除社会危害性的行为

其他排除社会危害性的行为,在我国刑法中还没有得到明确的规定,但它们同样对社会不会造成危害。

- 执行命令,是指行为人根据上级命令而实施的行为。执行命令应具备一定条件而阻却犯罪。
- 履行职责,是指行为人根据自己从事职务的要求而实施履行职责的任务。履行职责应具备一定条件而阻却犯罪。
- 经权利人同意的行为,是指行为人经有权处分某种利益之人的同意而实施的行为。经权利人同意的行为应具备一定的条件而排除犯罪。

你知道吗

基本法律

一般指在一个国家或地区拥有最高法律效力的法律,它的实际作用与宪法实际上相同。基本法,意味是不永久并为权宜之计,在没有实施宪法下达到有法维持宪政秩序之效果。

这里指中华人民共和国全国人民代表大会制定和修改刑事、民事和其他的法律,内容涉及国家和社会生活某一方面的最基本的问题。《香港特别行政区基本法》与《澳门特别行政区基本法》属于"基本法律"的层次。基本法律以外的法律,也叫"一般法律",是指由全国人民代表大会常务委员会制定和修改的"除应当由全国人民代表大会制定的法律以外的其他法律"(《宪法》第67条)。此外,全国人大常委会所做出的决议和决定,如果其内容属于规范性规定,而不是一般宣言或委任令之类的文件,也视为狭义的法律。它一般包括宪法、民事法、行政法、经济法等。

知识点 4　故意犯罪的停止形态

一、故意犯罪过程中的犯罪状态概述

　　故意犯罪过程,是指故意犯罪的预备,经犯罪的实行,到犯罪结果发生的过程。由于主客观各种因素的作用,故意犯罪在整个发展过程中所处的状态是有所不同的。

　　故意犯罪过程中的犯罪状态表现为两种情况:一是犯罪的完成状态,即犯罪的既遂;二是犯罪的未完成状态,即犯罪的预备、犯罪的未遂和犯罪的中止。

　　犯罪的未完成状态是以犯罪构成为基础的,所以被称为"截短的犯罪构成"或"修正的犯罪构成"。犯罪的未完成状态成立与否,是受犯罪构成严格限制的。首先,受犯罪构成主观方面的限制,犯罪的未完成状态只能存在于故意犯罪过程中;其次,受犯罪构成客观方面的限制,行为一经着手便告完成或者已是既遂的犯罪,不可能存在犯罪的未遂、中止。

　　研究故意犯罪过程中的各种犯罪状态,对于认识犯罪未完成的原因,明确各种犯罪状态具有的社会危害性,掌握对它们的处罚原则,是十分重要的。

二、犯罪的预备

　　犯罪的预备,是指为了犯罪而准备工具、制造条件的行为。

　　犯罪的预备与犯意的表示有着严格的区别。犯意的表示,是指行为人将犯罪意思通过一定的方式流露出来。两者的区别主要在于犯意的表示仅仅是一种思想的外露,而犯罪的预备则付诸行动,是一种犯罪行为的表现。

　　对于预备犯,可以比照既遂犯从轻、减轻处罚或者免除处罚。

三、犯罪的既遂

　　犯罪的既遂是指行为人所实施的行为已经齐备了刑法分则对某一具体犯罪所规定的全部构成要件。

　　根据刑法分则各种犯罪构成的具体规定和刑法的一般理论,犯罪的既遂有以下几种形式:

1.行为犯

行为犯也称举止犯,是指行为人只要实施了刑法规定的某种行为,即已构成既遂的犯罪。

2.结果犯

结果犯是指行为人所实施的犯罪行为,必须发生了法定的结果,才构成既遂的犯罪。

3.结果加重犯

结果加重犯是指行为人实施的犯罪行为,导致了基本犯罪构成结果以外的严重结果的犯罪。

4.危险犯

危险犯是指行为人实施的犯罪行为,足以造成某种危害结果的特别危险状态而构成既遂的犯罪。

既遂犯的刑事责任,根据刑法分则对所触犯法条规定的法定刑直接处罚。

四、犯罪的未遂

犯罪的未遂,是指已经着手实行犯罪,由于犯罪分子意志以外的原因而未得逞的行为。

犯罪未遂的成立应具备三个特征:

• 第一,行为人已经着手实行犯罪,这是犯罪未遂与犯罪预备相区别的标志。所谓着手实行犯罪,是指行为人已经开始实施刑法分则对某一具体犯罪构成所规定的客观要件的行为。

• 第二,犯罪未得逞,这是犯罪未遂与犯罪既遂相区别的标志。所谓未得逞,是指行为没有齐备某一犯罪的全部构成要件,即没有完成犯罪,主要是指行为人追求的犯罪结果没有发生。

• 第三,犯罪未得逞是由于行为人意志以外的原因,这是犯罪未遂与犯罪中止相区别的标志。所谓行为人意志以外的原因,是指违背行为人本意的因素。

犯罪未遂根据犯罪行为实行终了与否为标准,可以分为实行终了的未遂与未实行终了的未遂;根据实际上能否构成既遂为标准,可以分为能犯的未遂与不能犯的未遂。

对于未遂犯,可以比照既遂犯从轻或者减轻处罚。

五、犯罪的中止

犯罪的中止,是指在犯罪过程中,行为人自动中止犯罪或者自动有效地防止犯罪结果发生的行为。

犯罪中止的成立应具备三个条件:

• 犯罪中止必须是发生在犯罪过程中(包括犯罪的预备过程和犯罪的实行过程),这是犯罪中止的时间性条件。

• 犯罪中止必须是行为人自动地中止犯罪,这是犯罪中止的自动性条件。这里的自动中止必须是彻底的。

• 犯罪中止必须是行为人有效地防止犯罪结果的发生,这是犯罪中止的有效性条件。犯罪既遂是对犯罪中止的绝对排斥。

对于中止犯,没有造成损害的,应当免除处罚;造成损害的,应当减轻处罚。

知识点 5 共同犯罪

一、共同犯罪的基本概述

1. 共同犯罪的概念

根据《刑法》第25条规定:"共同犯罪是指二人以上共同故意犯罪。"共同犯罪区别于单独犯罪,也区别于二人以上的共同过失犯罪。

2. 共同犯罪的成立条件

(1)共同犯罪的主体条件 共同犯罪的主体,必须是二人以上达到了刑事责任年龄、具有刑事责任能力的人。由于刑法规定单位可以成为某些犯罪的主体,故两个以上的单位以及单位与自然人共同实施的犯罪,也可能构成共同犯罪。

关于共同犯罪的主体,以下几点值得注意:

- 第一,共同犯罪的主体必须是二人以上,一个人不存在也不可能发生共同犯罪问题。
- 第二,二人以上必须都达到刑事责任年龄、具有刑事责任能力。如果一个达到刑事责任年龄、具有刑事责任能力的人,利用没有达到刑事责任年龄、不具有刑事责任能力的人实施犯罪行为,这在刑法理论上叫做间接正犯,不构成共同犯罪。
- 第三,二人以上必须是在相应犯罪上具备刑事责任能力的人。我国《刑法》第17条第2款规定,已满十四周岁不满十六周岁的人,只对8种犯罪负刑事责任,故两个已满十四周岁不满十六周岁的人,或者一个已满十六周岁的人与一个已满十四周岁不满十六周岁的人,共同实施该8种犯罪之外的行为的,不成立共同犯罪。
- 第四,单位犯罪时,直接负责的主管人员及其他直接责任人员与该单位本身不成立共同犯罪。在身份犯的情况下,不具有构成身份与具有构成身份的人共同实施以特殊身份为构成要件的犯罪时,成立共同犯罪。

例如,一般公民不可能单独犯脱逃罪,但可以教唆、帮助依法被关押的罪犯、被告人、犯罪嫌疑人脱逃,从而成为脱逃罪的共犯。

又如,一般公民不可能单独犯贪污罪,但当其与国家工作人勾结,伙同贪污时,成立贪污罪的共犯。

再如,一般公民不可能单独犯受贿罪,但当其教唆或者帮助国家工作人员受贿时,则成立受贿罪的共犯,也应以受贿罪论处。在单位犯罪中,直接负责的主管人员及其他直接责任人员,与该单位本身不成立共同犯罪。

(2)共同犯罪的客观条件 从客观方面讲,共同犯罪的成立必须是两个以上的人具有共同犯罪行为。所谓共同犯罪行为,是指各共犯人的行为都指向同一犯罪,并相互联系、相互配合,成为一个有机的犯罪活动整体,各共犯人的行为都是共同犯罪行为这一整体的组成部分。在发生危害结果的场合,每个人的行为都与危害结果之间存在因果关系。

从行为方式角度来说,共同犯罪行为表现为三种形式:一是共同作为,如甲乙二人共同持刀将丙杀死;二是共同的不作为,如父母共同遗弃子女;三是作为与不作为的结合,如守夜人甲与乙合谋窃取本单位财物,在乙行窃时,甲佯装熟睡,听任乙将财物窃走。这里,乙的行为是作为,甲的行为是不作为,属于作为与不作为结合形式的共同犯罪行为。

共同犯罪行为的阶段也可能出现三种情况：一是共同实行行为；二是共同预备行为；三是预备行为与实行行为相结合，即一方仅实施了预备行为，另一方实施了实行行为。

从行为分工角度来说，共同犯罪行为可能表现为四种情况：一是实行行为，即刑法分则所规定的犯罪构成客观要件的行为；二是组织行为，即组织、策划、指挥共同犯罪的行为；三是教唆行为，即故意唆使他人犯罪的行为；四是帮助行为，即对实行犯罪起辅助作用的行为。

二、共同犯罪的形式

共同犯罪的形式，是指二人以上共同犯罪的形成、结构或者共同犯罪人之间结合的方式。共同犯罪的形式不同，其社会危害性就不同。

1. 任意共同犯罪与必要共同犯罪

这是根据共同犯罪能否任意形成而划分的共同犯罪形式。

刑法分则规定的一人能够单独实施的犯罪由二人以上共同故意实施时，就是任意共同犯罪。如抢劫罪、盗窃罪、故意杀人罪、放火罪等，既可以由一人实施，也可由数人共同实施，当数人共同实施时，就构成任意共同犯罪。

必要共同犯罪，是指刑法分则明文规定必须由二人以上共同故意实施的犯罪。必要共同犯罪又可以分为：

- 聚众性的共同犯罪，如《刑法》第317条规定的组织越狱罪、聚众劫狱罪等。
- 有组织的共同犯罪，如《刑法》第120条规定的组织、领导、参加恐怖活动组织罪。

2. 事前通谋的共同犯罪与事前无通谋的共同犯罪

这是根据共同故意形成的时间划分的共同犯罪形式。

事前通谋的共同犯罪，是指各共同犯罪人在着手实行犯罪以前，就实行犯罪进行了策划和商议，已经形成了共同犯罪故意的共同犯罪。所谓通谋，一般是指二人以上为了实行特定的犯罪，以将各自的意思付诸实现为内容而进行互相联络和沟通。

事前无通谋的共同犯罪，是指各共同犯罪人在刚着手犯罪时或在实行犯罪的过程中形成共同犯罪故意的共同犯罪。

3. 简单的共同犯罪与复杂的共同犯罪

这是根据共同犯罪人之间有无分工而划分的共同犯罪形式。

简单共同犯罪，是指二人以上共同故意直接实行某一具体犯罪客观方面要件的行为的共同犯罪。在此情况下，各共犯人都是正犯，即实行犯，所以学理上又将此种场合下的共犯人称为共同正犯（共同实行犯）。成立简单共同犯罪须具备两个基本条件：一是有共同实行的意思；二是有共同实行的事实。

复杂共同犯罪，是指各共同犯罪人之间存在分工的共同犯罪。在此情形下，共犯人之间存在实行犯、组织犯、教唆犯、帮助犯之分，他们的行为以及故意的具体内容均有差异。根据刑法规定，对这几种共犯人，应按照其在共同犯罪中所起的作用大小，分别予以处罚。

4. 一般共同犯罪与特殊共同犯罪

这是根据共同犯罪有无组织形式而划分的共同犯罪形式。

一般共同犯罪，是指二人以上在结合程度上比较松散，没有特定组织形式的共同犯罪。此种形式的共同犯罪人一旦完成特定的犯罪后，其犯罪的共同体就不复存在。一般共同犯罪可以是简单的共同犯罪，也可以是复杂的共同犯罪；可以是事前通谋的共同犯罪，也可以

是事前无通谋的共同犯罪。属于什么样的共同犯罪,就按什么样的共同犯罪处理。

特殊共同犯罪,也就是有组织的共同犯罪,或称犯罪集团。根据我国刑法规定,犯罪集团是指三人以上为共同实施犯罪而组成的较为固定的犯罪组织。

三、共同犯罪人的种类及其刑事责任

1. 共同犯罪人的分类标准

划分各种不同的共同犯罪人,旨在准确辨别各共同犯罪人在共同犯罪中的分工、地位、作用、人身危险性以及应负刑事责任的大小,以便于对共同犯罪人进行正确的定罪量刑。

我国刑法以共同犯罪人在共同犯罪中所起的作用为主,兼顾共同犯罪人的分工为标准,将共同犯罪人分为主犯、从犯、胁从犯、教唆犯。

2. 我国刑法中的共同犯罪人及其刑事责任

(1)主犯

• **主犯的概念**　《刑法》第26条规定:"组织领导犯罪集团进行犯罪活动或者在共同犯罪中起主要作用的,是主犯。"

• **主犯的种类**　在犯罪集团中起组织、领导、策划、指挥作用的首要分子;在聚众犯罪中起组织、策划、指挥作用的首要分子;在犯罪集团或一般共同犯罪中起主要作用的犯罪分子。

• **主犯的刑事责任**　对组织、领导犯罪集团的首要分子,按照集团所犯的全部罪行处罚。对于首要分子以外的主犯,应当按照其所参与的或者组织、指挥的全部犯罪处罚。

要注意任何共同犯罪都必定有主犯的存在;共同犯罪中主犯可以是一个,也可以是几个;主犯既可以是实行犯,也可以是教唆犯;主犯与首要分子的相互关系。

(2)从犯

• **从犯的概念**　《刑法》第27条规定:"在共同犯罪中起次要或者辅助作用的,是从犯"。

• **从犯的种类**　可以分为两种:一是在共同犯罪中起次要作用的犯罪分子;二是在共同犯罪中起辅助作用的犯罪分子。

• **从犯的刑事责任**　对于从犯,应当从轻、减轻处罚或者免除处罚。

(3)胁从犯

• **胁从犯的概念**　《刑法》第28条规定:被胁迫参加犯罪的是胁从犯。完全受强制或欺骗的,不能认定为胁从犯。

• **胁从犯的刑事责任**　对于胁从犯,应当按照他的犯罪情节减轻处罚或者免除处罚。

(4)教唆犯

①教唆犯的概念　根据《刑法》第29条的规定,教唆犯是故意引起他人实施犯罪意图的犯罪分子。

②教唆犯的构成条件　在主观方面,应当具有教唆他人实施犯罪的故意,一般是直接故意,个别情况下也可以是间接故意;在客观方面,应当具有教唆他人犯罪的教唆行为,即须有引起他人实行犯罪意图和决心的教唆行为。

③认定教唆犯应注意的问题

• 第一,教唆行为已在刑法分则中列为构成某种具体犯罪的要件时,对教唆者不应再以教唆犯论,如策动叛变罪中的"策动"行为。

• 第二,被教唆者实施了教唆以外的犯罪,教唆者对教唆以外之罪不负责任。

• 第三,既教唆,又与被教唆者一起实施犯罪,对这种教唆者应按共同犯罪中的实行犯论处,同时参考其教唆情节来确定刑事责任。

• 第四,被教唆者没有犯被教唆的罪,是教唆的未遂,对教唆者只能以单独犯罪(未遂)论处。

• 第五,被教唆者实施了教唆之罪,不论造成什么程度的后果,教唆犯都应对此承担刑事责任。

④教唆犯的刑事责任　对教唆犯的处罚,应当按照他在共同犯罪中所起的作用论处;被教唆者实施被教唆之罪的,对于教唆犯可以从轻或减轻处罚;教唆不满十八周岁的人犯罪的,应当从重处罚。

你知道吗

立法日(1)

法律	立法日
中华人民共和国人民警察法	1995年2月28日
中华人民共和国行政许可法	2003年8月27日
中华人民共和国行政复议法	1999年4月29日
中华人民共和国行政处罚法	1996年3月17日
中华人民共和国引渡法	2000年12月28日
中华人民共和国国防法	1997年3月14日
中华人民共和国兵役法	1998年12月29日

知识点 6　刑　罚

一、刑罚概述

1. 刑罚的概念

关于刑罚的概念,可分为适用于任何国家刑罚的一般概念和适用于某一特定国家刑罚的具体概念两种。从一般概念来讲,所谓刑罚,是指掌握国家政权的统治阶级,以国家的名义,实行惩罚犯罪的强制方法。刑罚的一般概念,着重指出刑罚的本质属性,即不论社会制度如何,不论是哪一个国家,刑罚都是统治阶级实行惩罚犯罪的强制方法。

从刑罚的一般概念可以看出,刑罚和犯罪是紧密联系的。任何国家刑法的主要内容都包括两部分:一个是规定统治阶级确认的犯罪,另一个是规定惩罚犯罪的刑罚方法。世界上没有一部刑法只规定犯罪,而不规定惩罚犯罪的刑罚方法,因为那样的刑法只能是一纸空文。阶级斗争的实践表明,任何掌握国家政权的统治阶级,在宣布那些侵犯自己利益的行为犯罪的同时,都要规定惩罚犯罪的各种刑罚。对犯罪者处以某种刑罚,是行使国家权力的重要组成部分,也是国家赖以存在的重要条件。

对犯罪者实行惩罚,是通过法庭和监狱来实现的。这就是通过法庭对犯了罪的人判处

刑罚,判了刑以后再通过监狱来执行刑罚,从而达到维护有利于统治阶级的政治秩序和社会秩序。

自从人类进入阶级社会以来,历史上有过四种类型的刑罚:奴隶社会的刑罚、封建社会的刑罚、资本主义社会的刑罚和社会主义社会的刑罚。这四种类型的刑罚就其阶级本质来说,只有两种,一种是剥削阶级的刑罚,一种是社会主义刑罚。社会主义刑罚和剥削阶级刑罚,其阶级本质是根本不同的。不同的剥削阶级,刑罚也各有其不同的特点。

公开的阶级不平等和刑罚的极端残酷,是奴隶社会刑罚的显著特点。在奴隶社会里,奴隶的身份是和牲畜一样的。奴隶主随意杀死自己的奴隶,等于"合法地"毁坏自己的财产,根本不算犯罪。奴隶社会刑罚的残酷性,主要表现在采取各种野蛮手段把人处死(如溺死、刺死、烧死、剖腹、炮烙等)和各种残害人体的刑罚。著名的奴隶社会的五刑:墨(在脸上刺字)、劓(割鼻子)、剕(断足)、宫(残害生殖机能)、大辟(处死)。这五种刑罚都是摧残犯人身体、造成犯人残废和剥夺犯人生命的刑罚。各种形式的肉刑和残废刑的采用,给广大奴隶带来极大的痛苦。

封建社会的刑罚,仍然以公开的阶级不平等和刑罚的残酷性为其特征。封建社会刑罚制度上的阶级不平等,主要表现为对阶级地位不同的人,即使犯了同样的罪,适用的刑罚也不相同。我国封建时代具有代表性的法典《唐律》中明文规定:奴婢谋杀主人者,不论首从皆斩;而奴婢有罪,其主人不报请官府而将奴婢杀死者,杖一百。适用刑罚上的阶级不平等现象,在封建社会的法律中到处可见。封建社会刑罚同样是残酷的。隋唐以前基本上沿用奴隶社会的五刑,自唐以后,残废刑大体废除了,《唐律》中只规定笞、杖、徒、流、死五刑。其实这五种刑罚并没有减轻其刑罚的残酷性,因为犯人受不住三五百板的笞刑,被笞挞者往往死于非命,名义上是轻刑,而结果是死者更众,是名轻而实重。

资本主义社会的刑罚,虽然与奴隶社会、封建社会不同,法律并未明文规定有某一阶级的任何特权,宣布了法律对一切人都是平等的;但是,在以生产资料私有制为基础的剥削制度下,这只能是以平等的形式掩盖着极端不平等的实质。同时,某些标榜文明国度的资本主义国家,至今还保留着宫刑、凌辱刑,这也充分暴露了资产阶级刑罚的残酷性。

我国刑罚是人民法院依照法律对反革命分子和其他刑事犯罪分子实行惩罚的一种强制方法。这就是适用于我国的刑罚的具体概念。从这一概念可以看出,我国刑罚具有和一切剥削阶级国家刑罚根本不同的本质和特点。这些不同的本质和特点主要是:

第一,我国刑罚是人民民主专政的工具,是掌握在无产阶级手中的"刀把子"。它的锋芒始终是指向以推翻人民民主专政的政权和社会主义制度为目的的反革命分子和那些杀人、抢劫、强奸、放火、爆炸、投毒、决水以及破坏交通、电力等设备的重大刑事犯罪分子。通过对这些犯罪分子的惩罚,以达到打击敌人,惩罚犯罪,保护人民,保护社会主义经济基础,巩固人民民主专政的目的。而一切剥削阶级国家的刑罚,它的锋芒都是指向无产阶级和广大劳动人民,它是少数剥削者用以保卫自己的既得利益和反动统治,巩固剥削阶级专政的工具。

第二,我国刑罚通过对反革命分子和其他刑事犯罪分子的惩罚,为新的生产关系的建立和发展,为社会生产力的解放扫除障碍,促进社会主义现代化建设的迅速发展,并为彻底消灭剥削制度,建立人类崇高理想的共产主义社会的伟大事业而服务。所以,我国刑罚对社会的发展起着革命的、进步的作用。而一切剥削阶级国家的刑罚,虽然不能笼统地说在其发展

的每个历史阶段都起反动作用,例如,封建社会、资本主义社会初期的刑罚,都曾起过一定的历史进步作用,但从总体上看,它们都是为剥削与压迫制度服务的。尤其当它们所依赖的剥削制度成为社会发展的障碍,代表新制度的革命阶级起来反抗和推翻旧制度的时候,刑罚就成为镇压新生力量、维护腐朽的旧制度、阻碍社会发展的反动工具。

第三,在我国,运用刑罚同犯罪作斗争,以保护国家和人民的利益是完全必要的。但是,通过刑罚来预防犯罪、消灭犯罪这只是一种方法,而不是唯一方法,甚至不是主要的方法。在我们国家里,消灭犯罪的主要方法,是消灭剥削制度,消灭阶级,加快物质文明和精神文明建设,加强法制教育等,用刑罚方法惩罚犯罪。从预防犯罪并最终消灭犯罪的整体意义上看,这只是一种辅助手段。而在剥削阶级国家里,由于其社会制度本身就是产生犯罪的根源,掌握国家政权的统治阶级,面对着日益增长的犯罪现象,就不能不主要地或者唯一地借助于严刑峻法进行镇压,这反映了反动的统治者对待犯罪现象的无能为力,除了采用残酷的刑罚外,别无其他办法。

综上所述可见,由于掌握刑罚的统治阶级和针对的对象不同,刑罚在历史上起着革命和反动两种完全相反的作用。革命阶级掌握它,就镇压反动势力,促进社会前进。反动的阶级掌握它,就残酷地镇压革命势力,阻碍社会的前进。我国刑罚是人民民主专政的重要工具,它在镇压敌人的反抗、惩办各种刑事犯罪的破坏活动、保障社会主义革命和社会主义建设的过程中,一直发挥着重要作用。今后只要国外帝国主义还存在,国内阶级斗争和各种刑事犯罪还存在,就必须继续发挥这个专政武器的重要作用。

在我国,除了刑罚这种法律强制方法外,还有其他的强制方法。例如,行政性的强制方法、纪律性的强制方法、民事强制方法以及刑事诉讼上的强制措施等。刑罚与其他强制方法比较起来,具有以下几个特征:

(1)刑罚只能对犯罪分子适用 对没有构成犯罪的人,不能适用刑罚;否则,就是违法行为,必须予以纠正。对于只违反党纪、政纪的人,只能给予纪律处分或行政处分,不能处以刑罚。刑事诉讼上的强制措施,例如逮捕、拘留、取保候审等,都是为了防止被告人或嫌疑人逃避侦查、审判或消灭罪证,虽然也剥夺了他们的某些自由和权利,但是,其性质也不是刑罚。

(2)刑罚是一种最为严厉的强制方法 从刑法所规定的刑罚种类来看,它不仅可以剥夺被判刑人的财产和权利,例如,判处罚金、剥夺政治权利、没收财产,而且可以剥夺被判刑人的自由,例如,判处拘役、徒刑,这些都是剥夺人身自由,就是判处管制也是限制人身自由。对极少数罪大恶极的犯罪分子还可以剥夺其生命,即判处死刑。而其他的强制方法,都没有刑罚这样严厉。例如,行政处罚一般不过是罚款,最重的是处短期拘留;民事强制最重的不过是责令赔偿损害;纪律处分最重的不过是从某一机关、组织内开除等。

(3)刑罚只能由人民法院代表国家依法适用 我国《宪法》第12条规定:"中华人民共和国人民法院是国家的审判机关。"根据宪法这一规定,除了人民法院外,其他任何机关、团体或者个人都不能适用刑罚。而且人民法院对犯罪分子适用刑罚的时候,必须依照刑事诉讼法规定的管辖权限和诉讼程序进行。例如,对于作为适用刑罚根据的犯罪事实,必须依照诉讼程序查明和认定;适用某种刑罚方法,必须依照法定的管辖权限,如无权审理死刑案件的法院,不能适用死刑这种刑罚。而其他强制方法的适用,只能根据其他有关法规的规定进行。

2. 刑罚的功能

刑罚的功能是指国家确立和运用刑罚同犯罪作斗争所产生的社会作用。它对不同的人有着不同的作用。

(1)刑罚对犯罪人的功能　主要包括惩罚的功能和改造的功能。惩罚功能表明刑罚适用于任何构成犯罪的行为人,都将造成精神或肉体上的痛苦。改造功能意味着刑罚的适用还应当产生将犯罪人改造为新人的作用。

(2)刑罚对社会的功能　包括对犯罪被害人的安抚功能和对社会其他成员的威慑与教育功能。对犯罪被害者的安抚功能表现为刑罚对罪犯加以惩罚,借以弥补被害人的心灵创伤、经济损失,平息社会的义愤。对社会其他成员的功能在于既威慑社会成员中一些不稳定分子,使其不敢轻易实施犯罪,同时也教育广大人民群众提高法律意识,自觉与犯罪作斗争,保护自己和社会的合法利益。

3. 刑罚的目的

所谓刑罚的目的,从字面上理解,好像刑罚本身有什么目的。前面已经指出,刑罚是统治阶级实行惩罚犯罪的一种强制方法,也是阶级专政的一种重要工具。所以,刑罚本身谈不到有什么目的。这里所说的刑罚目的,实际上是指掌握国家政权的统治阶级制定刑罚、适用刑罚和执行刑罚的目的。也可以说,是指一个国家制定刑罚、适用刑罚、执行刑罚所追求的结果。

刑罚的目的,体现着刑罚的性质和统治阶级运用刑罚同犯罪作斗争的指导思想,也决定着刑罚体系和刑罚种类的确立,是建立整个刑罚制度的出发点和归宿;同时,还影响着适用刑罚的效能。所以,关于刑罚目的问题历来为各国刑法研究者所重视,也是国内外刑法学界长期争论的一个课题。

我国刑罚的目的是什么？有各种提法:有的提出我国刑罚是以教育改造为目的;有的提出我国刑罚具有惩罚与教育的双重目的;有的提出我国刑罚目的是一般预防与特殊预防相结合;有的提出我国刑罚目的是预防犯罪和消灭犯罪。我们同意最后这种提法。

之所以说我国刑罚的目的是预防犯罪和消灭犯罪,是因为刑罚是与犯罪联系在一起的。没有犯罪就谈不上刑罚。也就是说,刑罚之所以存在,就是为了与犯罪作斗争,就是预防犯罪,减少犯罪,并最终消灭犯罪;将来到了共产主义社会,犯罪被消灭了,刑罚达到了它的目的,也就没有再存在的必要了。我国刑罚对犯罪的预防,分为特殊预防和一般预防两个方面。

(1)特殊预防　所谓特殊预防,是指预防特定的犯罪分子重新犯罪。就是说,一个人犯了罪,给国家和人民的利益造成了损害,国家司法机关在查清犯罪事实的基础上,如果依照法律必须追究他的刑事责任,就要判处适当刑罚。人民法院对犯罪分子判处刑罚,也就是对他们的惩罚。惩罚是刑罚的固有属性。正是刑罚具有这一属性,才使它发挥了人民民主专政工具的重要作用。这就是通过对犯罪分子适用刑罚,使他们的人身自由或权利受到限制,甚至剥夺其生命。对犯罪分子没有必要的惩罚,要制止他们继续进行危害社会的犯罪活动是不可能的。但是,国家给予犯罪分子一定惩罚,这不是刑罚的目的,我们不是为惩罚而惩罚。惩罚的根本目的,是要把他们改造过来(死刑除外),使之成为新人,化有害为无害,化消极因素为积极因素,逐步地消灭犯罪。

为了把犯罪分子改造成为新人,对于被判处有期徒刑、无期徒刑的犯罪分子,放在监狱或者其他劳动改造场所,采取强制措施,把他们监管起来,实行劳动改造;对于被判处拘役的

犯罪分子，也在短期剥夺自由期间，予以教育和劳动改造；对于被判处管制的犯罪分子，放在社会上，由公安机关和有关群众加以监督参加劳动或者工作。总之，不论判处哪种主刑，都必须在劳动中进行改造，通过劳动把这些犯罪分子改造成为自食其力的新人。这样，我们就可以把这一批阻碍和破坏生产力发展的消极因素，改变为有利于生产力发展的积极因素。同时，为了使他们在刑满释放以后，能够自食其力，不致成为新的社会寄生虫，也有必要通过劳动，使他们树立劳动观点，养成劳动习惯，学会一定的生产技能，为劳动就业创造条件。

对犯罪分子的劳动改造必须要在一定的强制条件下进行。这是因为，在犯罪分子中，有少数敌对阶级分子，他们浸透了剥削阶级腐朽糜烂的思想，形成根深蒂固的鄙视劳动、仇恨劳动人民的反动立场和反动观点；那些属于劳动者或者出身于劳动者家庭的犯罪分子，也大都受剥削阶级思想意识的毒害很深，好逸恶劳，腐化堕落。对这些犯罪分子，不采取强制措施，要他们认罪伏法，老实接受改造是不可能的。因此，必须把他们监管起来，强迫他们进行劳动改造。只有这样，才能使他们认罪悔罪，痛改前非，接受改造，并由被迫改造，逐渐转变为自觉改造，最后成为自食其力的劳动者。

要改造犯罪分子的反动世界观、人生观，清除他们头脑中的好逸恶劳，腐化堕落的肮脏东西，在强制他们进行劳动的同时，还必须有计划地、认真细致地做思想转化工作，使犯罪分子在劳动改造过程中，逐渐懂得用无产阶级的立场、观点去批判自己的反动的立场、观点，认识到自己犯罪的社会根源和思想根源，认识到自己的犯罪行为对国家和人民的严重危害性，因而有脱胎换骨重新做人的要求。这样，大多数犯罪分子经过强制劳动和思想教育以后，会受到教育，改造犯罪思想，也可以学到一定的生产技能，从而刑满以后回到社会上就不致再进行犯罪活动。也有少数犯罪分子，因经过执行刑罚，感受到了刑罚的威力，害怕再受刑罚惩罚，因而不敢重新犯罪。对于这样的人，从其思想改造的程度上看是不够的，但从刑罚的特殊预防方面看，也应该认为是达到了目的，因为特殊预防的目的就是防止他们重新犯罪。

（2）一般预防 所谓一般预防，是指对不特定的多数人可能实行犯罪的预防。一般预防包含两层意思：

• 一层意思是通过对犯罪分子适用刑罚，警戒社会上可能进行犯罪的分子，不要重蹈犯罪分子的覆辙，否则就要落得同样的下场。从而使那些可能进行犯罪活动的人及早悔悟，悬崖勒马，再不以身试法，这样就可以减少犯罪的发生。

• 另一层意思是通过对犯罪分子适用刑罚，教育广大人民群众，提高政治觉悟，加强法制观念，使他们能配合国家专门机关有效地同犯罪作斗争。把广大人民群众广泛地发动和组织起来，是预防犯罪和消灭犯罪的根本保证。

这里应当指出的是：我国刑罚对人民群众的作用，不是威吓，也不是警戒。也就是说，不能把广大人民群众都当做一般预防的对象，当作刑罚威吓、警戒所起作用的人。我国的广大人民群众不进行犯罪活动，这不是因为存在着刑罚的威吓或警戒，而是由于我国的法律是广大人民群众意志的反映，是保护人民利益的。人们认识到，犯罪是违背国家和人民利益的行为，也违背自己的意志。所以，广大人民群众一般都能够自觉地接受教育，遵守法律。刑罚的威吓或警戒，只对人民内部少数受剥削阶级思想严重腐蚀和毒害，可能走上犯罪道路的人起教育和抑制作用。

二、刑罚的体系和种类

1. 刑罚的体系

刑罚的体系,就是指刑法所规定的并按一定次序排列的各种刑罚方法的总和。我国刑法所规定的刑罚分为主刑和附加刑两类,主刑包括管制、拘役、有期徒刑、无期徒刑、死刑五种。

附加刑包括罚金、剥夺政治权利、没收财产三种。此外,对犯罪的外国人,可以适用驱逐出境。在我国的刑罚中,主刑与附加刑、重刑与轻刑、生命刑和自由刑、财产刑和资格刑互相衔接,组成了一个完整的、科学的刑罚体系。

我国刑罚体系的特点:体现了罪刑相适应的基本原则;体现了改造罪犯为新人的原则;体现了刑罚的人道主义精神。

2. 主刑

(1)主刑的概念　主刑是对犯罪分子适用的主要刑罚方法。主刑只能独立适用,不能附加适用。一个犯罪只能适用一个主刑。

(2)主刑的种类

①管制　管制是指对犯罪分子不予关押,但限制一定自由,由公安机关依靠人民群众监督执行的一种刑罚方法。它属于限制自由的刑罚,适用于罪行较轻的刑事犯罪分子。

管制的期限为三个月以上二年以下,数罪并罚不得超过三年。管制期间被管制的罪犯必须遵守法律、法规。参加生产劳动的实行同工同酬。

②拘役　拘役是指短期剥夺犯罪分子的自由,就近实行劳动改造的刑罚方法。拘役是短期剥夺自由的刑罚,适用于罪行较轻不需要进行关押较长时间的犯罪分子。

拘役的期限为一个月以上六个月以下,数罪并罚不得超过一年。被拘役的犯罪分子,由公安机关就近执行,每月可以回家1～2天。参加劳动的,酌量发给报酬。

③有期徒刑　有期徒刑是指剥夺犯罪分子一定期限的自由,实行强迫劳动改造的刑罚方法。有期徒刑属于剥夺自由的刑罚。有期徒刑适用面较广,主要适用于罪行比较严重的犯罪分子。

有期徒刑的期限为六个月以上十五年以下,数罪并罚不得超过二十年。被处有期徒刑的罪犯,在监狱或其他劳改场所执行刑罚,有劳动能力的,实行劳动改造。

④无期徒刑　无期徒刑是指剥夺犯罪分子的终身自由,实行强迫劳动改造的刑罚方法。它属于终身剥夺自由的刑罚,适用于罪行严重的犯罪分子。无期徒刑的执行也是在监狱进行,改造好的,依法可以获得减刑或者假释。

⑤死刑　死刑是指剥夺犯罪分子生命的刑罚。对于死刑,刑法理论上有存废之争,而且世界刑事立法上也有保留和废除的两种表现。我国刑法根据我国的具体情况,保留了死刑;但在适用死刑方面作了许多限制,以贯彻少杀、慎杀的刑事政策,具体表现为:

- 第一,在适用范围上进行限制,死刑只适用于罪行极其严重的犯罪分子;
- 第二,在适用对象上进行限制,犯罪时不满十八岁的人和审判时怀孕的妇女不适用死刑;
- 第三,在适用程序上进行限制,规定判处死刑的案件由中级以上人民法院负责审理,并应当经过严格的核准程序;

•第四,在执行制度上进行限制,对判死刑如果不是必须立即执行的,可以同时宣告缓期二年执行,以观后效,这就是我国的"死缓制度"。

3. 附加刑

附加刑又称从刑,是指既能独立适用又能附加于主刑适用的刑罚方法。附加刑主要包括财产刑和资格刑两类。

(1)罚金 罚金是指人民法院判处犯罪分子向国家无偿缴纳一定数额金钱的刑罚方法。罚金是财产刑,主要适用于那些具有贪利动机的犯罪。罚金的数额,由人民法院根据犯罪情节判处。罚金的执行,由人民法院根据情况决定一次缴纳或分期缴纳。

> 讨论
> 能将外国人在中国判处死刑吗?

(2)没收财产 没收财产是指将犯罪分子个人所有财产之一部分或全部强制无偿地收归国有的刑罚方法。这是较罚金更严厉的财产刑,主要适用于严重的犯罪分子。

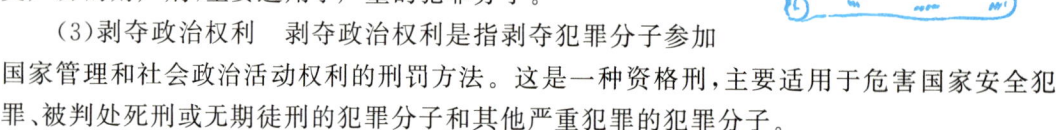

(3)剥夺政治权利 剥夺政治权利是指剥夺犯罪分子参加国家管理和社会政治活动权利的刑罚方法。这是一种资格刑,主要适用于危害国家安全犯罪、被判处死刑或无期徒刑的犯罪分子和其他严重犯罪的犯罪分子。

剥夺政治权利的内容包括剥夺下列权利:选举权与被选举权;宪法规定公民可享有的言论、出版、集会、结社、游行、示威等权利;担任国家机关职务的权利;担任企业、事业单位和人民团体领导职务的权利。

剥夺政治权利的期限:独立适用时,其期限为1年以上5年以下;附加于管制适用时,其期限与管制期限相同;附加于拘役或有期徒刑适用时,其期限为1年以上5年以下;附加于死刑或无期徒刑适用时,其期限则为终身剥夺;在死缓减为有期徒刑或无期徒刑减为有期徒刑时,剥夺政治权利的期限应改为三年以上十年以下。剥夺政治权利的刑期除了附加于管制时是同时执行外,应当从拘役、徒刑执行完毕或者假释之日起算,剥夺政治权利的效力,施行于主刑执行期间。

(4)驱逐出境 驱逐出境是指将犯罪的外国人或无国籍人逐出我国国境的刑罚方法。它只适用于犯罪的外国人和无国籍人。

你知道吗

法律的概念

古时指律令或刑法,由立法机关制定,国家政权保证执行的行为规则。

现代词典的解释是由立法机关制定,国家政权保证执行的行为规则。法律体现统治阶级的意志,是阶级专政的工具之一。体现统治阶级的意志,国家制定和颁布的公民必须遵守的行为规则。

这里是指狭义的法律,即由中华人民共和国最高权力机关及其常设机关——全国人民代表大会及其常务委员会制定的规范性文件。根据我国现行宪法的规定,法律分为基本法律和基本法律以外的法律。

知识点 7　刑罚的适用范围及条件

一、量刑

1. 量刑的概述

量刑,是指人民法院对犯罪分子裁量决定刑罚的一种审判活动。量刑是在定罪的基础上,解决对犯罪分子是否需要判刑,应判何种刑罚,多长刑期的问题。它是全部审判活动的重要组成部分,它对于实现刑法任务和刑罚目的,有重要意义。

2. 量刑的依据

量刑依据包括量刑的事实依据和法律依据两类。

(1) 量刑的事实依据

- 犯罪的事实　这是指行为人的行为是否具备刑法规定的某种犯罪构成。
- 犯罪性质　这是指犯罪在法律上触犯何种罪名的情况。犯罪性质决定罪名,因而决定了量刑的适用。
- 犯罪情节　这是指犯罪构成以外的,影响社会危害程度的其他事实情况。
- 犯罪危害程度　这是指犯罪行为对社会主义社会关系危害状况的综合评定,它是影响量刑轻重的最重要依据。

(2) 量刑的法律依据

- 依照刑法追究刑事责任。
- 依照刑法在法定刑幅度内处刑。
- 依照法定刑种、刑罚制度、处罚原则裁定刑罚。
- 依照法定量刑情节处刑。

3. 量刑情节

量刑情节,是指人民法院犯罪分子决定是否免除处罚或刑罚轻重所依据的各种情形与环节。量刑情节包括法定情节和酌定情节两种。

(1) 法定情节　法定情节是指法律明文规定在量刑时必须予以考虑的情节。具体包括:

- 从重处罚情节　在法定刑限度内对犯罪分子适用较重的刑种或较长刑期的情况,但不能理解为处法定最高刑或者在"中线"以上处刑。
- 从轻处罚情节　在法定刑限度内对犯罪分子适用相对较轻的刑种或相对较短刑期的情况。但不能理解为一律处法定最低刑或"中线"以下处刑。从轻处罚在刑法中有"应当"和"可以"两种规定,注意它们之间的法律含义区别。
- 减轻处罚情节　减轻处罚情节是指对犯罪分子判处低于相应法定最低刑刑罚的情况,它可以是刑种的减轻,也可以是刑期的减轻。减轻处罚适用于罪行较轻或悔过较好,判处相应法定最低刑还嫌过重的犯罪分子。减轻处罚也有"应当"和"可以"两种规定。注意刑法中特殊减轻的规定。
- 免除处罚情节　免除处罚情节是指对犯罪分子在有罪宣告的前提下,不给予处罚的情况。免除处罚与《刑法》第3条的"但书"规定有质的差别。在刑法中免除处罚后依法可以给予非刑罚的方法处理。

刑法中的法定量刑情节,通常有几个不同性质的情节前后依次排列,在适用时,应当首先考虑适用排在最前的情节,如有不宜适用的情况,才可考虑适用后一个情节。在多种法定情节相互交叉、重叠的场合如何适用,应当根据具体情况决定。

(2)酌定情节　酌定情节是指法律未作明文规定,而是从审判实线经验中总结出来的,在量刑时可以灵活掌握适用的情节。酌定情节不具有法定的强制性,但它是法定情节的必要补充。

常见的酌定情节有:犯罪的动机、手段、环境、条件、对象、时间、损害后果、犯罪人的一贯表现和犯罪后的认罪态度等。

二、累犯

累犯是指因犯罪受过一定刑罚处罚,在刑罚执行完毕或赦免以后,在法定期限内又犯一定之罪的犯罪分子。我国刑法中的累犯有一般累犯和特别累犯两种类型。

(1)一般累犯　一般累犯是指犯故意之罪被判处有期徒刑以上刑罚,在刑罚执行完毕或者赦免以后的五年之内又犯应当被判处有期徒刑以上刑罚之故意罪的犯罪分子。

一般累犯的构成条件有:前罪与后罪都是犯故意之罪的;前罪已被判处有期徒刑以上的刑罚,而后罪应当被判处有期徒刑以上的刑罚的;后罪必须是在前罪刑罚执行完毕或者赦免以后五年之内所犯的。

(2)特别累犯　特别累犯是指因犯危害国家安全罪被判处刑罚,在刑罚执行完毕或赦免以后的任何时候,又犯国家安全罪的犯罪分子。

特别累犯的构成条件有:前罪与后罪都必须是危害国家安全罪;前罪执行完毕或者赦免以后又犯危害国家安全。危害国家安全累犯既不受时间的限制,也不受刑罚种类轻重的限制。

三、自首和立功

1. 自首

自首有一般自首和特殊自首两种类型。

一般自首是指犯罪分子犯罪以后,自动投案,如实交代自己的罪行,并接受审查和裁判的行为。一般自首的条件:自动投案,即指犯罪以后,犯罪事实或者犯罪分子未被发觉,或者虽发觉但犯罪分子未被抓获而自动向有关机关投案的;自愿交代,即指犯罪分子投案后,如实交代自己的全部罪行,至少是如实交代自己的主要犯罪事实;自觉受审,即投案,交代自己罪行后,必须听候,接受司法机关的侦查、起诉和审判。

特殊自首,是指被采取强制措施的犯罪嫌疑人、被告人和正在服刑的罪犯,如实供述司法机关还未掌握的本人其他罪行的行为。

自首的法律待遇:自首可以从轻或者减轻处罚。其中,轻罪自首的,可以免除处罚。

2. 立功

立功是指犯罪分子有揭发他人犯罪行为,查证属实的,或者提供重要线索,从而得以侦破其他案件的行为。

立功的法律待遇:立功可以从轻或者减轻处罚;有重大立功表现的,可以减轻或者免除处罚。犯罪后自首又有重大立功表现的,应当减轻或者免除处罚。

四、数罪并罚

1. 数罪并罚的概念及其意义

数罪并罚,就是指一人身犯数罪,人民法院对其所犯各罪分别定罪量刑后,按照一定的原则,决定应当执行的刑罚。

数罪并罚的特征有:一人犯有数罪;判决宣告以前犯有数罪,或者判决宣告以后,刑罚还没执行完毕以前发现漏罪或刑罚执行完毕前又犯新罪;在对数罪分别定罪量刑的基础上决定应当执行的刑罚。

2. 数罪并罚的原则

数罪并罚的原则,是指对一人所犯数罪合并处罚所依据的原则。

我国数罪并罚时所采用的原则是以限制加重原则为基础,以吸收、并科原则为补充的折中原则,主要体现在:

- 数罪中只要有一罪被判处死刑或无期徒刑的,只执行一个死刑或无期徒刑;
- 数罪中被判处几个有期徒刑、拘役、管制的,在总和刑期以下,数罪中最高刑期以上的情决定应当执行的刑期。但有期徒刑不得超过二十年,拘役不得超过一年,管制不得超过三年;
- 数罪中有判主刑,又有判附加刑的,附加刑仍须执行。

3. 数罪并罚的适用

根据《刑法》第69条、第70条、第71条的规定,我国刑法中数罪并罚的适用有以下三种情况。

(1)判决宣告前一人犯数罪的并罚 按《刑法》第69条规定,对所犯数罪在判决宣告前均已被发现并交付审判后,应分别定罪量刑,按我国适用数罪并罚的原则处理。

数罪有同种数罪与异种数罪之分,这里并罚的数罪是否包括异种数罪,有肯定说与否定说两种观点。

(2)判决宣告以后发现漏罪的并罚 按《刑法》第70条规定,对判决宣告后,刑罚还没有执行完毕以前,发现尚有漏罪未曾判决,应对该罪另作判决,然后把前后二罪判决依《刑法》第69条的规定,决定应执行的刑期。已经执行的刑期应当计算在新判决所决定的刑期以内。这种并罚称作"先并后减"。这里所述漏罪包括同种数罪和异种数罪。所述漏罪应是在前罪判决宣告以前实施,未过法定追诉时效,并在前罪刑罚执行过程中被发现的。

(3)判决宣告后又犯新罪的并罚 根据《刑法》第71条规定,对判决宣告后,刑罚执行完毕以前又犯新罪的,应对后罪做出判决,把前罪未执行完的刑罚与后罪所判刑罚依照第69条规定处理。这种并罚称作"先减后并"。这里所述新罪,与前罪可以是同种数罪,也可以是异种数罪。

"先并后减"与"先减后并"的区别:适用的对象不同;并罚的基础不同;严厉程度不同。

五、缓刑

1. 缓刑的概念及意义

缓刑是指对于被判处拘役、三年以下有期徒刑,根据其犯罪情节和悔改表现不致再危害社会的犯罪分子,确定一定考验期限暂缓执行原判刑罚的一种刑罚制度。缓刑不是一种刑

罚方法,而是一种刑罚执行制度。缓刑的特点是判了一定的刑罚而又暂不予以执行,但在一定考验期内保留执行原判刑罚的可能性。

缓刑既可避免短期自由刑的弊端,又有利于罪犯的改造,实现刑罚目的;同时,也有利于罪犯家属生活的稳定和社会的安定。

2. 缓刑适用的条件

· 适用缓刑的对象必须是被判处拘役或三年以下有期徒刑的犯罪分子,也就是罪行较轻的犯罪分子。这是前提条件。

· 适用缓刑的对象必须确有悔改表现,放在社会上不会再危害社会。这是缓刑的实质条件。

· 适用缓刑的对象不能是累犯。这是缓刑的对象限制条件。

3. 缓刑的考察和法律后果

(1)缓刑的考验期 拘役的缓刑考验期限为原判刑期以上,一年以下,但不能少于两个月;有期徒刑的考验期限为原判刑期以上五年以下,但不能少于一年。

缓刑考验期从判决确定之日起算,即判决生效之日起算。

缓刑的考察由公安机关交所在单位或基层组织进行考察。

(2)缓刑的法律后果

· 缓刑考验期内,未犯新罪,没有漏罪,未有严重违法行为,考验期满,原判刑罚,不再执行。

· 考验期内,再犯新罪,撤销缓刑,数罪并罚。

· 考验期内,发现漏罪,撤销缓刑,数罪并罚。

· 考验期内,严重违法,撤销缓刑,收监执行。

4. 对战时犯罪军人的特殊缓刑制度

《军职罪条例》第22条规定:在战时,对被判处三年以下有期徒刑没有现实危险宣告缓刑的犯罪军人,允许其戴罪立功,确有立功表现时,可以撤销原判刑罚,不以犯罪论处。

> 讨论
> 一个犯罪嫌疑人有几种方法可以让自己受刑轻些?举例说明。

六、减刑

1. 减刑的含义

减刑是指对于被判处管制、拘役、有期徒刑或者无期徒刑的犯罪分子,因其在刑罚执行期间确有悔改或者立功表现,而适当减轻其原判刑罚的刑罚制度。

减轻原判刑罚,包括将原判较重的刑种减为较轻的刑种和将原判较长刑期减为较短刑期。

减刑的意义在于及时鼓励犯罪分子继续加速改造,使其早日成为有益于社会之人。

2. 减刑适用的条件

· 减刑的对象是被判处管制、拘役、有期徒刑或者无期徒刑的犯罪分子。

· 犯罪分子在服刑期间,必须确有悔改或立功表现。

3. 减刑次数和幅度

减刑可以不受次数限制,但经过多次或一次减刑,对犯罪分子实际执行的刑期,必须不少于法定的限度。无期徒刑不能少于十年,其他刑罚不少于原判刑罚的二分之一。

七、假释

1. 假释的含义

假释是指对于被判处有期徒刑、无期徒刑的犯罪分子,在执行一定刑期以后,因确有悔改表现,不致再危害社会,而有条件地予以提前释放的一种刑罚制度。

假释与刑满释放都是解除监禁,但两者性质不同。

假释与减刑都是刑罚执行中的制度,但也有区别:适用对象不同;适用条件不同;适用方法不同;法律后果不同。

假释与缓刑都是有条件地不执行原判刑罚,都有考验期,都以再犯罪为撤销条件。它们的不同是:适用对象不同;适用根据不同;适用时间不同;没执行的刑罚不同。

2. 假释适用的条件

- 适用假释的对象是被判处有期徒刑或者无期徒刑的犯罪分子。这是适用假释的对象条件。

- 适用假释的对象必须已服一定的刑期。有期徒刑必须实际执行了二分之一,无期徒刑则实际执行了十年。这是适用假释的时间条件。如果有特殊情节,可以不受上述执行刑期的限制。

- 适用假释的对象必须是确有悔改表现,不致再危害社会的。这是适用假释的实质条件。但有特殊限制规定。

3. 假释的考验期

有期徒刑的假释考验期为没有执行完毕的刑期;无期徒刑的假释考验期为十年。假释考验期,从假释之日起计算。

4. 假释的法律后果

- 假释考验期内,未犯新罪,没有漏罪,未有严重违法行为,考验期满,原判刑罚,认为已经执行完毕。

- 考验期内,再犯新罪,撤销假释,数罪并罚。

- 考验期内,发现漏罪,撤销假释,数罪并罚。

- 考验期内,严重违法,撤销假释,收监执行。

八、时效

刑法上的时效分为追诉时效和行刑时效两种。我国刑法中的时效,是指追诉时效。

1. 时效的概念及意义

刑法上的追诉时效,是指对犯罪分子追究刑事责任的有效期限。追诉时效与刑法的时间效力是两个不同的概念。

追诉时效的设立,体现了我国刑罚的目的,有利于司法机关集中精力打击现行犯罪,也有利于稳定人民内部的安定团结。

2. 追诉时效的期限

追诉时效期限的长短,与犯罪行为的社会危害性程度,刑罚轻重相适应。《刑法》第87条规定,犯罪经过下列期限不再追究:法定最高刑不满五年有期徒刑的,经过五年;法定最高刑为五年以上不满十年有期徒刑的,经过十年;法定最高刑为十年以上有期徒刑,经过十五年;法定最高刑为无期徒刑或者死刑的,经过二十年;如果二十年以后认为必须追诉的,须报请最高人民检察院核准。

已过追诉期限的不追究刑事责任,但其非法所得或因犯罪造成的损失,仍应按《刑法》第31条和第60条处理。

3. 追诉时效期限的起算

有三种情况:

- 一般情况下,追诉期限从犯罪之日起算。所谓犯罪之日,是指犯罪停止之日。
- 犯罪行为有连续或者继续状态的,从犯罪行为终了之日起算。
- 在追诉时效中断的情况下,即在追诉期限内又犯罪的,前罪追诉的期限从犯后罪之日起计算。

4. 追诉时效的延长

在人民检察院、公安机关和国家安全机关立案侦查或者在人民法院受理案件以后,逃避侦查或审判的,不受追诉时效期限的限制。

被害人在追诉期限内提出控告,人民法院、人民检察院、公安机关应当立案而不予立案的,不受追诉期限的限制。

九、赦免

赦免是指国家对犯罪分子宣告免予追诉或者免除执行刑罚的一部或全部的法律制度。赦免有大赦与特赦两种。大赦是指国家对一定时期内某些种类的犯罪或一般的犯罪普遍地赦免,其效力及于罪与刑两个方面。特赦是国家对受罪刑宣告的特定犯罪分子免除其刑罚的全部或一部的执行。它与大赦不同,只赦犯罪分子的刑,不赦其罪。犯罪分子在特赦后再犯罪,仍有构成累犯的可能。我国刑法上所说的赦免是指特赦减免。

大赦、特赦都由国家元首或最高权力机关以命令的形式宣布,这种命令称为大赦令或特赦令。

你知道吗

立法日(2)

中华人民共和国公务员法 2005年4月27日
中华人民共和国行政监察法 1997年5月9日
中华人民共和国档案法 1996年7月5日
中华人民共和国保守国家秘密法 1988年9月5日
中华人民共和国教育法 1995年
中华人民共和国义务教育法 1986年4月12日
中华人民共和国高等教育法 1998年8月29日
中华人民共和国职业教育法 1996年5月15日
中华人民共和国教师法 1993年10月31日

知识点 8 刑法分则

一、危害国家安全罪

1. 危害国家安全罪简介

危害国家安全罪,是指故意实施危害中华人民共和国国家安全的行为。它是我国刑事犯罪中性质最严重、危害性最大的一类犯罪。同这类犯罪作坚决的斗争,是巩固人民民主专政、实现现代化经济建设的必要保证,也是我们一条基本的历史经验。

本类犯罪的构成要件是:

- 侵害的客体是中华人民共和国的国家安全。
- 客观要件表现为具有刑事法律规定的危害中华人民共和国国家安全的具体行为。其行为的形式和内容虽然各不相同,但都危害我国的独立、安全、生存与发展的政治基础或物质基础,有着明显的反国家性质。
- 主体多数是一般主体,少数是特殊主体,有的只能由中国公民构成。
- 主观要件必须是直接故意,并有推翻(削弱、动摇)人民民主专政的政权和社会主义制度或危害国家安全的特定目的。这是危害国家安全罪最本质的共同特征,是这类犯罪区别于其他普通刑事犯罪的标志。

危害国家安全罪的刑法条文从第 102 条至第 113 条,共 12 个条文,有 12 个罪名,《刑法》第 113 条是本类犯罪死刑适用和附加刑适用的特别规定。危害国家安全罪按照其行为的特殊和特点,可以划分三小类犯罪:

- 第一类,危害国家及其政权的犯罪;
- 第二类,叛变、叛逃的犯罪;
- 第三类,间谍、资敌的犯罪。

2. 危害国家及其政权的犯罪

(1)背叛国家罪　背叛国家罪是指中国公民勾结外国或与境外机构、组织、个人相勾结,危害中华人民共和国的主权、领土完整和安全的行为。犯本罪,按《刑法》第 102 条和第 113 条规定处罚。

(2)分裂国家罪　分裂国家罪是指组织、策划、实施分裂国家、破坏统一的行为。犯本罪,按《刑法》第 103 条第一款和第 113 条规定处罚。

(3)武装叛乱、暴乱罪　武装叛乱、暴乱罪,是指组织、策划、实施武装叛乱或者暴乱的行为。犯本罪,按《刑法》第 104 条和第 113 条规定处罚。

(4)颠覆国家政权罪　颠覆国家政权罪是指组织、策划、实施颠覆国家政权,推翻社会主义制度的行为。犯本罪,按《刑法》第 105 条规定处罚。

(5)本类犯罪的其他犯罪　有:煽动分裂国家罪,煽动颠覆国家政权罪,资助危害国家安全犯罪活动罪。

3. 叛变、叛逃的犯罪

(1)投敌叛变罪　投敌叛变罪是指中华人民共和国公民意图危害国家安全而投奔敌对势

力,或者在被捕、被俘后投降敌人的行为。犯本罪,按《刑法》第108条和第113条规定处罚。

(2)叛逃罪　叛逃罪是指国家机关工作人员在履行公务期间,擅离岗位,叛逃境外或者在境外叛逃,危害中华人民共和国国家安全的行为。犯本罪,按《刑法》第109条规定处罚。

4. 间谍、资敌的犯罪

(1)间谍罪　间谍罪是指参加境外间谍组织,或者接受境外间谍组织及其代理人的任务,或者为敌人指示轰炸目标的行为。犯本罪,按《刑法》第110条和第113条规定处罚。

(2)为境外窃取、刺探、收买、非法提供国家秘密、情报罪　犯本罪,按《刑法》第111条和第113条规定处罚。

(3)资敌罪　资敌罪是指在战时供给敌人武器装备、军用物资、资助敌人的行为。犯本罪,按《刑法》第112条和第113条规定处罚。

二、危害公共安全罪

1. 危害公共安全罪简介

危害公共安全罪,是指故意或者过失地实施危害或者足以危害不特定多人的生命、健康或者重大公私财产安全的行为。它是普遍刑事犯罪中危害性最大的一类犯罪。本类犯罪的基本构成要件是:

- 侵害的客体是社会的公共安全,即对不特定多人的死伤或重大公私财物的广泛性破坏,而不是侵犯某一特定个人的人身权利或者特定的公私财物的少量损失。这是危害公共安全罪区别于其他各类犯罪的最本质特征。

- 客观要件表现为实施了各种危害公共安全的行为,并已经造成了实际损害后果,或者虽未造成实际损害后果,但却足以危害公共安全的情形。这类犯罪中的某些具体犯罪,只要行为人实施了法律明文规定的特定行为,足以危害公共安全的,即构成犯罪的既遂。

> 讨论
>
> 有人说我国法律规定言论自由,没规定思想犯罪,所以言论不能构成犯罪。对吗?

- 主体多数是一般主体,少数应由特殊主体构成。

- 主观要件有些犯罪表现为故意,有些则为过失。过失犯罪比较集中,是这类犯罪的又一显著特点。

危害公共安全罪的《刑法》条文从第114条至第139条,共26个条文,有44个罪名。危害公共安全罪按其犯罪行为方式、侵害对象,可以划分为五小类犯罪:

- 第一类,以危险方法危害公共安全的犯罪;
- 第二类,破坏交通运输、公共设备,危害公共安全的犯罪;
- 第三类,实施恐怖活动,危害公共安全的犯罪;
- 第四类,涉及枪支弹药、爆炸物、核材料,危害公共安全的犯罪;
- 第五类,造成重大事故,危害公共安全的犯罪。

2. 以危险方法危害公共安全的犯罪

(1)放火罪　本罪是指故意焚烧公私财物,足以危害公共安全的行为。其主要构成要件是:

- 客观上实施了足以危害公共安全的放火行为。包括作为和不作为。所谓放火,是指

引起财物燃烧、制造火灾的行为。只要实施放火行为,并足以危害公共安全的,即使没有造成严重后果,也构成犯罪的既遂。

• 本罪由一般主体构成,已满14周岁的人即可构成。
• 主观上表现为故意。注意本罪与故意毁坏公私财物罪、失火罪的区别,注意本罪与故意杀人罪等的牵连、竞合关系。犯本罪,尚未造成严重后果的,按《刑法》第114条规定处罚;致人重伤、死亡或者使公私财物遭受重大损失的,按《刑法》第115条第1款规定处罚。

(2)失火罪　本罪是指过失引起火灾,并已经造成危害公共安全的严重后果的行为。本罪在客观要件表现为失火造成严重后果;主观要件表现为过失。犯本罪按《刑法》第115条第2款规定处罚。

(3)决水罪　本罪是指故意破坏水利设施,制造水患,足以危害公共安全的行为;致人重伤、死亡或使公私财物遭受重大损失的,按《刑法》第115条第1款规定处罚。

(4)过失决水罪　本罪是指过失毁坏水利设施,已经造成严重后果,危害公共安全的行为。犯本罪,按《刑法》第115条第2款规定处罚。

(5)爆炸罪　本罪是指故意引发爆炸物品,足以危害公共安全的行为。注意本罪与故意毁坏公私财物罪的区别;注意本罪与故意杀人等罪的牵连关系。犯本罪,按《刑法》第114条或第115条第1款规定处罚。

(6)过失爆炸罪　本罪是过失引起爆炸,已经造成严重后果,危害公共安全的行为。犯本罪,按《刑法》第115条第2款规定处罚。

(7)投毒罪　本罪是指故意投放毒物,足以危害公共安全的行为。注意本罪与故意毁坏公私财物罪的区别;注意本罪与故意杀人等罪的牵连关系。犯本罪,按《刑法》第114条或第115条第1款规定处罚。

(8)过失引起中毒罪　本罪是指过失引起中毒,已经造成严重后果,危害公共安全的行为。犯本罪,按《刑法》第115条第2款规定处罚。

(9)其他危险方法危害公共安全罪　是指其犯罪的行为和足以引起的结果与上述危险方法具有相同危害性和相同程度的其他危害公共安全的犯罪,例如驾车撞人、私架电网的犯罪等。

3. 破坏交通运输、公共设备危害公共安全的犯罪

(1)破坏交通工具罪　本罪是指故意破坏火车、汽车、电车、船只、飞机,足以使其发生倾覆、毁坏危险的行为。主要构成特征是:

• 侵犯的客体是交通运输安全,对象是《刑法》明文规定的几种特定交通工具。
• 客观要件实施了足以使上述交通工具发生倾覆、毁坏的破坏性行为。注意对"足以发生倾覆毁坏危险"的实际判断。
• 主观要件表现为故意。

注意本罪与故意毁坏公私财物罪、盗窃罪等的区别。犯本罪,尚未造成严重后果的按《刑法》第116条规定处罚;造成严重后果的,按《刑法》第119条第1款规定处罚。

(2)破坏交通设备罪　本罪是指故意破坏轨道、桥梁、隧道、公路、机场、航道、灯塔、标志,或者进行其他破坏交通设备的活动,足以使交通工具发生倾覆、毁坏危险的行为。犯本罪,按《刑法》第117条或者第119条第1款规定处罚。

(3)破坏电力设备罪、破坏煤气设备罪、破坏易燃易爆设备罪　这些罪是指故意破坏电

力、煤气或者其他易燃易爆设备,足以危害公共安全的行为。犯这些罪,按《刑法》第118条或者第119条第1款规定处罚。

(4)破坏通信设备罪　本罪是指故意破坏广播电视设施、公用电信设施,危害公共安全的行为。犯本罪,按《刑法》第124条第1款规定处罚。

(5)过失毁坏交通工具、交通设备、电力设备、煤气设备、易燃易爆设备、通信设备罪　犯这些罪,已经造成严重后果的,分别按《刑法》第119条第2款或者第124条第2款规定处罚。

4. 实施恐怖活动危害公共安全的犯罪

(1)组织、领导、参加恐怖组织罪　是指以进行恐怖活动为目的,组织、领导、参加恐怖组织的行为。犯本罪,按《刑法》第120条规定处罚,兼犯杀人、爆炸、绑架等犯罪的,实行数罪并罚。

(2)劫持航空器罪　是指以暴力、胁迫或者其他方法劫持航空器,严重危害航空安全的行为。犯本罪,按《刑法》第121条规定处罚。

(3)本类其他犯罪　有:劫持船只、汽车罪,暴力危及飞行安全罪。

5. 涉及枪支弹药、爆炸物、核材料,危害公共安全的犯罪

- 非法制造、买卖、运输、邮寄、储存枪支、弹药、爆炸物罪,犯本罪,按《刑法》第125条第1款规定处罚。
- 非法买卖、运输核材料罪,犯本罪,按《刑法》第125条第2款规定处罚。
- 盗窃、抢夺枪支、弹药、爆炸物罪,犯本罪,按《刑法》第127条第1款规定处罚。
- 抢劫枪支弹药、爆炸物罪,犯本罪,按《刑法》第127条第2款规定处罚。
- 本类其他犯罪有:违规制造、销售枪支罪,非法持有、私藏枪支、弹药罪,非法出租、出借枪支罪,丢失枪支不报罪,非法携带枪支、弹药、管制刀具、危险物品危及公共安全罪。

6. 造成重大事故,危害公共安全的犯罪

(1)交通肇事罪　本罪是指从事交通运输人员违反规章制度,因而发生重大事故,致人重伤、死亡或使公私财物遭受重大损失的行为。本罪的主要构成特征是:

- 客观要件具有违反交通运输安全规章制度的行为,已经发生重大事故、造成严重后果。
- 主体是正在从事交通运行的人员。
- 主观要件表现为过失,但违章可能是故意的。注意本罪与非罪、过失杀人罪、重大责任事故罪的界限。犯本罪,按《刑法》第133条规定处罚。

(2)重大责任事故罪　本罪是指工厂、矿山、林场、建筑企业或者其他企业、事业单位的职工,由于不服管理,违反规章制度,或者强令工人违章冒险作业,因而发生重大伤亡事故或者造成其他严重后果的行为。主要构成特征是:

- 客观要件表现为行为人在生产、作业中违反生产的规章制度,冒险作业或者强令他人冒险作业的行为,已经造成了严重后果。
- 主体是企、事单位中直接从事生产作业的职工,或是领导、指挥生产的人员。注意司法解释对本罪主体的扩大,即可以包括群众合作经营组织中个体经营户的从业人员。
- 主观要件表现为过失,但违章可能是故意的。注意本罪与非罪(技术、自然事故)、失火罪、过失引起爆炸罪及交通肇事罪、玩忽职守罪的区别。犯本罪,按《刑法》第134条规定

处罚;按《食品卫生法》规定应以本罪追究刑事责任的行为,也适用本条规定处罚。

(3)违反危险物品管理规定肇事罪　本罪是指违反爆炸、易燃易爆、放射、毒害、腐蚀性物品管理规定,在生产、储存、运输、使用中发生重大事故,造成严重危害公共安全后果的行为。本罪属于过失犯罪,但违章可能是故意的,事故必须发生在特定的生产、储存、运输、使用过程中。犯本罪,按《刑法》第136条规定处罚;按照《水污染防治法》应比照本罪追究刑事责任的行为,也适用本条规定处罚。

(4)本类其他犯罪　重大飞行事故罪、铁路运营安全事故罪、重大劳动安全事故罪、工程重大安全事故罪、教育设施重大安全事故罪、消防责任事故罪。

三、破坏市场经济秩序罪

1. 破坏市场经济秩序罪简介

破坏市场经济秩序罪,是指违反经济管理法规,破坏正常的经济运作秩序,使国民经济受到严重损失,侵害市场经济秩序的行为。它的基本构成要件是:

(1)侵害的客体是国家经济管理的各种制度和正常的市场经济活动、秩序　它可以发生在诸如工业、农业、牧业、渔业、商业、外贸、财政、金融等国民经济的任何部门。

(2)客观要件表现为违反国家财政经济管理法规,破坏市场经济管理活动的行为　绝大多数犯罪只能由作为构成,也有个别犯罪作为与不作为均可构成甚至只能由不作为构成(如偷税罪)。

(3)大多数属于一般主体,个别犯罪只能由特殊主体构成　同时,本章犯罪还可以由公司、企事业单位、国家机关或社会团体构成。

(4)这类犯罪大多数出于故意,有些可以由过失构成　应当注意破坏市场经济秩序罪与通称的"经济犯罪"在划分的标准、罪名范围等方面存在一定的差别,不能混同。

破坏市场经济秩序罪的刑法条文从第140条至第231条,共92个条文,有94个罪名。破坏市场经济秩序罪按其犯罪行为的特征和犯罪行为发生的领域,可以划分为八小类犯罪:第一类,生产、销售伪劣商品罪;第二类,走私罪;第三类,妨害公司、企业的管理秩序罪;第四类,破坏金融管理秩序罪;第五类,金融诈骗罪;第六类,危害税收征管罪;第七类,侵犯知识产权罪;第八类,扰乱市场秩序罪。

2. 生产、销售伪劣商品罪

(1)生产、销售伪劣产品罪　生产、销售伪劣产品罪是指生产者、销售者在产品中掺杂、掺假,以假充真,以次充好或者以不合格产品冒充合格产品,销售金额5万元以上的行为。本罪的基本特征:

• 本罪的主体资格是产品的生产者和销售者,包括自然人和单位。

• 本罪的主观要件绝大多数为故意,个别的不排除过失。

• 本罪的客观要件表现为在产品中掺杂掺假,以假充真,以次充好或者以不合格产品冒充合格产品的行为。

• 本罪的客体是产品质量管理秩序和消费者的合法权益。犯本罪,按《刑法》第140条和第150条规定处罚。

> **讨论**
> 误收了别人制造的假币又故意花出去,算犯罪吗?

(2)本类其他犯罪　生产、销售假药罪,生产、销售劣药罪,生产、销售不符合卫生标准的食品罪,生产、销售有毒、有害食品罪,生产、销售不符合标准的医用器材罪,生产、销售不符合安全标准的产品罪,生产、销售伪劣农药、兽药、化肥、种子罪,生产、销售不符合卫生标准的化妆品罪。

3. 走私罪

(1)走私普通货物、物品罪　走私普通货物、物品罪是指违反海关法规,逃避海关监管,非法运输、携带、邮寄普通货物、物品进出国(边)境,偷逃应缴税额在5万元以上的行为。本罪的基本特征是:

- 本罪的主体资格是一般主体,包括自然人和单位。
- 本罪的主观要件是故意,一般具有非法牟利的目的。
- 本罪的客观要件表现为违反海关法规,逃避海关监管,非法运输、携带、邮寄普通货物、物品进出国(边)境,偷逃应缴税额在5万元以上的行为。
- 本罪的客体是海关监管制度和关税征收制度。犯本罪,按《刑法》第153条规定处罚;单位犯本罪,实行两罚制;以暴力、威胁方法抗拒缉私的,以走私罪和妨害公务罪,实行数罪并罚。

(2)本类其他犯罪　走私武器、弹药罪,走私核材料罪,走私假币罪,走私文物罪,走私贵重金属罪,走私珍贵动物、珍贵动物制品罪,走私珍稀植物、珍稀植物制品罪,走私淫秽物品罪,走私固体废物罪。

4. 妨害对公司、企业的管理秩序罪

(1)虚报注册资本罪　虚报注册资本罪是指申请公司登记使用虚假证明文件或者采取其他欺诈手段虚报注册资本,欺骗公司登记主管部门,取得公司登记,虚报注册资本数额巨大,后果严重或者有其他严重情节的行为。犯本罪,按《刑法》第158条规定处罚。

(2)公司、企业人员受贿罪　公司、企业人员受贿罪是指公司、企业的工作人员利用职务上的便利,索取他人财物或者非法收受他人财物,为他人谋取利益,数额较大的行为。犯本罪,按《刑法》第163条规定处罚。

(3)签订、履行合同失职被骗罪　签订、履行合同失职被骗罪是指国有公司、企业、事业单位直接负责的主管人员,在签订、履行合同过程中,因严重不负责任而被诈骗,致使国家利益遭受重大损失的行为。犯本罪,按《刑法》第168条规定处罚。

(4)本类其他主要犯罪　虚假出资、抽逃出资罪,欺诈发行股票、债券罪,非法经营同类营业罪,等等。

5. 破坏金融管理秩序罪

(1)伪造货币　伪造货币是指依照我国货币和外国货币的形式与内容,进行非法制造假币的行为。犯本罪,按《刑法》第170条规定处罚。

(2)伪造、变造金融票证　伪造、变造金融票证罪是指伪造、变造金融票据和金融票证的行为。犯本罪,按《刑法》第177条规定处罚。

(3)伪造、变造国家有价证券罪　伪造、变造国家有价证券罪是指伪造、变造国库券或者国家发行的其他有价证券,数额较大的行为。犯本罪,按《刑法》第178条规定处罚。

(4)逃汇罪　逃汇罪是指公司、企业或者其他单位违反国家规定,擅自将外汇存放境外,或者将境内的外汇非法转移到境外,情节严重的行为。犯本罪,按《刑法》第190条和全国人大常委会《关于惩治骗购外汇、逃汇和非法买卖外汇犯罪的决定》的规定处罚。

(5)洗钱罪 洗钱罪是指明知是毒品、黑社会性质的组织犯罪,走私罪的违法所得及其产生的收益,而掩饰、隐瞒其来源和性质的行为。犯本罪,按《刑法》第191条规定处罚。

(6)本类其他主要犯罪 变造货币罪,持有、使用假币罪,伪造、变造股票、公司债券罪,非法出具金融票证罪,等等。

6. 金融诈骗罪

金融诈骗犯罪,是指以非法占有为目的,使用虚构事实,隐瞒真相的方法,在金融领域骗取他人钱财的行为。本类犯罪具体包括八个罪名,它们分别是:集资诈骗罪,贷款诈骗罪,票据诈骗罪,金融凭证诈骗罪,信用证诈骗罪,信用卡诈骗罪,有价证券诈骗和保险诈骗罪。

7. 危害税收征管罪

(1)偷税罪 偷税罪是指违反税收法规,采取欺骗、隐瞒等手段,不缴或少缴应纳税款,情节严重的行为。犯本罪,按《刑法》第201条规定处罚。

(2)抗税罪 抗税罪是指以暴力、威胁方法拒不缴纳应纳税款的行为。犯本罪,按《刑法》第202条规定处罚。

(3)骗取出口退税罪 骗取出口退税罪是指以假报出口或者其他欺骗手段,骗取国家出口退税款,数额较大的行为。犯本罪,按《刑法》第204条规定处罚。

(4)虚开增值税专用发票、用于骗取出口退税、抵扣税款发票罪 本罪是指为他人虚开、为自己虚开、让他人为自己虚开、介绍他人虚开增值税专用发票或者用于骗取出口退税、抵扣税款的其他发票的行为。犯本罪,按《刑法》第205条规定处罚。

(5)伪造、出售伪造的增值税专用发票罪 本罪是指伪造或者出售伪造的增值专用发票的行为。犯本罪,按《刑法》第206条规定处罚。

(6)本类其他主要犯罪 逃避追缴欠税罪,非法出售增值税专用发票罪,非法购买增值税专用发票、购买伪造的增值税专用发票罪等。

8. 侵犯知识产权罪

(1)假冒注册商标罪 是指未经注册商标所有人的许可,在同一种商品上使用与其注册商标相同的商标,情节严重的行为。犯本罪,按《刑法》第213条规定处罚。

(2)假冒专利罪 假冒专利罪是指违反专利管理法规,假冒他人专利、情节严重的行为。犯本罪,按《刑法》第216条规定处罚。

(3)侵犯著作权罪 侵犯著作权罪是指以营利为目的,侵犯他人著作权,违法所得数额较大或者有其他严重情节的行为。犯本罪,按《刑法》第217条规定处罚。

(4)侵犯商业秘密罪 侵犯商业秘密罪是指以盗窃、利诱、胁迫或者其他不正当手段,侵犯他人的商业秘密,给商业秘密的权利人造成重大损失的行为。犯本罪,按《刑法》第219条规定处罚。

(5)本类其他犯罪 有:销售假冒注册商标的商品罪,非法制造、销售非法制造的注册商标标识罪,销售侵权复制品罪。

9. 扰乱市场秩序罪

(1)损害商业信誉、商品信誉罪 本罪是指捏造并散布虚伪事实,损害他人的商业信誉、商品信誉,给他人造成重大损失或者有其他严重情节的行为。犯本罪,按《刑法》第231条规定处罚。

(2)虚假广告罪 虚假广告罪是指广告主、广告经营者、广告发布者违反国家规定,利用广告对商品或服务作虚假宣传,情节严重的行为。犯本罪,按《刑法》第222条规定处罚。

(3)串通投票罪 串通投票罪是指投票人相互串通投票报价,损害招标人或者其他投标人利益,情节严重或者投标人与招标人串通投标,损害国家、集体、公民合法利益的行为。犯本罪,按《刑法》第223条规定处罚。

(4)合同诈骗罪 合同诈骗罪是指以非法占有为目的,在签订、履行合同的过程中,虚构事实或者隐瞒事实,骗取对方当事人财物,数额较大的行为。犯本罪,按《刑法》第224条规定处罚。

(5)强迫交易罪 强迫交易罪是指以暴力、威胁手段强买强卖商品,强迫他人提供服务或者强迫他人接受服务,情节严重的行为。犯本罪,按《刑法》第226条规定处罚。

(6)本类其他主要犯罪 有:非法经营罪,伪造、倒卖伪造的有价票证罪,倒卖车船票罪,非法转让、倒卖土地使用权罪、逃避进出口商品检验罪等。

四、侵犯公民人身、民主权利罪

1. 侵犯公民人身、民主权利罪简介

侵犯公民人身、民主权利罪,是指故意、过失地侵犯他人人身及与人身直接相关的权利,或是故意非法剥夺、妨害公民自由行使民主权利的行为。公民的人身权利与其民主权利是密不可分的,人身权利是行使民主权利的基础,而切实保障民主权利,又为保障人身权利提供了重要条件,两者必须得到全面的保护。坚决同侵犯公民人身、民主权利的犯罪作斗争,对保障公民人身安全,充分调动其积极性,具有重要意义。本类犯罪的基本构成要件是:

• 侵犯的客体是特定公民的人身权利、民主权利及与人身有关的其他权利,如住宅不受侵犯权等。

• 客观要件表现为非法侵权公民人身、民主权利的行为。其中多数是作为形式的犯罪,也有的表现为不作为。

• 犯罪主体绝大多数是一般主体,也有少数只能由特殊主体构成,有的犯罪甚至只要行为人年满14周岁即可构成。

• 主观要件多数表现为故意,有些过失也可以构成。

侵犯公民人身权利、民主权利罪的《刑法》条文从第232条至第262条,共31个条文,有37个罪名。侵犯公民人身权利、民主权利罪按照其犯罪行为特点及行为方式,可以划分为七小类犯罪:第一类,侵犯公民生命、健康的犯罪;第二类,侵犯妇女、儿童身心健康的犯罪;第三类,侵犯公民人身自由的犯罪;第四类,侵犯公民人格、名誉的犯罪;第五类,侵犯民族平等、宗教信仰的犯罪;第六类,侵犯公民民主权利的犯罪;第七类,妨害婚姻家庭的犯罪。

2. 侵犯公民生命、健康的犯罪

(1)故意杀人罪 本罪是指故意非法剥夺他人生命权利的行为。本罪的主要构成特征是:

• 侵犯的客体是特定公民的生命权利,犯罪对象只能是有生命的自然人。

• 客观要件有非法剥夺他人生命的作为或不作为,但以危险方法杀人、危害公共安全的,不以本罪论处。

• 犯罪主体为一般主体,已满14周岁的人,可以构成本罪。

• 主观要件具有杀人的故意。动机可能各异,但不影响定罪。注意弃杀婴儿、帮助自杀、诱骗自杀行为的定性;了解"安乐死"行为性质的不同理论观点及实际判例。犯本罪,按《刑法》第232条规定处罚。注意其他犯罪转化为本罪的情形。

(2)过失致人死亡罪　本罪是指过失剥夺他人生命,已经造成死亡结果的行为。本罪只能由已满16周岁的人构成,主观方面必须出于过失。注意本罪与法律已有特别规定的其他过失致人死亡犯罪的关系;注意本罪与不负刑事责任的意外事件的区别,两者区分的关键在于查明在具体情况下对被害人死亡的预见能力。犯本罪,按《刑法》第233条规定处罚。

(3)故意伤害罪　本罪是指故意非法损害他人身体健康的行为。本罪的主要构成特征是:

• 侵犯的客体是他人的身体健康权利,即损害他人人体组织的完整或人体器官的正常功能活动。

• 客观要件有非法损害他人身体健康的作为或不作为。其结果可以是肉体伤害,也可以是精神伤害;可以是内伤,也可以是外伤;可以是轻伤,也可以是重伤。

• 犯罪主体是一般主体,已满14周岁不满16周岁的人,只对故意重伤害行为负刑事责任。

• 主观要件为故意。注意伤害程度的等级划分对本罪确定及处刑轻重的影响;掌握《刑法》第95条对"重伤害"范围的原则规定;了解刑法学界有关故意伤害罪未遂确定的不同观点。犯本罪,根据不同后果及情节,按《刑法》第234条规定处罚。

(4)过失重伤罪　本罪是指过失造成他人重伤害的行为。它只能由已满16周岁的人构成,过失造成他人轻伤害的行为,不构成犯罪。注意本罪与法律已有特别规定的其他过失致人重伤的犯罪的界限;划清本罪一般情节与特别恶劣情节的界限。犯本罪,按《刑法》第235条规定处罚。

(5)刑讯逼供罪　本罪是指国家司法工作人员对犯罪嫌疑人、被告人使用肉刑或者变相肉刑,以逼取口供的行为。本罪的主要构成特征是:

• 侵犯的客体是特定公民的人身权利和司法机关的正常职能活动。侵害的对象是人犯,即犯罪嫌疑人或正在受到起诉、审判过程中的刑事被告人。

• 客观要件是实施了以肉刑或变相肉刑逼取人犯口供的行为。行为人必须是利用职权逼取人犯口供的,才构成本罪。

• 主体是特殊主体,即只能是司法工作人员,主要是有审讯权的司法工作人员及受托协办刑事治安案件的人员。

• 主观要件表现为故意,目的在于向人犯逼取口供,动机如何,不影响定罪。注意本罪与非法拘禁罪的界限,它们之间的区别主要表现在犯罪对象、行为目的和犯罪主体方面。

(6)本类其他犯罪　暴力取证罪,虐待被监管人罪。

3. 侵犯妇女、儿童身心健康的犯罪

(1)强奸妇女罪(通称"强奸罪")　本罪是指使用暴力、胁迫或者其他手段,违背妇女意志,强行与之发生性交的行为。本罪的主要构成特征是:

• 侵犯的客体是妇女的不可侵犯的权利,即妇女具有的拒绝与其合法配偶以外的任何男子发生性行为的权利。犯罪对象是14周岁以是上的女性,奸尸行为不能构成本罪。

• 客观要件是实施了违背妇女意志、强行与该妇女发生性交的行为。"强行"行为表现为使用暴力、胁迫或者其他手段使妇女处于不能反抗境地的行为形式。

• 犯罪主体通常是已满14周岁的男子,但女子可以成为男子实行强奸犯罪的教唆犯或帮助犯,应以本罪共犯论处。

• 主观要件表现为直接故意,并具有强行奸淫妇女的目的。对明知是不能正确表达自己意志的精神病妇女或严重痴呆妇女而与之发生性交的,无论行为人采取何种手段及被害妇女是否"同意"或"反抗",都应视为违背妇女意志,以本罪论处。

> **讨论**
> 丈夫和被强奸的妻子合谋杀死强奸犯是否构成犯罪?

(2)强制猥亵、侮辱妇女罪 本罪是指以暴力、胁迫或者其他方法强制猥亵、侮辱妇女的行为。犯本罪,按《刑法》第237条规定处罚。

(3)猥亵儿童罪 本罪是指故意猥亵不满14周岁儿童的行为。犯本罪,按《刑法》第237条规定处罚。

4. 侵犯公民人身自由的犯罪

(1)非法拘禁罪 本罪是指以拘押、禁闭或者使用其他非法强制手段,剥夺他人人身自由的行为。本罪的主要构成特征是:

• 侵犯的客体是他人的人身自由,即侵犯公民按照自己的意志支配自己身体活动的自由。

• 客观要件是实施了各种形式的强制手段,非法剥夺他人人身自由的行为。一般以作为方式构成,但在一定条件下,也可以由不作为方式构成。

• 主观要件出于故意,即行为人明知剥夺他人人身自由是非法还故意实施。注意本罪与情节显著轻微危害不大的非法拘禁行为的界限;注意划清本罪处理中一罪与数罪的界限。

犯本罪,根据不同情节和后果,按《刑法》第238条规定处罚。使用暴力致人伤残、死亡的,按故意伤害罪和故意杀人的规定定罪处罚。

(2)绑架罪 本罪是指以勒索财物为目的绑架他人或者绑架他人为人质的行为。以勒索财物为目的偷盗婴幼儿的,以绑架罪论处。犯本罪,按《刑法》第239条规定处罚。

(3)拐卖妇女、儿童罪 本罪是指以出卖为目的,实施拐骗、收买、贩卖、接送、中转妇女、儿童的行为。本罪的主要构成特征是:

• 侵犯的客体是他人的人身自由权利,其实质是将人等同于一般商品,贬低了人的价值。拐卖对象是指妇女和儿童。

• 客观要件是实施了拐骗、收买、贩卖接送、中转妇女、儿童的行为。

• 主观要件是故意并具有出卖的目的。认定本罪应注意区分本罪与买卖婚姻、假借婚姻索取财物,以及与诈骗罪、拐骗儿童罪的界限;注意正确认定和区分本罪一般情节、情节严重、情节特别严重及一般共犯和集团首要分子的界限。犯本罪,按《刑法》第240条规定处罚。

(4)收买被拐卖的妇女、儿童罪 本罪是指明知是被拐卖、绑架的妇女儿童,仍予以收买、情节严重的行为。本罪的主要构成特征是:

• 侵犯的客体是他人的人身自由。

• 客观要件是实施了收买妇女、儿童情节严重的行为。

• 主观要件表现为故意,即明知是被拐卖、绑架的妇女、儿童,仍予以收买。犯本罪,按《刑法》第241条规定处罚。

(5)诬告陷害罪　本罪是指捏造犯罪事实,向有关机关作虚假告发,意图使他人受到刑事处分的行为。本罪的主要构成特征是:

- 侵犯的客体是他人的人身权利和司法机关的正常活动。诬陷的对象是特定的其他公民(包括犯人)。
- 客观要件有捏造犯罪事实并向有关机关作虚假告发的行为。捏造犯罪事实和作虚假告发必须同时具备,告发的形式不限,但必须指向特定的公民。
- 主观要件是故意,并有使他人受刑事处分的目的。被诬陷人是否实际受到刑事处分,不影响本罪成立。注意本罪与诽谤罪、报复陷害罪的界限;注意诬告与错告、检举失实、批评不当的实际区别。犯本罪,按《刑法》第243条规定处罚。

(6)本类其他犯罪　有聚众阻碍解救被收买的妇女、儿童罪,强迫职工劳动罪,非法搜查罪,非法侵入住宅罪。

5.侵犯公民人格、名誉的犯罪

(1)侮辱罪　本罪是指使用暴力或者其他方法,公然贬低他人人格,破坏他人名誉,情节严重的行为。本罪的主要构成特征是:

- 侵犯的客体是他人的人格、名誉权,犯罪对象只能是特定的个人。
- 客观要件是实施了以暴力或者其他方法公然侮辱他人的行为。
- 主观要件表现为故意,并具有损害他人人格、名誉的目的。侮辱行为只有情节严重的才构成犯罪。"情节严重"主要指手段恶劣、后果严重,或者造成恶劣社会和政治影响的情况。犯本罪,实行告诉才处理,但严重危害社会秩序和国家利益的除外。本罪按《刑法》第246条规定处罚。

(2)诽谤罪　本罪是指故意捏造并散布某种虚构的事实,足以损害他人人格、破坏他人名誉,情节严重的行为。本罪的主要构成特征是:

- 侵犯的客体是他人的人格、名誉权,犯罪对象是特定的个人。
- 客观要件是实施了捏造并散布某种虚构的事实,足以损害他人人格的行为。捏造是无中生有地制造损害他人人格、名誉的虚假事实。散布是以口头、文字方式扩散捏造的事实,使众人皆知。
- 主观要件表现为故意,并具有损害他人人格、名誉的目的。诽谤行为必须是情节严重的才构成犯罪。

犯本罪,实行告诉才处理,但严重危害社会秩序和国家利益的除外。本罪按《刑法》第246条规定处罚。

6.侵犯民族平等、宗教信仰的犯罪

本类犯罪包括了煽动民族仇恨、民族歧视罪,侮辱少数民族作品罪,非法剥夺公民宗教信仰自由罪,侵犯少数民族风俗习惯罪。

7.侵犯公民民主权利的犯罪

(1)侵犯通信自由罪　本罪是指故意隐匿、毁弃或者非法开拆他人信件,侵犯公民通信自由权利,情节严重的行为。本罪的主要构成特征是:

- 侵犯的客体是公民通信自由的权利,其犯罪对象只能是他人的信件,一般是收信人尚未收到或者尚未开拆的信件。
- 客观要件表现为各种隐匿、毁弃或非法开拆他人信件的行为。

- 主观要件表现为故意,动机如何,不影响定罪。实施侵犯通信自由的行为,只有情节严重的,才构成犯罪。"情节严重"一般是次数较多、数量较大;致使他人工作、生活受到严重妨害,身体、精神受到严重损害;私拆并更改信中内容,张扬他人隐私、侮辱他人人格、破坏他人名誉;造成其他严重后果等情况。

注意本罪与破坏邮电通讯罪的界限。犯本罪,按《刑法》第252条规定处罚。

(2)报复陷害罪　本罪是指国家工作人员滥用职权、假公济私,对控告人、申诉人、批评人、检举人实行报复陷害的行为。本罪的主要构成特征:

- 侵犯的客体是公民的民主权利和国家机关的正常活动。犯罪对象是控告人、申诉人、批评人。
- 客观要件实施了滥用职权、假公济私,对上述人员进行打击报复及诬陷的行为。
- 主体是特殊主体,只能由国家工作人员构成。
- 主观要件表现为故意,并具有报复陷害他人的目的。注意划清本罪与一般工作错误的界限;注意本罪与诬告陷害罪的区别,主要表现在犯罪对象、行为方式、犯罪主体和行为目的方面。犯本罪按《刑法》第254条规定处罚。

(3)破坏选举罪　本罪是指违反选举的规定,以暴力、威胁、欺骗、贿赂或者其他非法手段,破坏选举或者妨害选民自由行使选举权和被选举权的行为。本罪的主要行为形式有:

- 以暴力、胁迫或者欺骗、贿赂等非法手段强迫或不让选民投某人的票,或者强行宣布合法选举为无效。
- 伪造选举文件和选票,虚报选票数,或者在选举进行中故意扰乱选举会场秩序、情节恶劣的。
- 在选举期间对控告、检举在选举中营私舞弊或违法乱纪行为的公民,进行压制、报复,情节恶劣的。犯本罪,按《刑法》第256条规定处罚。

(4)本类其他犯罪　私自开拆、隐匿、毁弃邮件、电报罪,打击报复会计、统计人员罪。

8.妨害婚姻、家庭的犯罪

(1)暴力干涉婚姻自由罪　本罪是指以暴力方法干涉他人婚姻自由的行为。本罪的主要构成特征是:

- 侵犯的客体是他人婚姻自由的权利(包括结婚自由和离婚自由)。
- 客观要件表现为使用暴力方法干涉他人婚姻自由的行为。
- 本罪的主体是一般主体。认定本罪时,要注意与包办婚姻、买卖婚姻行为之间的区别。犯本罪,按《刑法》第257条的规定处罚。本罪属于告诉才处理,但引起被害人死亡的,不属"告诉才处理"的范围。

(2)重婚罪　本罪是指已有配偶又与他人结婚,或者明知他人已有配偶而与之结婚的行为。本罪的主要构成特征是:

- 侵犯的客体是我国一夫一妻的婚姻制度。
- 客观要件表现为已有配偶又与他人结婚,或明知他人已有配偶而与之结婚的行为。
- 本罪的主体是一般主体。
- 主观要件表现为故意。认定本罪时,要注意与一般通奸行为的区别。犯本罪,按《刑法》第258条的规定处罚。

(3)破坏军婚罪　本罪是指明知他人为现役军人的配偶而与之同居或者结婚的行为。

本罪的主要构成特征是：

- 侵犯的客体是现役军人的婚姻关系。
- 客观要件表现为与现役军人的配偶同居或者结婚的行为。
- 主观要件表现为故意，即明知他人为现役军人的配偶。认定本罪时，应当正确理解"同居"的含义，并注意与重婚罪的联系与区别。犯本罪，按《刑法》第259条的规定处罚。

（4）虐待罪　本罪是指经常以各种方法肆意折磨、凌辱、摧残共同生活的家庭成员，情节恶劣的行为。本罪的主要构成特征是：

- 侵犯的客体是家庭成员之间的平等权利，犯罪对象是与行为人共同生活的家庭成员。
- 客观要件表现为经常以各种方法，对家庭成员进行故意折磨、凌辱、摧残的行为。
- 主体是与被害人同属一个家庭的成员。
- 主观要件表现为故意。除上述特征外，必须是情节恶劣才能构成犯罪。认定本罪时，应注意与侵犯公民人身权利犯罪之间的联系与区别。犯本罪，按《刑法》第260条的规定处罚。本罪属于告诉才处理，但引起被害人重伤、死亡的，不属于告诉才处理的范围。

（5）遗弃罪　本罪是指负有法定扶养或赡养义务的人，对年老病幼或其他没有独立生活能力的家庭成员，拒绝履行扶养或赡养义务的行为。本罪的主要构成特征是：

- 侵犯的客体是社会主义家庭权利和义务相一致的平等关系。
- 客观要件表现为拒绝履行扶养或赡养义务的不作为行为。
- 本罪的主体是负有法定扶养或赡养义务的家庭成员。
- 主观要件表现为故意。除上述特征外，必须是情节恶劣才能构成犯罪。犯本罪，按《刑法》第261条的规定处罚。

（6）拐骗儿童罪　本罪是指采用蒙骗、利诱或其他方法，使不满十四周岁的男女儿童，非法脱离其家庭或监护人的行为。本罪的主要构成特征是：

- 侵犯的客体是社会主义家庭的和睦幸福关系。
- 客观要件表现为拐骗男女儿童非法脱离其家庭或监护人的行为。
- 主观要件表现为故意。认定本罪时，要注意与以出卖为目的的拐卖儿童、以勒索财物为目的偷盗婴儿的行为之间的区别。犯本罪，按《刑法》第184条的规定处罚。

五、侵犯财产罪

1. 侵犯财产罪简介

侵犯财产罪，是指以非法占有为目的，攫取公私财物，或者故意毁坏公私财物的行为。侵犯财产罪的基本构成要件是：

- 侵犯的客体是公私财产的合法所有关系，要注意财产所有权与财产的相互联系与区别。
- 客观要件表现为实施了侵犯公私财产所有权的行为。
- 本罪的主体多数为一般主体，少数是特殊主体。根据刑法规定，犯抢劫罪、惯窃罪等，已满14周岁不满16周岁的人，应当负刑事责任。
- 主观要件必须是出于故意。

公共财产是社会主义现代化建设的物质基础，是不断提高人民生活水平的必要保证；公民私人所有的合法财产，是保证公民生活幸福、工作安心的基本条件。因此，同侵犯财产罪

做斗争,具有十分重要的意义。

侵犯财产罪的《刑法》条文从第263条至第276条,共14个条文,有12个罪名。侵犯财产罪根据其不同的行为特征,可以划分为四小类犯罪:第一类,强制型侵犯财产的犯罪;第二类,盗窃、诈骗型侵犯财产的犯罪;第三类,侵占、挪用型侵犯财产的犯罪;第四类,毁坏、破坏型侵犯财产的犯罪。

2. 暴力、强制型侵犯财产的犯罪

(1)抢劫罪　本罪是指以非法占有为目的,使用暴力、胁迫或者其他方法,当场强行劫取他人公私财物或者迫使他人当场交付公私财物的行为。本罪的主要构成特征是:

• 侵犯的客体是公私财产的所有权和公民的人身权利。

• 客观要件表现为使用暴力、胁迫或者其他方法,当场强行劫取他人公私财物或者迫使他人当场交付公私财物的行为,这里的暴力、胁迫或其他方法以针对人身,使其不能抗拒,不敢抗拒或不知抗拒为必要内容。

• 主观要件表现为故意,并具有非法占有公私财物的目的。犯本罪,按《刑法》第263条的规定处罚。

犯盗窃、诈骗、抢夺罪,为窝藏赃物,抗拒逮捕或者毁灭罪证而当场使用暴力或者以暴力相威胁的,根据《刑法》第153条的规定,也应按《刑法》第263条抢劫罪定罪处罚。

(2)抢夺罪　本罪是指以非法占有为目的,乘人不备、公然夺取数额较大的公私财物的行为。本罪主要构成特征是:

• 侵犯的客体是公私财物的所有权。

• 客观要件表现为乘人不备,公然夺取数额较大的公私财物的行为。这里的公然夺取是行为的主要特征。

• 主观要件表现为故意,并具有非法占有公私财物的目的。

抢夺罪与抢劫罪的最大区别在于,抢夺罪不具有针对他人人身的暴力、胁迫或其他对人身强制的方法,因而不会对他人的人身造成危害。犯本罪,按《刑法》第267条的规定处罚。携带凶器抢夺的,按抢劫罪定罪处罚。

(3)敲诈勒索罪　本罪是指以非法占有为目的,采用威胁或者要挟的方法,强行索取他人公私财物的行为。本罪的主要构成特征:

• 侵犯的客体是公私财产所有权。

• 客观要件表现为采用威胁或者要挟的方法,强行索取他人公私财物的行为。

• 主观要件表现为故意,并有非法占有公私财物的行为。

犯本罪,按《刑法》第274条的规定处罚。

(4)本类其他犯罪　聚众哄抢罪。

3. 盗窃、诈骗型侵犯财产的犯罪

(1)盗窃罪　本罪是指以非法占有为目的,采取秘密的方法窃取数额较大的公私财物的行为。本罪的主要构成特征是:

• 侵犯的客体是公私财产的所有权。

• 客观要件表现为采取秘密的方法窃取数额较大的公私财物的行为,这里的秘密是指行为人自以为不为他人所知。

• 主观要件是故意,并具有非法占有公私财物的目的。犯本罪盗窃公私财物数额较大

的,按《刑法》第264条的规定处罚。

(2)诈骗罪　本罪是指以非法占有为目的,采用虚构事实或隐瞒真相的方法,骗取数额较大的公私财物的行为。本罪的主要构成特征是:
- 侵犯的客体是公私财产的所有权。
- 客观要件表现为采用虚构事实或隐瞒真相的方法,骗取数额较大的公私财物的行为。
- 主观要件表现为故意。

> 讨论
> 复制盗用移动电话号码打长途电话是诈骗还是盗窃?

处理诈骗案件,要注意与民事欺诈行为、经济合同纠纷之间的区别。犯本罪骗取公私财物数额较大的,按《刑法》第266条的规定处罚。

4. 侵占、挪用型侵犯财产的犯罪

(1)侵占罪　本罪是指以非法占有为目的,拒不退还代为保管的他人财物,或者拒不交出他人遗忘物或者埋藏物,数额较大的行为。犯本罪,按《刑法》第270条规定处罚。

(2)职务侵占罪　本罪是指公司、企业或者其他单位的人员利用职务上的便利,将本单位财物非法占为己有、数额较大的行为。犯本罪,按《刑法》第271条规定处罚。

(3)挪用资金罪　本罪是指公司、企业或者其他单位的人员利用职务上的便利,非法挪用数额较大的本单位资金归自己或他人使用,超过三个月未还,或者虽未超过三个月,但数额较大,进行营利活动,或者进行非法活动的行为。犯本罪,按《刑法》第272条规定处罚。

(4)本类其他犯罪　挪用特定款物罪。

5. 毁坏、破坏型侵犯财产的犯罪

(1)故意毁坏财物罪　本罪是指故意毁坏公私财物,数额较大或者有其他严重情节的行为。犯本罪,按《刑法》第275条规定处罚。

(2)破坏生产经营罪　本罪是指由于泄愤报复等个人目的,以毁坏机器、残害耕畜或者其他方法,破坏生产经营的行为。犯本罪,按《刑法》第276条规定处罚。

六、妨害社会管理秩序罪

1. 妨害社会管理秩序罪

妨害社会管理秩序罪,是指违反国家有关规定,故意妨害国家对社会秩序的正常管理活动,破坏社会秩序的行为。本罪的基本构成要件是:
- 侵犯的客体是国家对社会秩序的正常管理活动。
- 客观要件表现为违反国家有关规定,妨害社会正常秩序的行为。
- 本罪的主体绝大多数为一般主体,少数为特殊主体。
- 主观要件都表现为故意,有的犯罪必须具有特定的目的。

保证对社会秩序的正常管理活动,维护社会正常秩序的稳定,是人民群众安定团结,社会主义现代化建设事业顺利进行的重要条件。因此,加强同妨害社会管理秩序罪做斗争具有重要的意义。

妨害社会管理秩序罪的刑法条文从第277条至第367条,共91个条文,有119个罪名。根据这类犯罪的特点,刑法将其划分为九小类犯罪:第一类,扰乱公共秩序罪;第二类,妨害司法罪;第三类,妨害国(边)境管理罪;第四类,妨害文物管理罪;第五类,危害公共卫生罪;

第六类,破坏环境资源保护罪;第七类,走私、贩卖、运输、制造毒品罪;第八类,组织、强迫、引诱、容留、介绍卖淫罪;第九类,制作、贩卖、传播淫秽物品罪。

2. 扰乱公共秩序罪

(1)妨害公务罪,也称阻碍执行公务罪 本罪是指以暴力、威胁方法,阻碍国家工作人员依法执行职务的行为。本罪的主要构成特征是:

• 侵犯的客体是国家机关的正常活动,侵犯的对象必须是正在依法执行公务的国家工作人员。

• 客观要件表现为使用暴力或威胁方法阻碍国家工作人员依法执行职务的行为。

• 主观要件表现为故意。犯本罪,按《刑法》第277条的规定处罚。

(2)冒充国家工作人员招摇撞骗罪 本罪是指为谋取非法利益,冒充国家工作人员的身份或者职称,进行招摇撞骗的行为。本罪的主要构成特征是:

• 侵犯的客体是国家机关的正常活动和应有声誉。

• 客观要件表现为冒充国家工作人员进行招摇撞骗的行为。

• 主观要件表现为故意。认定本罪时,要注意诈骗罪的联系与区别。

犯本罪,按《刑法》第166条的规定处罚。招摇撞骗骗取钱财数额较大的,以诈骗罪论处。

(3)赌博罪 本罪是指以营利为目的,聚众赌博、开设赌场或者以赌博为业的行为。本罪主要构成特征是:

• 客观要件表现为聚众赌博或以赌博为业的行为。

• 主观要件表现为故意,并具有营利的目的。

认定本罪时,要注意与一般赌博违法行为的区别。犯本罪,按《刑法》第168条的规定处罚。

(4)传授犯罪方法 本罪是指以言辞、文字或动作,故意传授犯罪方法的行为。本罪的主要构成特征是:

• 侵犯的客体是社会的治安管理秩序。

• 客观要件表现为以言辞、文字或动作,传授犯罪方法的行为。

• 主体一般为具有犯罪经验的分子,如惯犯、累犯等。

• 主观要件表现为故意。认定本罪,要注意与教唆犯罪的区别。

犯本罪,按《刑法》第295条规定处罚。

(5)本类其他犯罪 重点掌握伪造、变造、买卖国家机关公文、证件、印章罪,非法获取国家秘密罪,聚众斗殴罪,寻衅滋事罪,破坏计算机信息系统罪。

3. 妨害司法罪

(1)伪证罪 本罪是指在侦查、审判中,证人、鉴定人、记录人、翻译人对与案件有重要关系的情节,故意作虚假证明、鉴定、记录、翻译,意图陷害他人或者隐匿罪证的行为。本罪的主要构成特征:

• 侵犯的客体是公民的人身权利和国家司法机关的正常活动。犯罪对象可以是有罪的人,也可以是被指控有罪的人。

• 客观要件表现为在侦查、起诉、审判过程中实施了对与案件有关的重要情节提供虚假证明、鉴定、记录、翻译的行为。

- 主体是特殊主体,即只能是案件的证人、鉴定人、记录人或翻译人。
- 主观要件表现为故意,并具有陷害他人或者隐匿罪证的目的。

犯本罪,按《刑法》第305条规定处罚。

(2)窝藏罪、包庇罪　前罪是指明知他人犯罪后,仍故意为其提供隐匿场所或资助财物帮助其逃避法律追究的行为。后罪是指明知他人犯罪后,仍故意为其毁灭罪证或提供虚假证明,帮助其逃避法律追究的行为。本两罪的主要构成特征是:
- 侵犯的客体是司法机关的正常活动,窝藏、包庇的对象必须是已实施犯罪的分子。
- 客观要件表现为积极提供隐匿场所或掩盖犯罪事实的行为。
- 主观要件表现为故意,即明知他人已实施犯罪。但在他人犯罪之前已有通谋的,按共同犯罪论处。

(3)拒不执行判决裁定罪　本罪是指拒不执行人民法院已经发生法律效力的判决或裁定的行为。本罪的主要构成特征是:
- 侵犯的客体是司法机关的正常活动。
- 客观要件表现为拒不执行有效判决或裁定的行为。
- 主观要件表现为故意。认定本罪时,要注意与阻碍执行公务罪的联系与区别,要注意与有正当理由而申诉的行为之间的区别。犯本罪,按《刑法》第313条的规定处罚。

(4)脱逃罪　本罪是指被依法关押的罪犯、被告人、犯罪嫌疑人非法脱离羁押或监管场所的行为。本罪的主要构成特征是:
- 侵犯的客体是司法机关的正常活动。
- 客观要件表现为非法脱离羁押或监管场所的行为。
- 主体是被依法关押的人犯。
- 主观要件表现为故意。认定本罪时,要注意与组织越狱罪的区别。犯本罪,按《刑法》第316条的规定处罚。

4. 妨害国(边)境管理罪

(1)组织他人偷越国(边)境罪　本罪是指煽动、拉拢、串连、欺骗他人偷越国(边)境,以及为偷越国(边)境出谋划策的行为。犯本罪,按《刑法》第318条规定处罚。

(2)偷越国(边)境罪　本罪是指违反国家出入国(边)境的管理规定,非法偷越国(边)境的行为。本罪的主要构成特征是:
- 客观要件表现为非法偷越国(边)境的行为。
- 主观要件表现为故意。认定本罪时,要注意与投敌叛变罪的区别。犯本罪,按《刑法》第332条的规定处罚。

5. 妨害文物管理罪

(1)故意损毁文物罪　本罪是指故意损毁国家保护的珍贵文物或者被确定为全国重点文物保护单位、省级文物保护单位的文物的行为。犯本罪,按《刑法》第324条第1款规定处罚。

(2)倒卖文物罪　本罪是指以牟利为目的,倒卖国家禁止经营的文物,情节严重的行为。犯本罪,按《刑法》第326条规定处罚。

(3)盗掘古文化遗址、古墓葬罪　本罪是指盗掘具有历史、艺术、科学价值的古文化遗址、古墓葬的行为。犯本罪,按《刑法》第328条规定处罚。

(4)抢夺、窃取国有档案罪　本罪是指以非法占有为目的,抢夺或者窃取国有档案的行为。犯本罪,按《刑法》第329条规定处罚。

6. 危害公共卫生罪

(1)妨害传染病防治罪　本罪是指违反传染病防治法的规定,引起甲类传染病传播或者有严重传播危险的行为。犯本罪,按《刑法》第330条规定处罚。

(2)妨害国境卫生检疫罪　本罪是指违反国境卫生检疫规定,引起检疫传染病传播或者引起检疫传染病传播严重危险的行为。犯本罪,按《刑法》第332条规定处罚。

(3)医疗事故罪　本罪是指医务人员由于严重不负责任,造成就诊人员死亡或者严重损害就诊人身体健康的行为。犯本罪,按《刑法》第335条规定处罚。

(4)非法行医罪　本罪是指未取得医生执业资格的人非法行医,情节严重的行为。犯本罪,按《刑法》第336条规定处罚。

7. 破坏环境资源保护罪

(1)重大环境污染事故罪　本罪是指违反国家规定,向土地、水体、大气排放、倾倒或者处置有放射性的废物、含传染病病原体的废物、有毒物质或者其他危害废物,造成重大环境污染事故,致使公共财产遭受重大损失或人身伤亡的严重后果的行为。犯本罪,按《刑法》第338条规定处罚。

(2)擅自进口固体废物罪　本罪是指未经国务院有关主管部门许可,擅自进口固体废物用作原料,造成重大环境污染事故,致使公私财产遭受重大损失,或者严重危害人体健康的行为。犯本罪,按《刑法》第346条规定处罚。

(3)非法捕捞水产品罪　本罪是指违反水产资源保护法规定,在禁渔区、禁渔期或者使用禁用的工具、方法捕捞水产品,情节严重的行为。注意本罪与破坏集体生产罪、盗窃罪等的区别。犯本罪,按《刑法》第340条规定处罚。

(4)非法狩猎罪　本罪是指违反狩猎法规,在禁猎区、禁猎期或者使用禁用的工具、方法进行狩猎,破坏野生动物资源,情节严重的行为。犯本罪,按《刑法》第341条规定处罚。

(5)盗伐林木罪、滥伐林木罪　前罪是指以非法占有为目的,违反森林保护法规,盗伐森林或者其他林木,情节严重的行为;后罪是指不按主管部门指定的采伐区域和具体要求,滥伐森林林木或者其他林木,情节严重的行为。注意这些犯罪构成中"情节严重"的要求及具体内容。犯本罪,按《刑法》第345条规定处罚。

8. 走私、贩卖、运输、制造毒品罪

(1)走私、贩卖、运输、制造毒品罪　本罪是指违反国家毒品管制法规,走私、贩卖、运输、制造毒品的行为。犯本罪,按《刑法》第347条规定处罚。

(2)非法持有毒品罪　本罪是指违反国家禁毒规定,非法持有鸦片、海洛因或其他毒品的行为。本罪的主要构成特征是:

- 客观方面表现为非法持有毒品的行为。

- 主观方面表现为故意。犯本罪,按《刑法》第348条规定处罚。

(3)非法种植毒品原植物罪　本罪是指违反国家禁毒规定,非法种植数量较大的毒品原植物的,或者经公安机关处理后又种植的,或者抗拒铲除毒品原植物的行为。犯本罪,按《刑法》第351条规定处罚。

9. 组织、强迫、引诱、容留、介绍卖淫罪

(1)组织卖淫罪　本罪是指以招募、雇佣、强迫等手段,纠集、控制多人进行卖淫的行为。

犯本罪,按《刑法》第362条规定处罚。

(2)传播性病罪 本罪是指明知自己患有梅毒、淋病等严重性病,仍进行卖淫、嫖娼予以传播的行为。犯本罪,按《刑法》第360条规定处罚。

(3)嫖宿幼女罪 本罪是指嫖宿不满14周岁的幼女的行为。犯本罪,按《刑法》第360条规定处罚。

10. 制作、贩卖、传播淫秽物品罪

七、危害国防利益罪

危害国防利益罪,是指违反国防法律、法规,故意或者过失地危害国防利益,依照法律应当受刑罚处罚的行为。

危害国防利益罪的刑法条文从第368条至第381条,共14个条文,有21个罪名。对本类犯罪作基本了解即可。

八、贪污贿赂罪

1. 贪污贿赂罪简介

贪污贿赂罪,是指国家工作人员利用职务上的便利,非法占有、使用公私财物,损害国家工作人员职务行为廉洁性的行为,是国家工作人员利用职务上的便利,实施贪利性犯罪的总称。贪污贿赂罪具有以下主要特征:

- 犯罪的主体资格绝大多数是特殊主体,即国家工作人员。
- 犯罪的主观要件只能由故意构成,过失不应构成这类犯罪。
- 犯罪的客观要件表现为行为人利用职务上的便利,非法占有、使用公私财物的行为。
- 犯罪的客体,既有国家工作人员职务行为的廉洁性,又有公私财物的所有权。

贪污贿赂罪的刑法条文从第382条至396条,共15个条文,有12个罪名。

2. 贪污和挪用犯罪

(1)贪污罪 本罪是指国家工作人员利用职务上的便利,侵吞、盗窃、骗取或者以其他方法非法占有公共财物的行为。本罪的主要构成特征是:

- 侵犯的客体是国家工作人员从政的廉洁性和公共财产的所有权。在国家或集体组织保管、使用或者运输中的私人财产,也应视为公共财物。
- 客观要件表现为行为人利用职务上便利,侵吞、盗窃、骗取或者其他方法非法占有公共财物的行为。
- 本罪的主体是特殊主体,即只能由国家工作人员构成。
- 主观要件表现为故意,并且有非法占有公共财物的目的。犯本罪,按《刑法》第383条规定处罚。

(2)挪用公款罪 本罪是指国家工作人员利用职务上的便利,挪用公款归个人使用,进行非法活动的,或者挪用公款数额较大,进行营利活动的,或者挪用公款数额较大,超过三个月未还的行为。本罪的主要构成特征是:

- 侵犯的客体是国家工作人员从政的廉洁性和公共钱财的使用权。
- 客观要件表现为行为人利用职务上的便利,非法挪用公款(包括公物)的行为。
- 本罪的主体是特殊主体,即只能由国家工作人员、集体经济组织工作人员或者其他经手、管理公共财物的人员构成。

• 主观要件表现为故意,即明知是公款仍予以非法挪用。犯本罪,按《刑法》第384条规定处罚。

(3)非法所得罪 非法所得罪,也称巨额财产来源不明罪,是指国家工作人员的财产或者支出明显超过合法收入,差额巨大,经责令说明其来源,仍不能说明其来源是合法的行为。本罪的主要构成特征是:

• 本罪的主体只能是国家工作人员。

• 客观要件表现为行为人对其明显超过合法收入的差额巨大的财产或者支出,经责令说明,仍不能说明其来源是合法的行为。犯本罪,按《刑法》第395条规定处罚。差额部分予以没收。

(4)隐瞒不报境外存款罪 本罪是指国家工作人员违反国家外汇申报规定,对数额较大的境外存款隐瞒不报的行为。犯本罪,按《刑法》第395条规定处罚。

3. 贿赂犯罪

(1)受贿罪 本罪是指国家工作人员或者其他从事公务的人员,利用职务上的便利,索取他人财物的,或者非法收受他人财物为他人谋取利益的行为。本罪的主要构成特征是:

• 侵犯的客体是国家工作人员等从事公务的廉洁性。

• 客观要件表现为行为人利用职务上的便利,非法索取或收受他人财物的行为。

• 本罪的主体是特殊主体,即只能由国家工作人员、集体经济组织工作人员或其他从事公务的人员构成,法人也可构成本罪主体。

• 主观要件表现为故意。认定本罪时,要注意与贪污罪、敲诈勒索罪之间的区别,同时要注意受贿犯罪与正常礼尚往来、获得合理报酬、经济往来中不正之风的区别。犯本罪,按《刑法》第386条规定处罚。

(2)行贿罪 本罪是指为谋取不正当利益,给予国家工作人员财物的行为。本罪的主要构成特征是:

• 客观要件表现为给予国家工作人员、集体经济组织工作人员或其他从事公务的人员以财物的行为。

• 本罪的主体是一般主体,法人也可构成本罪主体。

• 主观要件表现为故意,并具有谋取不正当利益的目的。为谋取正当利益或者被勒索而给予财物的行为不构成本罪。犯本罪,按《刑法》第390条规定处罚。

(3)介绍贿赂罪 本罪是指行为行贿人与受贿人撮合、沟通,使行贿与受贿得以实现的行为。犯本罪,按《刑法》第392条的规定处罚。

九、渎职罪

1. 渎职罪简介

渎职罪,是指国家工作人员利用职务上的便利,滥用职权,违法乱纪或者不依法履行职责,玩忽职守,侵害国家机关的正常活动和应有声誉,致使国家、集体和人民的利益遭受重大损失的行为。渎职罪的基本构成要件是:

• 侵犯的客体是国家机关、企事业单位的正常活动。

• 客观要件表现为利用职务上的便利,实施亵渎职责的行为,其行为形式,有的表现为

作为形式,有的表现为不作为形式。

- 本罪的主体是特殊主体,以负有一定的职责为必要条件。
- 主观要件一般是故意,但有的罪可以由过失构成。

> 讨论
> 执法人员捆绑、吊打犯人是否犯罪?

我国是社会主义国家,国家工作人员应是人民的公仆,对于人民群众所赋予的权利,理应忠于职守,履行职责。而渎职犯罪正是表现了对应有职责的亵渎和漠视。因此,加强同渎职犯罪做斗争,对于纯洁国家公职人员队伍,改善国家机关的工作,提高国家机关的声誉,促进社会主义革命和建设事业的顺利进行,具有重要的意义。

渎职罪的刑法条文从第397条至第419条,共23个条文,有33个罪名。根据渎职罪的主体类型,可以划分为三小类犯罪:第一类,一般国家工作人员的渎职罪;第二类,司法工作人员的渎职罪;第三类,特定部门工作人员的渎职罪。

2. 一般国家工作人员的渎职罪

(1)滥用职权罪 本罪是指国家机关工作人员违反法律、法规规定的权限和程序,超越职权处理其无权决定、处理的事务,或者故意违法处理公务,致使公共财产、国家和人民利益遭受重大损失的行为。犯本罪,按《刑法》第397条规定处罚。

(2)玩忽职守罪 本罪是指国家工作人员对工作严重不负责任,玩忽职守致使公共财产、国家和人民利益遭受重大损失的行为。本罪的主要构成特征是:

- 侵犯的客体是国家机关的正常活动和应有声誉。
- 客观要件表现为对工作严重不负责任,玩忽职守的行为。
- 本罪的主体是特殊主体,即只能由国家工作人员才能构成。
- 主观要件表现为过失。认定本罪时,要注意与滥用职权罪之间的区别。犯本罪,按《刑法》第397条的规定处罚。

(3)泄露国家机密罪 本罪是指违反国家保密法规,泄漏披露国家重要机密,情节严重的行为。本罪的主要构成特征是:

- 侵犯的客体是国家的保密制度。
- 客观要件表现为泄露国家重要机密的行为。
- 本罪的主体一般是掌握国家机密的国家工作人员,但非国家工作人员也可构成。
- 主观要件表现为故意或者过失。除上述特征外,必须是情节严重才能构成犯罪。犯本罪,按《刑法》第398条的规定处罚。

(4)国家机关工作人员签订、履行合同失职罪 本罪是指国家机关工作人员在签订、履行合同过程中,因严重不负责任而被诈骗,致使国家利益遭受重大损失的行为。犯本罪,按《刑法》第406条规定处罚。

3. 司法工作人员的渎职犯罪

(1)徇私枉法罪 本罪是指司法工作人员徇私舞弊,对明知是无罪的人而故意使受追诉或者对明知有罪的人而故意包庇使他不受追诉,或者故意颠倒黑白而作枉法裁判的行为。本罪的主要构成特征是:

- 侵犯的客体是国家司法机关的正常活动和应有声誉。

- 客观要件表现为徇私舞弊、颠倒黑白、枉法裁判的行为。
- 本罪的主体是特殊主体,即只能由国家司法工作人员构成。
- 主观要件表现为故意。认定本罪时,要注意与诬告陷害罪、包庇罪之间的区别。犯本罪,按《刑法》第399条的规定处罚。

(2)私放在押人员罪 本罪是指司法工作人员利用职务上的便利,私自非法放走犯罪嫌疑人、被告人或者罪犯的行为。本罪的主要构成特征是:

- 侵犯的客体是国家的监管制度。
- 客观要件表现为利用职务上的便利,私自非法放走犯罪嫌疑人、被告人或者罪犯的行为。
- 本罪的主体是特殊主体,即只能由司法工作人员构成。
- 主观要件表现为故意。认定本罪时,要注意与窝藏罪之间的区别。犯本罪,按《刑法》第400条的规定处罚。

4. 特定部门工作人员的渎职罪

十、军人违反职责罪

1. 军人违反职责罪简述

军人违反职责罪,是指中国人民解放军的现役军人,违反军人职责,危害国家军事利益,依照法律应当受刑罚处罚的行为。但是,情节显著轻微、危害不大的,不认为是犯罪,按军纪处理。

军人违反职责罪侵犯的客体,是国家在国防建设、作战行动、军队物质保障、军事机密、军事科学研究等方面的利益,即国家的军事利益。

军人违反职责罪的客观要件,是行为人应具有违反军人职责,危害国家军事利益的行为。其主要表现为作为形式,少数例外。犯罪的时间和地点,对于军人违反职责罪的定罪量刑,具有十分重要的意义。

军人违反职责罪的主体必须具有军人身份,其指的是现役军人、军内在编职工、人民武装警察部队的官兵。

军人违反职责罪的主观要件,除少数犯罪由过失构成外,大多数犯罪由故意构成。

军人违反职责罪的刑法条文从第420条至第451条,共32个条文,有31个罪名。

2. 几种主要的犯罪

(1)违抗作战命令罪 违抗作战命令罪,是指军职人员在战斗中对上级的命令、指示故意违抗,拒不执行,对作战造成危害的行为。犯本罪,按《刑法》第421条规定处罚。

(2)临阵脱逃罪 临阵脱逃罪,是指在战场上或者在战斗状态情况下,参战军职人员因贪生怕死,畏惧战斗而逃离部队的行为。犯本罪,按《刑法》第424条规定处罚。

(3)擅离玩忽职守罪 擅离玩忽职守罪,是指指挥人员和值班、值勤人员放弃职守,擅自离开自己的指挥岗位或者值班、值勤岗位,或者玩忽职守,因而造成严重后果的行为。犯本罪,按《刑法》第425条规定处罚。

(4)逃离部队罪 逃离部队罪,是指违反兵役法规,逃离部队,情节严重的行为。犯本罪,按照《刑法》第435条规定处罚。

(5)虐待俘虏罪 虐待俘虏罪,是指对我军俘虏的不再进行反抗的敌方人员,实施虐待,情节恶劣的行为。犯本罪,按照《刑法》第448条规定处罚。

知识点 9　刑法修正案(八)

中华人民共和国刑法修正案(八)已于2011年2月25日,由第十一届全国人民代表大会常务委员会第十九次会议通过,2011年5月1日起施行。

一、在刑法第十七条后增加一条,作为第十七条之一:"已满七十五周岁的人故意犯罪的,可以从轻或者减轻处罚;过失犯罪的,应当从轻或者减轻处罚。"

二、在刑法第三十八条中增加一款作为第二款:"判处管制,可以根据犯罪情况,同时禁止犯罪分子在执行期间从事特定活动,进入特定区域、场所,接触特定的人。"

原第二款作为第三款,修改为:"对判处管制的犯罪分子,依法实行社区矫正。"

增加一款作为第四款:"违反第二款规定的禁止令的,由公安机关依照《中华人民共和国治安管理处罚法》的规定处罚。"

三、在刑法第四十九条中增加一款作为第二款:"审判的时候已满七十五周岁的人,不适用死刑,但以特别残忍手段致人死亡的除外。"

四、将刑法第五十条修改为:"判处死刑缓期执行的,在死刑缓期执行期间,如果没有故意犯罪,二年期满以后,减为无期徒刑;如果确有重大立功表现,二年期满以后,减为二十五年有期徒刑;如果故意犯罪,查证属实的,由最高人民法院核准,执行死刑。"

"对被判处死刑缓期执行的累犯以及因故意杀人、强奸、抢劫、绑架、放火、爆炸、投放危险物质或者有组织的暴力性犯罪被判处死刑缓期执行的犯罪分子,人民法院根据犯罪情节等情况可以同时决定对其限制减刑。"

五、将刑法第六十三条第一款修改为:"犯罪分子具有本法规定的减轻处罚情节的,应当在法定刑以下判处刑罚;本法规定有数个量刑幅度的,应当在法定量刑幅度的下一个量刑幅度内判处刑罚。"

六、将刑法第六十五条第一款修改为:"被判处有期徒刑以上刑罚的犯罪分子,刑罚执行完毕或者赦免以后,在五年以内再犯应当判处有期徒刑以上刑罚之罪的,是累犯,应当从重处罚,但是过失犯罪和不满十八周岁的人犯罪的除外。"

七、将刑法第六十六条修改为:"危害国家安全犯罪、恐怖活动犯罪、黑社会性质的组织犯罪的犯罪分子,在刑罚执行完毕或者赦免以后,在任何时候再犯上述任一类罪的,都以累犯论处。"

八、在刑法第六十七条中增加一款作为第三款:"犯罪嫌疑人虽不具有前两款规定的自首情节,但是如实供述自己罪行的,可以从轻处罚;因其如实供述自己罪行,避免特别严重后果发生的,可以减轻处罚。"

九、删去刑法第六十八条第二款。

十、将刑法第六十九条修改为:"判决宣告以前一人犯数罪的,除判处死刑和无期徒刑的以外,应当在总和刑期以下、数刑中最高刑期以上,酌情决定执行的刑期,但是管制最高不能超过三年,拘役最高不能超过一年,有期徒刑总和刑期不满三十五年的,最高不能超过二十年,总和刑期在三十五年以上的,最高不能超过二十五年。"

"数罪中有判处附加刑的,附加刑仍须执行,其中附加刑种类相同的,合并执行,种类不

同的,分别执行。"

十一、将刑法第七十二条修改为:"对于被判处拘役、三年以下有期徒刑的犯罪分子,同时符合下列条件的,可以宣告缓刑,对其中不满十八周岁的人、怀孕的妇女和已满七十五周岁的人,应当宣告缓刑:

(一)犯罪情节较轻;

(二)有悔罪表现;

(三)没有再犯罪的危险;

(四)宣告缓刑对所居住社区没有重大不良影响。

宣告缓刑,可以根据犯罪情况,同时禁止犯罪分子在缓刑考验期限内从事特定活动,进入特定区域、场所,接触特定的人。

被宣告缓刑的犯罪分子,如果被判处附加刑,附加刑仍须执行。"

十二、将刑法第七十四条修改为:"对于累犯和犯罪集团的首要分子,不适用缓刑。"

十三、将刑法第七十六条修改为:"对宣告缓刑的犯罪分子,在缓刑考验期限内,依法实行社区矫正,如果没有本法第七十七条规定的情形,缓刑考验期满,原判的刑罚就不再执行,并公开予以宣告。"

十四、将刑法第七十七条第二款修改为:"被宣告缓刑的犯罪分子,在缓刑考验期限内,违反法律、行政法规或者国务院有关部门关于缓刑的监督管理规定,或者违反人民法院判决中的禁止令,情节严重的,应当撤销缓刑,执行原判刑罚。"

十五、将刑法第七十八条第二款修改为:"减刑以后实际执行的刑期不能少于下列期限:

(一)判处管制、拘役、有期徒刑的,不能少于原判刑期的二分之一;

(二)判处无期徒刑的,不能少于十三年;

(三)人民法院依照本法第五十条第二款规定限制减刑的死刑缓期执行的犯罪分子,缓期执行期满后依法减为无期徒刑的,不能少于二十五年,缓期执行期满后依法减为二十五年有期徒刑的,不能少于二十年。"

十六、将刑法第八十一条修改为:"被判处有期徒刑的犯罪分子,执行原判刑期二分之一以上,被判处无期徒刑的犯罪分子,实际执行十三年以上,如果认真遵守监规,接受教育改造,确有悔改表现,没有再犯罪的危险的,可以假释。如果有特殊情况,经最高人民法院核准,可以不受上述执行刑期的限制。

对累犯以及因故意杀人、强奸、抢劫、绑架、放火、爆炸、投放危险物质或者有组织的暴力性犯罪被判处十年以上有期徒刑、无期徒刑的犯罪分子,不得假释。

对犯罪分子决定假释时,应当考虑其假释后对所居住社区的影响。"

十七、将刑法第八十五条修改为:"对假释的犯罪分子,在假释考验期限内,依法实行社区矫正,如果没有本法第八十六条规定的情形,假释考验期满,就认为原判刑罚已经执行完毕,并公开予以宣告。"

十八、将刑法第八十六条第三款修改为:"被假释的犯罪分子,在假释考验期限内,有违反法律、行政法规或者国务院有关部门关于假释的监督管理规定的行为,尚未构成新的犯罪的,应当依照法定程序撤销假释,收监执行未执行完毕的刑罚。"

十九、在刑法第一百条中增加一款作为第二款:"犯罪的时候不满十八周岁被判处五年有期徒刑以下刑罚的人,免除前款规定的报告义务。"

二十、将刑法第一百零七条修改为:"境内外机构、组织或者个人资助实施本章第一百零二条、第一百零三条、第一百零四条、第一百零五条规定之罪的,对直接责任人员,处五年以下有期徒刑、拘役、管制或者剥夺政治权利;情节严重的,处五年以上有期徒刑。"

二十一、将刑法第一百零九条修改为:"国家机关工作人员在履行公务期间,擅离岗位,叛逃境外或者在境外叛逃的,处五年以下有期徒刑、拘役、管制或者剥夺政治权利;情节严重的,处五年以上十年以下有期徒刑。

掌握国家秘密的国家工作人员叛逃境外或者在境外叛逃的,依照前款的规定从重处罚。"

二十二、在刑法第一百三十三条后增加一条,作为第一百三十三条之一:"在道路上驾驶机动车追逐竞驶,情节恶劣的,或者在道路上醉酒驾驶机动车的,处拘役,并处罚金。

有前款行为,同时构成其他犯罪的,依照处罚较重的规定定罪处罚。"

二十三、将刑法第一百四十一条第一款修改为:"生产、销售假药的,处三年以下有期徒刑或者拘役,并处罚金;对人体健康造成严重危害或者有其他严重情节的,处三年以上十年以下有期徒刑,并处罚金;致人死亡或者有其他特别严重情节的,处十年以上有期徒刑、无期徒刑或者死刑,并处罚金或者没收财产。"

二十四、将刑法第一百四十三条修改为:"生产、销售不符合食品安全标准的食品,足以造成严重食物中毒事故或者其他严重食源性疾病的,处三年以下有期徒刑或者拘役,并处罚金;对人体健康造成严重危害或者有其他严重情节的,处三年以上七年以下有期徒刑,并处罚金;后果特别严重的,处七年以上有期徒刑或者无期徒刑,并处罚金或者没收财产。"

二十五、将刑法第一百四十四条修改为:"在生产、销售的食品中掺入有毒、有害的非食品原料的,或者销售明知掺有有毒、有害的非食品原料的食品的,处五年以下有期徒刑,并处罚金;对人体健康造成严重危害或者有其他严重情节的,处五年以上十年以下有期徒刑,并处罚金;致人死亡或者有其他特别严重情节的,依照本法第一百四十一条的规定处罚。"

二十六、将刑法第一百五十一条修改为:"走私武器、弹药、核材料或者伪造的货币的,处七年以上有期徒刑,并处罚金或者没收财产;情节特别严重的,处无期徒刑或者死刑,并处没收财产;情节较轻的,处三年以上七年以下有期徒刑,并处罚金。

走私国家禁止出口的文物、黄金、白银和其他贵重金属或者国家禁止进出口的珍贵动物及其制品的,处五年以上十年以下有期徒刑,并处罚金;情节特别严重的,处十年以上有期徒刑或者无期徒刑,并处没收财产;情节较轻的,处五年以下有期徒刑,并处罚金。

走私珍稀植物及其制品等国家禁止进出口的其他货物、物品的,处五年以下有期徒刑或者拘役,并处或者单处罚金;情节严重的,处五年以上有期徒刑,并处罚金。

单位犯本条规定之罪的,对单位判处罚金,并对其直接负责的主管人员和其他直接责任人员,依照本条各款的规定处罚。"

二十七、将刑法第一百五十三条第一款修改为:"走私本法第一百五十一条、第一百五十二条、第三百四十七条规定以外的货物、物品的,根据情节轻重,分别依照下列规定处罚:

(一)走私货物、物品偷逃应缴税额较大或者一年内曾因走私被给予二次行政处罚后又走私的,处三年以下有期徒刑或者拘役,并处偷逃应缴税额一倍以上五倍以下罚金。

(二)走私货物、物品偷逃应缴税额巨大或者有其他严重情节的,处三年以上十年以下有期徒刑,并处偷逃应缴税额一倍以上五倍以下罚金。

（三）走私货物、物品偷逃应缴税额特别巨大或者有其他特别严重情节的，处十年以上有期徒刑或者无期徒刑，并处偷逃应缴税额一倍以上五倍以下罚金或者没收财产。"

二十八、将刑法第一百五十七条第一款修改为："武装掩护走私的，依照本法第一百五十一条第一款的规定从重处罚。"

二十九、将刑法第一百六十四条修改为："为谋取不正当利益，给予公司、企业或者其他单位的工作人员以财物，数额较大的，处三年以下有期徒刑或者拘役；数额巨大的，处三年以上十年以下有期徒刑，并处罚金。

为谋取不正当商业利益，给予外国公职人员或者国际公共组织官员以财物的，依照前款的规定处罚。

单位犯前两款罪的，对单位判处罚金，并对其直接负责的主管人员和其他直接责任人员，依照第一款的规定处罚。

行贿人在被追诉前主动交代行贿行为的，可以减轻处罚或者免除处罚。"

三十、将刑法第一百九十九条修改为："犯本节第一百九十二条规定之罪，数额特别巨大并且给国家和人民利益造成特别重大损失的，处无期徒刑或者死刑，并处没收财产。"

三十一、将刑法第二百条修改为："单位犯本节第一百九十二条、第一百九十四条、第一百九十五条规定之罪的，对单位判处罚金，并对其直接负责的主管人员和其他直接责任人员，处五年以下有期徒刑或者拘役，可以并处罚金；数额巨大或者有其他严重情节的，处五年以上十年以下有期徒刑，并处罚金；数额特别巨大或者有其他特别严重情节的，处十年以上有期徒刑或者无期徒刑，并处罚金。"

三十二、删去刑法第二百零五条第二款。

三十三、在刑法第二百零五条后增加一条，作为第二百零五条之一："虚开本法第二百零五条规定以外的其他发票，情节严重的，处二年以下有期徒刑、拘役或者管制，并处罚金；情节特别严重的，处二年以上七年以下有期徒刑，并处罚金。

单位犯前款罪的，对单位判处罚金，并对其直接负责的主管人员和其他直接责任人员，依照前款的规定处罚。"

三十四、删去刑法第二百零六条第二款。

三十五、在刑法第二百一十条后增加一条，作为第二百一十条之一："明知是伪造的发票而持有，数量较大的，处二年以下有期徒刑、拘役或者管制，并处罚金；数量巨大的，处二年以上七年以下有期徒刑，并处罚金。

单位犯前款罪的，对单位判处罚金，并对其直接负责的主管人员和其他直接责任人员，依照前款的规定处罚。"

三十六、将刑法第二百二十六条修改为："以暴力、威胁手段，实施下列行为之一，情节严重的，处三年以下有期徒刑或者拘役，并处或者单处罚金；情节特别严重的，处三年以上七年以下有期徒刑，并处罚金：

（一）强买强卖商品的；

（二）强迫他人提供或者接受服务的；

（三）强迫他人参与或者退出投标、拍卖的；

（四）强迫他人转让或者收购公司、企业的股份、债券或者其他资产的；

（五）强迫他人参与或者退出特定的经营活动的。"

三十七、在刑法第二百三十四条后增加一条,作为第二百三十四条之一:"组织他人出卖人体器官的,处五年以下有期徒刑,并处罚金;情节严重的,处五年以上有期徒刑,并处罚金或者没收财产。

未经本人同意摘取其器官,或者摘取不满十八周岁的人的器官,或者强迫、欺骗他人捐献器官的,依照本法第二百三十四条、第二百三十二条的规定定罪处罚。

违背本人生前意愿摘取其尸体器官,或者本人生前未表示同意,违反国家规定,违背其近亲属意愿摘取其尸体器官的,依照本法第三百零二条的规定定罪处罚。"

三十八、将刑法第二百四十四条修改为:"以暴力、威胁或者限制人身自由的方法强迫他人劳动的,处三年以下有期徒刑或者拘役,并处罚金;情节严重的,处三年以上十年以下有期徒刑,并处罚金。

明知他人实施前款行为,为其招募、运送人员或者有其他协助强迫他人劳动行为的,依照前款的规定处罚。

单位犯前两款罪的,对单位判处罚金,并对其直接负责的主管人员和其他直接责任人员,依照第一款的规定处罚。"

三十九、将刑法第二百六十四条修改为:"盗窃公私财物,数额较大的,或者多次盗窃、入户盗窃、携带凶器盗窃、扒窃的,处三年以下有期徒刑、拘役或者管制,并处或者单处罚金;数额巨大或者有其他严重情节的,处三年以上十年以下有期徒刑,并处罚金;数额特别巨大或者有其他特别严重情节的,处十年以上有期徒刑或者无期徒刑,并处罚金或者没收财产。"

四十、将刑法第二百七十四条修改为:"敲诈勒索公私财物,数额较大或者多次敲诈勒索的,处三年以下有期徒刑、拘役或者管制,并处或者单处罚金;数额巨大或者有其他严重情节的,处三年以上十年以下有期徒刑,并处罚金;数额特别巨大或者有其他特别严重情节的,处十年以上有期徒刑,并处罚金。"

四十一、在刑法第二百七十六条后增加一条,作为第二百七十六条之一:"以转移财产、逃匿等方法逃避支付劳动者的劳动报酬或者有能力支付而不支付劳动者的劳动报酬,数额较大,经政府有关部门责令支付仍不支付的,处三年以下有期徒刑或者拘役,并处或者单处罚金;造成严重后果的,处三年以上七年以下有期徒刑,并处罚金。

单位犯前款罪的,对单位判处罚金,并对其直接负责的主管人员和其他直接责任人员,依照前款的规定处罚。

有前两款行为,尚未造成严重后果,在提起公诉前支付劳动者的劳动报酬,并依法承担相应赔偿责任的,可以减轻或者免除处罚。"

四十二、将刑法第二百九十三条修改为:"有下列寻衅滋事行为之一,破坏社会秩序的,处五年以下有期徒刑、拘役或者管制:

(一)随意殴打他人,情节恶劣的;

(二)追逐、拦截、辱骂、恐吓他人,情节恶劣的;

(三)强拿硬要或者任意损毁、占用公私财物,情节严重的;

(四)在公共场所起哄闹事,造成公共场所秩序严重混乱的。

纠集他人多次实施前款行为,严重破坏社会秩序的,处五年以上十年以下有期徒刑,可以并处罚金。"

四十三、将刑法第二百九十四条修改为:"组织、领导黑社会性质的组织的,处七年以上有期徒刑,并处没收财产;积极参加的,处三年以上七年以下有期徒刑,可以并处罚金或者没收财产;其他参加的,处三年以下有期徒刑、拘役、管制或者剥夺政治权利,可以并处罚金。

境外的黑社会组织的人员到中华人民共和国境内发展组织成员的,处三年以上十年以下有期徒刑。

国家机关工作人员包庇黑社会性质的组织,或者纵容黑社会性质的组织进行违法犯罪活动的,处五年以下有期徒刑;情节严重的,处五年以上有期徒刑。

犯前三款罪又有其他犯罪行为的,依照数罪并罚的规定处罚。

黑社会性质的组织应当同时具备以下特征:

(一)形成较稳定的犯罪组织,人数较多,有明确的组织者、领导者,骨干成员基本固定;

(二)有组织地通过违法犯罪活动或者其他手段获取经济利益,具有一定的经济实力,以支持该组织的活动;

(三)以暴力、威胁或者其他手段,有组织地多次进行违法犯罪活动,为非作恶,欺压、残害群众;

(四)通过实施违法犯罪活动,或者利用国家工作人员的包庇或者纵容,称霸一方,在一定区域或者行业内,形成非法控制或者重大影响,严重破坏经济、社会生活秩序。"

四十四、将刑法第二百九十五条修改为:"传授犯罪方法的,处五年以下有期徒刑、拘役或者管制;情节严重的,处五年以上十年以下有期徒刑;情节特别严重的,处十年以上有期徒刑或者无期徒刑。"

四十五、将刑法第三百二十八条第一款修改为:"盗掘具有历史、艺术、科学价值的古文化遗址、古墓葬的,处三年以上十年以下有期徒刑,并处罚金;情节较轻的,处三年以下有期徒刑、拘役或者管制,并处罚金;有下列情形之一的,处十年以上有期徒刑或者无期徒刑,并处罚金或者没收财产:

(一)盗掘确定为全国重点文物保护单位和省级文物保护单位的古文化遗址、古墓葬的;

(二)盗掘古文化遗址、古墓葬集团的首要分子;

(三)多次盗掘古文化遗址、古墓葬的;

(四)盗掘古文化遗址、古墓葬,并盗窃珍贵文物或者造成珍贵文物严重破坏的。"

四十六、将刑法第三百三十八条修改为:"违反国家规定,排放、倾倒或者处置有放射性的废物、含传染病病原体的废物、有毒物质或者其他有害物质,严重污染环境的,处三年以下有期徒刑或者拘役,并处或者单处罚金;后果特别严重的,处三年以上七年以下有期徒刑,并处罚金。"

四十七、将刑法第三百四十三条第一款修改为:"违反矿产资源法的规定,未取得采矿许可证擅自采矿,擅自进入国家规划矿区、对国民经济具有重要价值的矿区和他人矿区范围采矿,或者擅自开采国家规定实行保护性开采的特定矿种,情节严重的,处三年以下有期徒刑、拘役或者管制,并处或者单处罚金;情节特别严重的,处三年以上七年以下有期徒刑,并处罚金。"

四十八、将刑法第三百五十八条第三款修改为:"为组织卖淫的人招募、运送人员或者有其他协助组织他人卖淫行为的,处五年以下有期徒刑,并处罚金;情节严重的,处五年以上十年以下有期徒刑,并处罚金。"

四十九、在刑法第四百零八条后增加一条,作为第四百零八条之一:"负有食品安全监督

管理职责的国家机关工作人员,滥用职权或者玩忽职守,导致发生重大食品安全事故或者造成其他严重后果的,处五年以下有期徒刑或者拘役;造成特别严重后果的,处五年以上十年以下有期徒刑。徇私舞弊犯前款罪的,从重处罚。"

五十、本修正案自 2011 年 5 月 1 日起施行。

案例分析

中国公民在中国领域外抢劫中国公民钱财该如何判罪:张某,男,某大学学生。张某于 1991 年夏出国探亲,在国外感到手头紧张,不知如何是好,有一天在街上,发现我国公民何某有很多美元,顿生歹意,尾随其后,当何某走到无人之处时,张某突然用尖刀从背后将何某刺成重伤,抢走何某身上所有美元,后张某被抓获。

为什么不是有意伤人也要判刑:战士小王晚饭后在营房门前练习投手榴弹,不曾想将过路的战士小孙头部打伤,致脑颅骨骨折,脑神经被压迫后造成半瘫。小王因此被判处有期徒刑 10 个月,缓刑 1 年。请问,小王不是有意伤人,为什么也要判刑?

汽车在夜间轧死睡在公路上麦草下面的孩子,司机是否应负刑事责任:社员李文把麦子铺在公路上,利用过往的车辆压掉麦粒,一直劳动到深夜 12 时。其 10 岁的儿子躲在公路麦草下睡觉,父母未发觉。当时恰有一辆货车从麦秆上驶过,正好压在孩子身上造成孩子当场死亡。司机是否应负刑事责任?

未满 16 周岁的人拦路强奸,应否处罚:尚某(15 岁)于一天晚上八时许,手持尖刀将看完电影回家的少女张某拦住,用尖刀将张某逼到玉米地实施强奸。尚某犯罪时未满 16 岁,应否处罚?

彭某防卫过当案:彭某,男,18 岁,汉族,内蒙古某中学学生。1988 年夏的一天夜晚,彭某在大街上欣赏夜光,突然从前方的大街上传来了争吵声。他好奇地想去看个究竟,于是走到吵架的人群跟前,并挤进人群,对吵架的司机劝道:"别吵了,你快开车走吧!"随手拉开车门,拍拍司机的肩膀,示意他上车。然而司机误认为他这是在挑衅,司机抢手抓住彭某的头发向下压。彭某好人不得好报,一气之下,掏出水果刀,顺手朝前一推,司机的静脉被刺破,失血过多,当场昏过去了。

每章一练

1. 我国刑法基本原则是什么?
2. 简述罪刑法定原则。
3. 为什么说"法律面前人人平等"?
4. 罪责刑相适应的原则的意义何在?
5. 简述我国刑法的空间效力的具体规定。
6. 我国刑法中的犯罪有哪些基本特征,它们的相互关系如何?
7. 犯罪客体有哪几种类型?
8. 犯罪的预备与犯意的表示有什么区别?
9. 什么是犯罪的未遂,并简述犯罪未遂的三个基本特征。
10. 怎样掌握犯罪中止的成立条件?
11. 什么是犯罪的既遂?

12. 简述共同犯罪的构成要件。
13. 共同犯罪有哪些形式?
14. 主刑有哪几种,分别适用于哪些犯罪分子?
15. 我国刑法为什么要保留死刑,适用死刑有哪些限制?
16. 如何认识无期徒刑对犯罪的挽救改造作用?
17. 剥夺政治权利在刑期和刑期计算方面有哪些特点?
18. 如何理解刑法设立缓刑、减刑、假释制度的意义?

第四章　行政法

教学目标

通过本章的学习，使学生了解行政法的概念、特征和分类以及基本原则和表现形式，理解行政法的地位和作用。

教学要求

认知：了解行政法的相关知识，包括行政法的概念、法律体系等。

理解：理解行政法的地位和作用，抽象行政行为和具体行政行为的异同以及行政法制监督的特点。

运用：在认知和理解的基础上，能够自觉运用相关法律知识帮助自己或他人，并且积极扩充自己的法律知识，以应对突发事件。

知识点 1 行政法概述

一、行政法的概念、特征和分类

1. 行政法的概念

所谓行政法,是指行政主体在行使行政职权和接受行政法制监督过程中而与行政相对人、行政法制监督主体之间发生的各种关系,以及行政主体内部发生的各种关系的法律规范的总称。它由规范行政主体和行政权设定的行政组织法、规范行政权行使的行政行为法、规范行政权运行程序的行政程序法、规范行政权监督的行政监督法和行政救济法等部分组成。其重心是控制和规范行政权,保护行政相对人的合法权益。

> **你知道吗**
>
> **作为行政法调整对象的行政关系类型**
>
> (1) 行政管理关系 即行政机关、法律法规授权的组织等行政主体在行使行政职权的过程中,与公民法人和其他组织等行政相对人之间发生的各种关系。行政主体与行政相对人之间形成的行政管理关系,是行政关系中的主要部分。行政主体的大量行政行为,如行政许可、行政征收、行政给付、行政裁决、行政处罚、行政强制等,大部分都是以行政相对人为对象实施的,从而与行政相对人之间产生行政关系。
>
> (2) 行政法制监督关系 即行政法制监督主体在对行政主体及其公务人员进行监督时发生的各种关系。所谓行政法制监督主体,是指根据宪法和法律授权,依法定方式和程序对行政职权行使者及其所实施的行政行为进行法制监督的国家权力机关、国家司法机关、行政监察机关等。
>
> (3) 行政救济关系 即行政相对人认为其合法权益受到行政主体做出的行政行为的侵犯,向行政救济主体申请救济,行政救济主体对其申请予以审查,做出向相对人提供或不提供救济的决定而发生的各种关系。所谓行政救济主体,是指法律授权其受理行政相对人申诉、控告、检举和行政复议、行政诉讼的国家机关。主要包括受理申诉、控告、检举的信访机关,受理行政复议的行政复议机关,以及受理行政诉讼的人民法院。
>
> (4) 内部行政关系 即行政主体内部发生的各种关系,包括上下级行政机关之间的关系,平行行政机关之间的关系,行政机关与其内设机构、派出机构之间的关系,行政机关与国家公务员之间的关系,行政机关与法律、法规授权组织之间的关系、行政机关与其委托行使某种行政职权的组织的关系等。在上述四种行政关系中,行政管理关系是最基本的行政关系,行政法制监督关系和行政救济关系是由行政管理关系派生的关系,而内部行政关系则是从属于行政管理关系的一种关系,是行政管理关系中的一方当事人——行政主体单方面内部的关系。

2. 行政法的特征

行政法的特征主要有以下几点:

(1)行政法尚没有统一完整的实体行政法典　这是因为行政法涉及的社会领域十分广泛,内容纷繁丰富,行政关系复杂多变,因而难以制定一部全面而又完整的统一法典。

行政法散见于层次不同、名目繁多、种类不一、数量可观的各类法律、行政法规、地方性法规、规章以及其他规范性文件之中。凡是涉及行政权力的规范性文件,均存在行政法规范。重要的综合性行政法律在我国和国外主要有:行政组织法、国家公务员法、行政处罚法、行政强制法、行政许可法、行政程序法、行政公开法、行政复议法、行政诉讼法、国家赔偿法等。

(2)行政法涉及的领域十分广泛,内容十分丰富　由于现代行政权力的急剧膨胀,其活动领域已不限于外交如国防、治安、税收等领域,而是扩展到了社会生活的各个方面。因此,这就决定了各个领域所发生的社会关系均需要行政法调整,现代行政法适用的领域更加广泛,内容也更加丰富。

(3)行政法具有很强的变动性　由于社会生活和行政关系复杂多变,因而作为行政关系调节器的行政法律规范也具有较强的变动性,需要经常进行废、改、立。

3. 行政法的分类

根据不同的标准,可以将行政法作如下分类:

(1)以行政法的作用为标准　行政法规范可分为下述三大类:

- 关于行政组织的法律规范,这类规范又可分为两部分:一部分是有关行政机关的设置、编制、职权、职责、活动程序和方法的法律规范,其中职权、职责规范是行政组织法规范的核心;另一部分是有关国家行政机关与国家公务员双方在录用、培训、考核、奖惩、晋升、调动中的权利(职权)、义务(职责)关系的法律规范。

- 关于行政行为的法律规范,其中最主要的是行政机关与行政相对人双方权利(职权)、义务(职责)关系的法律规范。这类规范数量最多,涉及面最广。

- 关于监督行政权的法律规范,即监督主体对行政权进行监督的法律规范,最主要的有行政监察、行政审计、行政复议、行政诉讼、行政赔偿等法律规范。这一类规范数量虽不是最多,但十分重要,是行政法律制度的重点之一。

(2)以行政法调整对象的范围为标准　行政法可分为一般行政法与部门行政法。

一般行政法是对一般的行政关系和监督行政关系加以调整的法律规范的总称,如行政法基本原则、行政组织法、国家公务员法、行政行为法、行政程序法、行政监督法、行政救济法等。一般行政法调整的行政关系和监督行政关系范围广、覆盖面大,具有更多的共性,为所有行政主体所必须遵守。

部门行政法是对部门行政关系加以调整的法律规范的总称,如经济行政法、军事行政法、教育行政法、公安行政法、民政行政法、卫生行政法等。在行政法学上,人们通常在行政法总论中研究一般行政法,而在行政法分论中研究部门行政法。

二、行政法的地位和作用

1. 地位

行政法与刑法、民法一样,是现代法律体系中的三大基本法律之一,在我国社会主义法律体系中具有极其重要的地位。

2. 作用

(1)维护社会秩序和公共利益　随着现代社会经济、文化的不断发展,产生了越来越多

的社会问题,这要求行政机关履行发展经济、稳定社会、保护环境、控制人口、加强治安等各项职责。因此,行政机关必须通过行政立法、行政执法及行政司法等各种手段,来有效地规范、约束行政相对人的行为,制止危害他人利益和公共利益的违法行为,建立和维护社会秩序与行政管理秩序,确保行政机关充分、有效地实施行政管理。

(2)监督行政主体,防止行政权力的违法和滥用　由于行政权力客观上存在易腐性、扩张性以及与个人权利的不对等性,因而必须对其加以监督和制约。在各类监督方式中,最有效、最直接的监督就是行政法监督。行政法通过规定行政权力的范围、行使方式及法律责任等方式,可以达到有效监督行政主体、防止行政权力违法或滥用的目的。

(3)保护公民、法人或其他组织的合法权益　行政法保护公民、法人或其他组织的合法权益,主要包括两个方面的内容:

- 一是通过赋予行政机关合法权限并监督其行使,来保障公民、法人或其他组织各项政治权利、经济权利和社会权利的实现;
- 二是通过赋予公民、法人或其他组织对行为的监督权(如检举权、控告权),行政权行使过程中的参与权(如知情权、要求听证权),特别是对行政行为侵犯其合法权益的提起复议权、诉讼权和要求赔偿权,来保护自己的合法权益。

三、行政法的基本原则

行政法的基本原则是行政法的精髓,贯穿于行政立法、行政执法、行政司法和行政法制监督之中,是指导行政法的制定、修改、废除并指导行政法实施的基本准则。

对行政法的基本原则,国内外行政法学界从不同的角度进行了不同的概括和归纳。根据我国的行政法发展状况,我们认为应当特别强调以下两项行政法的基本原则:

1. 依法行政原则

依法行政原则,即行政机关必须依法行使行政权。该原则具体又可分为4项子原则:

(1)法律优先原则　法律优先原则指法律位阶高于行政法规、行政规章和行政命令,一切行政法规、行政规章和行政命令皆不得与法律相抵触。

(2)法律保留原则　法律保留原则指立法法第8条所规定的事项只能由法律规定。又分为绝对保留和相对保留。前者如有关犯罪和刑罚、对公民政治权利的剥夺和限制公民人身自由的强制措施和处罚、司法制度等事项,必须由法律规定,不得授权行政机关做出规定;后者如立法法第8条规定的其他事项,全国人民代表大会及其常务委员会可以授权国务院先制定行政法规。

(3)职权法定原则　职权法定原则指行政机关的任何职权的取得和行使,都必须依据法律规定,否则不得行使。

(4)责任政府原则　责任政府原则指行政机关和国家公务员违法行政必须承担法律责任,既包括行政机关的行政行为被撤销、变更的责任和行政赔偿责任等,也包括国家公务员因违法失职而应承担的行政处分责任和引咎辞职责任等。

2. 合理行政原则

(1)合理行政原则　合理行政原则即行政机关做出的行政行为内容要客观、适度、符合理性。合理行政原则产生的主要原因是行政自由裁量权的存在与扩大。

自由裁量权指行政机关的自行决定权,即对具体行政行为的方式、范围、种类、幅度等的选择权。尽管从机关性质上来说,行政机关应当是执行法律的机关,其行为皆应依法实施,

但由于行政事务的复杂性,立法机关不可能通过严密的法律规范完全约束行政行为,故不得不在事实上和法律上承认行政机关的一定程度的行为选择权,即自由裁量权。诚然,为了执行公务的需要,行政裁量权必须存在。但与此同时,由于行政裁量权较少受到法律的约束,因而常常产生滥用的事实或出现行政处罚显失公正的后果。

无论行政裁量权的滥用或行政裁量显失公正,都是对行政法治的破坏。因此,我们既应当承认自由裁量权的作用,又应当加强对自由裁量权的控制。

合理行政原则正是在这一背景下应运而生的。它从实质方面对自由裁量行为提出了要求,即要求其内容合理。合理行政原则的出现可谓是行政法原则的一个重大发展。

合理行政原则作为一项普遍适用的行政法的基本原则,其具体要求是:

- 行政行为的动因应符合行政目的。
- 行政行为应建立在正当考虑的基础之上。
- 行政行为的内容应客观、适度、合乎情理。

(2)合法性原则与合理性原则的关系　我国行政法的合法性原则与合理性原则是既相互联系又相互区别的两大基本原则,掌握它们之间的关系,对于全面理解和贯彻我国行政法有极为重要的意义。从它们在我国行政法律体系中的地位与作用来看,二者主要有以下几个方面的关系:

> 讨论
>
> 合理的就一定合法吗?

- 二者并存于行政法之中,缺一不可　行政合法性与行政合理性是现代法制社会对行政主体制定、实施行政法律规范提出的基本要求。
- 二者互为前提,互为补充,共同为完善行政法制发挥作用　从行政的使命和目的看,任何行政法律规范的制定和实施,都应当以符合客观规律,符合正义、公平的理性原则,符合国家和人民的根本利益为目的。

四、行政法的表现形式

1. 宪法

宪法是国家的根本大法,具有最高的法律效力,是各项立法的依据。宪法中关于行政权力的取得、行使及其监督等根本性问题的规定,奠定了行政法的基础,因此,宪法是行政法的根本表现形式。宪法中规定的行政法规范主要有:

- 国家行政权力的来源和行使权力的基本原则。
- 行政机关在国家机构中的法律地位和行政体制。
- 行政机关的设立、权限和职责。
- 公民基本权利及其保障的规定。

2. 法律

法律是指全国人民代表大会及其常务委员会制定的基本法律和法律。法律中涉及的行政权力的取得、行使及对其加以监督补救的规范均为行政法律规范。法律是行政法最主要的表现形式,具体体现在:

(1)关于行政权力的设定及权限范围方面的法律　如国务院组织法、地方各级人民代表大会和地方各级人民政府组织法(以下简称地方组织法)等。

(2)关于行政权力行使及运用方面的法律　如行政处罚法、治安管理处罚条例、税收征收管理法等。

(3)关于对行政权力的行使予以监督及对受侵害人予以补救的法律。

3. 行政法规

行政法规是指国务院为领导和管理国家各项行政工作,根据宪法和法律,按照行政法规规定的程序制定的政治、经济、教育、科技、文化、外事等各类法规的总称。由于法律关于行政权力的规定常常比较原则、抽象,因而还需要由行政机关进一步具体化。行政法规就是对法律内容具体化的一种主要形式。

4. 地方性法规

地方性法规是指省、自治区、直辖市以及较大的市的地方人民代表大会及其常委会根据本地实际需要,在不与宪法、法律、行政法规相抵触的前提下制定颁布的规范性文件。

5. 民族自治条例和单行条例

民族自治条例和单行条例是指民族自治地方的人民代表大会依照宪法、民族区域自治法和其他法律规定的权限,结合当地民族的政治、经济和文化的特点制定的规范性文件。规定有行政法规范的自治条例和单行条例也是行政法的表现形式。

6. 行政规章

行政规章分为部门规章和地方规章。部门规章是指国务院各组成部门以及具有行政管理职能的直属机构,根据法律和国务院的行政法规、决定、命令,在本部门权限内按照规定程序制定的规范性文件的总称。

地方规章是指省、自治区、直辖市以及较大的市的人民政府根据法律、行政法规、地方性法规所制定的普遍适用于本地区行政管理工作的规范性文件的总称。

行政规章是行政管理活动的重要根据,其数量之多、适用范围之广、使用频率之高均居行政法各表现形式之首。

7. 其他行政法表现形式

除上述6类行政法的表现形式外,国际条约、法律解释以及行政机关与党派、群众团体等联合发布的行政法规、规章等规范性文件,也是行政法的表现形式。

五、行政法律关系

1. 行政法律关系的概念

行政法律关系是指经过行政法规范所调整,由国家强制力保障实施的行政关系。

就行政关系与行政法律关系的关系来说,凡是涉及权利、义务的行政关系,都应当通过法律加以规范,这是行政法的一个基本要求。当然,行政关系不可能也不必要都转化成行政法律关系。在现代行政管理过程中,因行政指导、行政建议、行政咨询等形成的行政关系,固然产生于行政活动过程中,但由于其不具有权利、义务内容,故不宜上升为行政法律关系。

2. 行政法律关系的构成要素

行政法律关系由行政法律关系的主体、客体、内容等要素构成。

(1)行政法律关系主体 行政法律关系主体,又称行政法主体,指行政法权利(职权)、义务(职责)的承担者。行政法律关系的主体由行政主体和行政相对人构成。行政主体是依法行使行政职权,并对其后果承担责任的国家行政机关和法律法规授权的组织。与行政主体对应的行政相对人可以是我国公民、法人和其他组织,也可以是在我国境内的外国组织、外国人及无国籍人。

(2)行政法律关系的客体　行政法律关系的客体,是指行政法律关系参加者的权利、义务所指向的对象。行政法律关系客体的范围十分广泛,但可概括为如下三种:

- 物　物指一定的物质财富,如土地、房屋、森林、交通工具等。
- 智力成果　智力成果指一定形式的智力成果,如著作、专利、发明等。
- 行为　行为指行政法律关系主体为一定目的的有意识的活动,如纳税、征地、交通肇事、打架斗殴等。行为包括作为和不作为。

(3)行政法律关系的内容　行政法律关系的内容,是指行政法上的权利(职权)和义务(职责)。当然,行政法律关系的内容还包括引起法律关系变动的原因和事实等,但核心部分是权利(职权)和义务(职责)。

公民在行政法上的主要权利有自由权、平等权、参加国家管理权、了解权、保护隐私权、请求权、建议权、举报权、控告权、批评权、申诉权等;主要义务则有遵守宪法、法律、法规,服从行政命令,协助行政管理等。

3. 行政法律关系的特点

行政法律关系包括行政实体法律关系、行政程序法律关系、行政裁决法律关系、行政复议法律关系和行政诉讼法律关系等,它主要有以下特点:

(1)行政主体是行政法律关系的一方　行政主体是行政职能的承担者,这决定了行政法律关系中必有一方是行政主体。

(2)行政法律关系具有不对等性　行政法律关系具有不对等性,是指在行政实体法律关系主体双方的权利义务不对等,行政机关具有更多的优越地位。但在行政诉讼法律关系中,行政相对人则具有更多的优越地位,以抗衡和平衡在行政实体法律关系中,行政机关更多的优越地位。

(3)行政法律关系当事人的权利、义务由有关法律规范事先加以规定　行政法律关系中的一个重要特点是其主体之间不能相互约定权利(职权)、义务(职责),不能自由选择权利(职权)、义务(职责),而必须依据法律规范取得权利(职权)并承担义务(职责);这与民事法律关系主体可以相互约定权利、义务,协商改变权利、义务,共同选择权利、义务完全不同。

(4)行政主体实体上的权利(职权)义务(职责)经常具有重合性　行政主体实体权利(职权)义务(职责)的重合性,通常意味着其权利(职权)或义务(职责)的双重性。例如,征税既是税务机关的权利(职权),也是税务机关的义务(职责);维护治安既是公安机关的权利(职权),也是公安机关的义务(职责)。在这种情况下,行政主体不能擅自转让、放弃其权利(职权),否则就是失职。

(5)行政法律关系引起的争议,大多由行政机关或行政裁判机关依照行政程序或准司法程序解决。

你知道吗

法律与政策的区别

政策有党的政策、国家政策之分,有总政策、基本政策和具体政策之别。党的政策是执政党在政治活动中为实现一定的目的而做出的政治决策。这里主要讲的政策与法律的区别:第一,意志属性不同,法律是国家意志的体现,而党的政策是党的意志的体现。虽然我们党没有自己任何的私利,党的意志反映和代表了人民的意志,但党的政策在没有通过法定程序上升为国家意志之前,不具有法律的属性。第二,规范形式不同。法律具有规范的明确性,政策则比较原则,常常只规定行为的方向而不规定具体的行为规则。第三,实施的方式不同。法律和政策都要靠宣传教育,使广大干部群众掌握和自觉执行,但在执行中遇到障碍时,法律有民事、行政、刑事制裁手段;违反政策则由党的纪律来处理。第四,稳定程度不同,法律有较高的稳定性,党的总政策和基本政策也有较高的稳定性和连续性,这一点邓小平同志讲得很清楚,他说:"究竟什么是党的政策的连续性呢?这里当然包括独立自主、民主法制、对外开放、对内搞活等内外政策,这些政策我们是不会改变的。"(《邓小平文选》第三卷,第146页),但具体政策,就必须随形势的发展变化而随时加以调整。在这一点上,同时体现了政策与法律各自的优点和局限性。

知识点 2 行政主体概述

一、行政主体的概念和特征

1. 概念

行政主体是指依法取得行政职权,能以自己名义独立进行行政管理活动,做出影响相对人权利、义务的行政行为,并承担由此产生的法律后果的行政组织。

2. 特征

法律上的行政主体具有以下几个特征:

(1)行政主体是具有行政权力、实施行政活动的组织　并不是所有的组织都能成为行政主体,只有行使国家行政权力的组织才能成为行政主体。国家行政机关具有宪法、组织法规定的行政职权,它可以成为行政主体;企事业组织和社会团体非经法律、法规的特别授权,不能行使国家行政职权和实施行政行为,因而不具有行政主体资格。

(2)行政主体必须是能以自己的名义独立进行行政管理活动的组织　能否以自己的名义实施管理是判定一个行政机关是否是行政主体的标准。比如被委托的组织虽然在委托范围内也可以行使国家行政职权,实施某些行政行为,但它们不是以自己的名义实施的,而是以委托它的行政机关的名义实施的,因而被委托的组织不属于行政主体。

(3)行政主体必须是能够承担行政活动的法律后果的组织　一个组织是否是某项活动中的行政主体,重要的标准是看其是否承担行政活动所产生的责任,如果仅仅实施行政活动,但并不负担由此而产生的责任,那么,这个组织就不是行政主体。如某个社会团体接受行政机关的委托从事公务活动,但并不承担由此而产生的责任,责任由委托的行政机关承担,受委托的社会团体就不是行政主体,主体只能是委托的行政机关。再如行政机关的行政职权由公务员来行使,但公务员的职务行为,并不由其本身对外承担法律责任,在行政诉讼中公务员不能作为被告应诉。公务员实施的职务行为,由其所在行政机关对外承担行政法律责任,在行政诉讼中,由其所在机关为被告应诉。因而,公务员不是行政主体。

(4)行政主体一般由行政机关和法律、法规授权的组织担当　行政主体主要是由行政机关担任,但又不限于行政机关,法律、法规授权某种非行政机关社会组织行使某项行政职权,实施某种行政行为,该组织即取得行政主体地位。

二、行政主体的基本类别

依法行政的主体有多个层次,他们在公共行政中的地位有相当差异,拥有不同的权利义务,承担的责任也不相同。我国依法行政主体的基本类别有以下几种:

1. 国务院及其组成部门和下设机构

按照我国宪法规定,国务院是国家最高权力机关的执行机关,是国家的最高行政机关。国务院下属各部门包括国务院各组成部门、直属机构、办事机构、特设机构以及临时机构和非常设机构等。

为确保国务院及下属部门依法行政,需要进行以下方面的制度建设:

- 职能界定及分工调整。
- 行政立法与行政决策关系的梳理。
- 国务院组织法的完善。
- 外部约束机制的建立与健全。

2. 地方各级人民政府及职能部门

和国务院一样,地方各级人民政府作为依法行政的主体,一方面,各级人民政府自己必须依法行使职权;另一方面,也负有推动本行政区域内依法行政的职责。地方各级人民政府职能部门包括省级、市级和县级政府的职能部门。其中,省级政府职能部门以宏观决策为重,而市县政府的职能部门则以具体执法为主。

3. 各级人民政府的法制机构

从目前国务院法制机构的设置看,在国务院,法制办负责行政法规的立法起草、协调、审查和监督等职能;在地方各级人民政府,法制机构负责规章起草、协调和监督等职能。

虽然政府法制机构属于政府的办事机构,但由于其参与政府的立法、政策制定、行政复议等过程,辅助政府履行相关职能,因而在依法行政中具有特殊地位。

> **讨论**
> 行政主体不能是个人,对吗?

4. 其他公务组织

主要指各级政府及下属部门以外的承担公共行政事务的组织。主要有以下几种类型:

- 承担公共行政事务的事业单位。
- 承担公共行政事务的企业单位。
- 承担公共行政事务的社会团体。
- 承担公共行政事务的基层群众性自治组织。

5. 承担公共行政事务的其他组织

主要有社会中介机构如质量鉴定所、审计事务所、公证机构、农村经济合作社等。

6. 公务人员

公共行政虽然由包括国家行政机关以及其他公务组织在内的行政组织承担,但公务的开展,管理职能的履行仍要靠具体的人员承担。

虽然公务人员是代表其所在的行政机关或其他公务组织对外行使职权或提供服务,并且其行为的后果由其所在的组织负责。但公务人员作为公共事务的担当者,也要遵守法律,

是依法行政的主体。

三、国家行政机关

1. 国家行政机关的概念

国家行政机关，又叫国家管理机关，在法律上和实践中通称为政府。指统治者运用国家权力，通过强制和非强制手段对国家经济、政治、教育、科技、文化、卫生、国防等事务进行组织和管理的机关。

国家行政机关是国家机构的重要组成部分，其体制、职权由宪法和法律规定。国家行政机关包括最高国家行政机关和地方国家行政机关，其中，最高国家行政机关即中央政府是国家行政机关的核心。

最高国家行政机关为中华人民共和国国务院，即中央人民政府。它是最高国家权力机关全国人民代表大会的执行机关。国务院由总理1人、副总理和国务委员若干人、各部部长、各委员会主任、审计长、秘书长组成，实行总理负责制，副总理、国务委员协助总理工作，秘书长在总理领导下处理日常工作。国务院对全国人民代表大会及其常委会负责并报告工作。各部、各委员会的设立、撤销或者合并，经总理提出，由全国人民代表大会及其常委会决定。

2. 国务院行使的职权

- 根据宪法和法律，规定行政措施，制定行政法规，发布决定和命令。
- 向全国人民代表大会及其常委会提出议案。
- 规定各部、各委员会的任务和职责，统一领导它们和不属于它们的全国性的行政工作。
- 统一领导全国地方各级国家行政机关的工作，规定中央和各省、自治区、直辖市的国家行政机关的职权和具体划分。
- 编制和执行国民经济和社会发展计划及国家预算。
- 领导和管理经济、城市建设、教育、科学、文化、卫生、体育、计划生育工作。
- 领导和管理民政、公安司法行政、监察、国防建设、民族事务等行政工作。
- 管理对外事务，同外国缔结条约和协定。
- 改变或撤销地方各级国家行政机关的不适当的决定和命令。
- 批准省、自治区、直辖市的区域划分，批准自治州、县、自治县、市的建置和区域划分。
- 决定省、自治区、直辖市的范围内部分地区的戒严。
- 审定行政机构的编制，依照法律规定任免、培训、考核和奖惩行政人员。
- 行使全国人民代表大会及其常委会授予的其他职权。

地方各级国家行政机关，即地方各级人民政府，分别是同级国家权力机关的执行机关。它分为省、自治区、直辖市、自治州、县、自治县、市、市辖区、乡、民族乡、镇等各级人民政府。地方各级人民政府对本级人民代表大会负责并报告工作，同时对上一级国家行政机关负责并报告工作。地方各级人民政府都服从国务院领导。地方各级人民政府依照法律规定行使自己的职权。

四、公务员

1. 公务员概念

公务员是指代表国家从事社会公共事务管理，行使国家行政权力，履行国家公务的人

员。各国对公务员的称谓有所不同,英国称"文职人员",法国称"职员"或"官员",美国称"政府雇员"。

公务员是指各级国家行政机关中除工勤人员以外的工作人员。考虑到我国机构编制的实际情况,对行使国家行政权力、从事行政管理活动,但使用事业编制的单位中除工勤人员以外的工作人员,也列入国家公务员的范围。

2. 公务员制度

(1)概念 公务员制度是指党和国家对国家公务员进行管理的有关法律、法规、政策等的统称或总称。其中包括《国家公务员暂行条例》和录用、考核、奖励、纪律、职务升降、培训、交流、回避、工资、保险、福利、辞职辞退、退休、申诉、控告等单项制度及实施办法、实施细则等。

(2)特点 我国国家公务员制度是根据我国的国情建立的,同时又改革了传统的人事制度的弊端,因此它既不同于西方文官制度,也不同于我国传统的人事管理制度。

①与西方文官制度比较,有以下几点不同:

• 我国公务员制度坚持和体现了党的基本路线,而西方文官制度则标榜"政治中立"。

在《国家公务员暂行条例》的总则中,明确规定"国家公务员制度贯彻以经济建设为中心,坚持四项基本原则,坚持改革开放的基本路线"。这说明我国公务员制度是党的组织路线,而西方文官不得参加党派活动,不得带有政治倾向。

• 我国公务员制度坚持党管干部的原则,而西方文官制度要求公务员与"党派脱钩"。

我国公务员制度根据党的组织人事路线、方针、政策制定,坚持党对人事工作的领导。各级政府组成人员的国家公务员是由各级常委及其组织部门负责考察,依法由各级人民代表大会及其常务委员会选举或决定任免。西方文官制度对公务员的管理强调"与党派脱钩",公务员职务晋升不受政党干预。

• 我国公务员制度强调德才兼备,西方文官制度缺乏统一的、全面的用人标准。

国家公务员在录用中采用公开考试、严格考核、对思想政治方面要求严格。在晋升中注重思想政治表现和工作实绩。因此坚持德才兼备标准是国家公务员制度的重要特色。

• 我国公务员制度强调全心全意为人民服务的宗旨,国家公务员不是一个独立利益集团,而西方文官是一个单独的利益集团。

全心全意为人民服务是我们党的根本宗旨,我国公务员的考核、奖惩、晋升等都要考察其为人民服务的精神。西方文官制度中的公务员,可以通过自己的工会等组织同政府谈判,最大限度维护自己的利益。

②国家公务员制度在管理机制上比传统人事制度进一步健全和强化。

• 国家公务员制度有竞争择优机制。在公务员考试、考核、晋升、任免等方面都体现了优胜劣汰机制,保证每个职位都有最优秀的人员来担任。

• 国家公务员制度有廉政勤政保障机制。《国家公务员暂行条例》中对公务员的义务、纪律、考核、奖励、回避等方面都加以严格约束,并通过监督等加以保障。

• 国家公务员具有能上能下、新陈代谢机制。国家公务员制度对公务员进行考核,如不能胜任工作要免职,并实行不同职务的最高任职限制、年龄及部分职务的聘任制度。公务员在录用和调任上严格把关,提高公务员的素质。另外,还实行人员交流、竞争上岗、职位轮换和职务聘任制,打破终身制,增强行政机关的活力。

(3)基本原则 国家公务员制度的基本原则是整个制度的总体精神和总的要求。

·竞争原则　竞争在国家公务员制度中是公开、平等的。所有考试、考核、录用等程序都是公开进行的,并且所有参加报考的人员不受性别、家庭出身、民族、宗教等限制,并逐步打破地域、身份的限制。任何人都可以通过竞争进入到公务员队伍中来。

·功绩原则　功绩是国家公务员在贯彻执行党的基本路线中的工作实绩。公务员的职务升降、考核、任免、奖励等,都以其在工作中的功绩为主要依据。

·法制原则　法制原则就是制定法律规范依照法规对国家公务员进行管理,国家公务员依照法律、法规行政,并受法律保护。有关国家公务员考试、录用、任免、升降等都必须按照国家公务员法律规定。

·党管干部原则　党管干部原则是社会主义国家人事制度坚持的根本原则,建立国家公务员制度不是削弱党对干部的领导,而是加强和完善党对政府机关工作人员管理工作的领导。通过把党的组织路线、方针、政策按一定程序转化为行政机关人事管理的法规,依此对政府机关工作人员进行管理。

知识点 3　行政行为

一、行政行为概述

1. 行政行为的概念、特征和分类

行政行为是指行政主体在实施行政管理活动、行使行政职权过程中所做出的具有法律意义的行为。

行政行为具有服务性、从属法律性、单方性、强制性和无偿性的特征。

根据不同的标准可以对行政行为作如下分类:

·以对象是否特定为标准,可分为抽象行政行为和具体行政行为。

·以适用和效力作用的对象的范围为标准,可分为内部行政行为与外部行政行为。

·以受法律规范拘束的程度为标准,可分为羁束行政行为与自由裁量行政行为。

·以是否主动做出行政行为为标准,可分为依职权的行政行为与依申请的行政行为。

·以行政行为成立时参与意思表示的当事人的数目为标准,可分为单方行政行为与双方行政行为,单方行政行为指依行政机关单方意思表示,无须征得相对方同意即可成立的行政行为,双方行政行为指行政机关为实现公务目的,与相对方协商达成一致而成立的行政行为。

·以行政行为是否应当具备一定的法定形式为标准,行政行为可分为要式行政行为与非要式行政行为。

·以行政行为是否作为为标准,可分为作为行政行为与不作为行政行为。

·以行政权作用的表现方式和实施行政行为所形成的法律关系为标准,可分为行政立法行为、行政执法行为与行政司法行为。

·以行政职权的来源为标准,可分为自为的行政行为、授权的行政行为和委托的行政行为。

2. 行政行为的内容及效力

(1)行政行为的内容

·赋予权益或科以义务　赋予一定的权益具体表现为赋予相对方一种法律上的权能、

权利或利益。科以一定的义务是指行政主体通过一定方式命令相对人为一定行为或不为一定行为。

- 剥夺权益或免除义务　剥夺权益是指使行政相对人原有的法律上的权能或权利、利益丧失,如吊销执照。免除义务,是指行政行为的内容表现为对相对人原来所负有的义务予以解除,不再要求其继续履行义务。
- 变更法律地位　是指行政行为对相对人原来存在的法律地位予以改变。确认法律事实与法律地位。确认法律事实是指行政主体通过行政行为对某种法律关系有重大影响的事实是否存在,依法予以确认。确认法律地位是指行政主体通过行政行为对某种法律关系是否存在及存在范围的认定。

(2)行政行为的效力
- 行政行为具有确定力　它是指有效成立的行政行为,具有不可变更力,即非依法不得随意变更或撤销和不可争辩力。
- 行政行为具有拘束力　它是指行政行为成立后,其内容对有关人员或组织产生法律上的约束力,有关人员或组织必须遵守、服从。主要表现为对行政主体和行政相对人的拘束力。
- 行政行为具有公定力　所谓"公定力"是指行政主体做出的行政行为,不论合法还是违法,都推定为合法有效,相关的当事人都应当先加以遵守或服从。这是行政效率原则的要求。
- 行政行为具有执行力　它是指行政行为生效后,行政主体依法有权采取一定手段,使行政行为的内容得以实现的效力。

3. 行政行为的成立及合法要件

(1)行政行为的成立要件　行政行为的成立是指行政行为的做出或者形成。行政行为的成立要件包括:
- 行为的主体必须是拥有行政职权或有一定行政职责的国家行政机关,或者法律、法规授权的组织或者行政机关委托的组织或个人,即主体要件。
- 行为主体有凭借国家行政权产生、变更或消灭某种行政法律关系的意图,并有追求这一效果的意思表示,即主观方面的要件。
- 行为主体在客观上有行使行政职权或履行职责的行为,即有一定的外部行为方式所表现出来的客观行为,即行政行为成立的客观方面要件。
- 功能要件即行为主体实施的行为能直接或间接导致行政法律关系的产生、变更和消灭。

(2)行政行为的合法要件　行政行为合法要件包括:
- 行政行为的主体合法。这是行政行为合法有效的主体要件。主体合法是指实施行政行为的组织必须具有行政主体资格,能以自己的名义独立承担法律责任。
- 行政行为应当符合行政主体的权限范围。权限合法是指行政主体必须在法定的职权范围内实施行为,这是行政行为合法有效的权限方面的要件。
- 行政行为的内容应当合法、适当。这是行政行为合法有效的内容要件。行政行为的内容合法是指行政行为所涉及的权利、义务以及对这些权利、义务的影响或处理,均应符合法律、法规的规定和社会公共利益。所谓行政行为内容适当是指行政行为的内容要明确、适当,而且应当公正、合理。

• 行政行为应当符合法定程序。所谓程序是指行政行为的实施所要经过的步骤、方式、顺序以及时限。行政主体实施行政行为,必须按照法定的程序进行,不得违反法定程序,任意做出某种行为。

4. 行政行为的无效、撤销与废止

(1)行政行为的无效

①行政行为无效的条件:

• 行政行为具有特别重大的违法情形或具有明显的违法情形;
• 行政主体不明确或明显超越相应行政主体职权的行政行为;
• 行政主体受胁迫做出的行政行为;
• 行政行为的实施将导致犯罪;
• 没有可能实施的行政行为。

②行政行为无效的法律后果:

• 行政相对方可在任何时候请求有权国家机关宣布该行为无效;
• 有权机关可在任何时候宣布相应行政行为无效;
• 行政行为被宣布无效后,行政主体通过该行为从行政相对人获得的一切均应返回相对人;所加予相对人的一切义务均应取消;对相对人所造成的实际损失均应赔偿。

(2)行政行为的撤销

①行政行为撤销的条件:

• 行政行为合法要件缺损。
• 行政行为不适当。

②行政行为撤销的法律后果:

• 行政行为自被撤销之日起失去法律效力,撤销的效力可一直追溯到行政行为做出之日。
• 行政行为如果被撤销,由此造成对方的实际损失应由行政主体予以赔偿。
• 如果行政行为的撤销是因行政相对人的过错,或行政主体与相对人的共同过错所引起的,行政行为撤销,行政主体通过相应行为已给予相对人的权益均要收回,行政相对人因行政行为撤销而遭受到的损失,均由其本身负责;国家或社会公众因已撤销的行政行为所受到的损失,应由行政相对人依其过错程度予以适当赔偿;行政主体或其工作人员对导致行政行为撤销的本身过错则应承担内部行政法律责任。

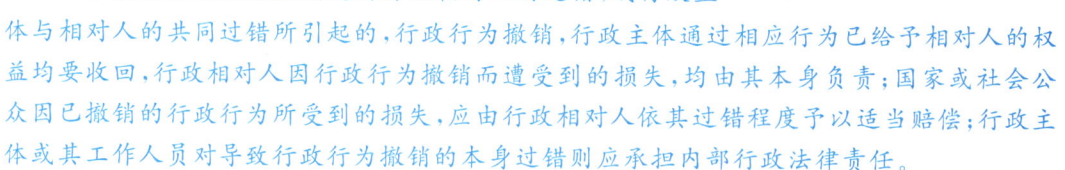

讨论

行政行为就是合法的,对吗?

(3)行政行为的废止

①行政行为废止的条件:

• 行政行为依据的法律、法规、规章、政策经有权机关依法修改、废止或撤销,相应行为如继续实施,则与新的法律、法规、规章、政策相抵触;
• 国际、国内或行政主体所在地区的形势发生重大变化,原行政行为的继续施行将有碍社会政治、经济、文化发展,甚至给国家和社会利益造成重大损失;
• 行政行为已完成原定目标、任务,实现了国家的行政管理目的,从而没有继续实施的必要。

②行政行为废止的法律后果:

• 行政行为废止后,其效力从行为废止之日起失效,行政主体在行为废止之前通过相应

行为已给予相对人的权益不再收回也不再给予;相对人依原行政行为已履行的义务不能要求给予补偿但可不再履行义务;

• 行政行为的废止如果是因法律、法规、规章、政策的废除、修改、撤销或形势变化而引起的,此种废止给相对人的利益造成了损失的,行政主体不负赔偿责任。

二、抽象行政行为与具体行政行为

1. 抽象行政行为

抽象行政行为是指行政主体制定发布普遍性行为规则的行为。行政主体实施抽象行政行为的结果,就是导致行政法规的出现。抽象行政行为分为:

• 羁束行为,即法律、法规对实施行政行为的条件、程序和手续等作了详细具体的规定,行政主体只能严格按照这些规定实施行政行为。

• 自由裁量行为,即法律法规对如何实施行政行为只作了原则性或留有余地的规定,行政主体在实施行政行为时除遵守这些规定外,还必须根据自己意见来决定的行政行为。

• 要式行政行为,即符合法律特定方式才能成立的行政行为。

• 不要式行政行为,即无须以特定的方式就可成立的行政行为。

2. 具体行政行为

(1)具体行政行为的内涵　具体行政行为是指行政机关行使行政权力,对特定的公民、法人和其他组织做出的有关其权利义务的单方行为。具体行政行为有四个要素:

• 是行政机关实施的行为,这是主体要素　不是行政机关实施的行为,一般不是行政行为。但是,由法律、法规授权的组织或者行政机关委托的组织实施的行为,也可能是行政行为。

• 是行使行政权力所为的单方行为,这是成立要素　即该行为无须对方同意,仅行政机关单方即可决定,且决定后即发生法律效力,对方负有服从的义务,如果不服从,该行为可以强制执行或者申请人民法院强制执行。

如税务机关决定某企业应纳所得税税额,纳税人应当执行,如果不执行,税务机关有权从其银行账户中划拨。如果纳税人不服,也必须首先按决定纳税,然后再申诉或起诉。

• 是对特定的公民、法人或者其他组织做出的,这是对象要素　"特定"是指某公民或某组织。

如甲打乙造成轻微伤害,行政机关为保护乙的权利而拘留了甲,该行为是对甲、乙做出的,甲、乙即为特定的公民。

• 是做出有关特定公民、法人或其他组织的权利义务的行为,这是内容要素　如专利局将某项发明的专利证书授予了甲企业,该企业即获得了该项发明的专利权。

(2)具体行政行为的分类　具体行政行为可以分为:

• 设定权利或者义务的行为　包括赋予权利能力和行为能力的行为,如颁发营业执照可以使一个新的民事主体诞生;设定某一权利或义务的行为,如对甲公民发放房屋产权证书。

• 剥夺、限制权利或撤销义务的行为　对公民、组织已有的能力或权利,行政机关可以剥夺,如吊销某企业的营业执照;也可以限制,如海关扣留某走私嫌疑人是限制其人身权利,扣留他的进出境物品,是限制其行使财产权利;卫生局责令某企业停产整顿,是限制其经营权利。对公民、组织应承担的义务,行政机关可以撤销,如税务机关因某国有企业确有困难,根据其申请决定免除其应缴纳的所得税。

• 变更权利或义务的行为　对公民、组织已有的权利或已经承担的义务,行政机关可以变更,如在发放了土地所有权证后,考虑到有不合理因素,又决定将其中一部分土地划给邻村所有,再如,税务机关根据某企业的申请减少了其应缴纳的税款。

• 不行为,或称不作为　行政机关对于自己应当履行的职权不履行,称不行为或不作为。不作为不是否定行为,否定行为是已经作为了,比如公民甲申请营业执照,某工商局决定驳回,不予批准,这是否定行为。如果该工商局不予答复,不作决定,这是不作为。行政机关不行为也是一种具体行政行为。

具体行政行为与抽象行政行为两者关系

具体行政行为与抽象行政行为虽然都属于行政行为。但二者也存在本质区别,表现在:

• 实施行政行为的主体不同。实施具体行政行为的主体是各级行政机关及其委托的组织;而实施抽象行政行为的主体只能是国家最高行政机关及地方各级立法机关。

• 具体行政行为可以引起行政诉讼;而抽象行政行为不能引起行政诉讼。

知识点 4　行政法制监督概述

一、行政法制监督的概念与特征

1. 行政法制监督的概念

行政法制监督是指国家权力机关、国家司法机关、上级行政机关、专门行政监督机关及国家机关体系以外的公民、组织依法对行政主体及其工作人员是否依法行使行政职权和是否遵纪守法行为所进行的监督。

行政法制监督并不是行政监督的一个部分,行政法制监督与行政监督是性质完全不同的两类行为,前者以行政主体及其行政行为为监督对象,其行为本身并不具有行政行为的特点;后者则属于行政行为。行政监督的对象在行政法制监督中上升为监督主体,相反,行政监督主体则在行政法制监督过程中角色变换为行政法制监督的对象。

2. 行政法制监督的特征

• 行政法制监督是以国家行政机关及其工作人员为对象的监督。
• 行政法制监督的主体具有多样性。
• 行政法制监督的范围具有广泛性。
• 行政法制监督的监督方式具有多样性及非行政性。

二、行政法制监督的类型及其特点

1. 执政党的监督

党对行政的监督是广泛而全面的。监督的内容包括对行政活动合法性、合理性的监督以及对国家行政机关工作人员遵纪守法的监督。监督的方式也比较全面,既可采用召开座谈会、民意测验等不带强制性的监督方式,也可采用责令有关部门和人员汇报工作、说明情况、提交文件等具有明显强制性的监督方式。

应当指出的是,执政党的组织在行政法制监督中不应直接代替行政机关做出行政行为。

2. 权力机关的监督

权力机关的监督,是各级人民代表大会及县级以上人民代表大会常务委员会对行政机关及其工作人员的监督。

3. 司法机关的监督

司法机关对行政的监督包括人民检察院对行政的监督,以及人民法院对行政的监督。

4. 公民与社会组织的监督

公民个人的监督是指公民有权对国家行政机关及工作人员的活动提出批评和建议、申诉、控告、检举和揭发。

案例分析

1997年5月,万达公司凭借一份虚假验资报告,在某省工商局办理了增资的变更登记,此后连续四年通过了该工商局的年检。2001年7月,该工商局以办理变更登记时提供虚假验资报告为由,对万达公司作出行政罚款1万元,并责令提交真实验资报告的行政处罚决定。2002年4月,该工商局又作出撤销公司变更登记,恢复到变更前状态的决定。2004年6月,该工商局又就同一问题作出吊销营业执照的行政处罚决定。

关于该工商局的行为,下列那一种说法是正确的?为什么?

A. 2001年7月工商局的处罚决定,违反了行政处罚法关于时效的规定;

B. 2002年4月工商局的处罚决定,违反了一事不再罚原则;

C. 2004年6月工商局的处罚决定,是对前两次处罚决定的补充和修改,属于合法的行政行为;

D. 对于万达公司拒绝纠正自己违法行为的情形,工商局可以违法行为处于持续状态为由作出处罚。

胡某、赵某因宅基地问题引发纠纷,胡某拉赵某去村委会协商,路上,赵某假装倒地并求救,路人张某看到,上去调解后各回各家,随后,赵某又报案,派出所要拘留胡某15天,胡某不服向上级公安局申诉,公安局认为派出所有越权行为,撤销拘留,半月后,公安局认为要拘留胡某3天胡某又申诉上级部门,上级部门认为应该把拘留3天变更为罚款60元。

问:公安局认为派出所越权,撤销是否正确?

你知道吗

两种引人注目的监督形式

一是民主党派、人民团体等通过人民政协对行政机关及其工作人员进行监督,其监督方式主要有政协委员到基层视察工作,列席各级人大或其常委会的会议,向政府提出批评、建议等;

法律基础知识

二是新闻单位对行政建造的舆论监督，其监督方式主要是通过报刊、广播、电视等新闻工作，揭露行政机关及其工作人员的违法活动，维护人民的合法权益，促使行政机关及其工作人员改正错误。

每章一练

1. 行政法的特征有哪些？
2. 简述行政法的基本原则。
3. 什么叫依法行政？谈谈你对依法行政的认识。
4. 行政主体的特征有哪些？
5. 简述国家行政机关的概念。
6. 行政主体与行政法主体有何区别？
7. 行政行为的内容及效力是什么？
8. 抽象行政行为与具体行政行为的概念与区别是什么？
9. 我国行政法制监督的特色是什么？

第五章 民法

教学目标

通过本章的学习,使学生了解民法的相关概念、调整对象、历史类型和基本原则,理解民事主体的类型以及合同的内容和类型。

教学要求

认知:了解民法的相关知识以及民法的发展历史,了解民事权利的基本形式。

理解:理解民事主体的基本类型,合同的内容和类型,理解民事责任的概念和形式。

运用:在认知和理解的基础上,能够在今后的生活工作学习中不断提高自身的法律素养,在遇到相关法律事件时能够运用所学知识应对相应情况。

知识点 1 民法的相关概念

一、民法的概念以及调整对象

1. 民法的概念

民法是调整平等民事主体的自然人、法人及其他非法人组织之间人身关系和财产关系的法律规范的总称。即自然人、法人、其他非法人组织（甚至可以是政府机构）因从事民事活动而产生的社会关系，才由民法调整。

2. 民法的调整对象

民法有自己特定的调整对象，即平等的民事主体之间的财产关系和人身关系。这是民法能够作为一个独立的法律部门得以存在和发展的客观依据。

3. 民法调整的财产关系

民法调整的财产关系，是指平等的民事主体在从事民事活动的过程中所发生的以财产所有和财产流转为主要内容的权利和义务关系。它有如下特点：

（1）从主体方面来看　民法所调整的财产关系的主体在法律地位上具有平等性。这是由商品经济活动的平等性所决定的。

（2）从内容方面来看　民法所调整的财产关系主要包括财产所有和财产流转关系。财产所有关系是指民事主体因对财产的占有、使用、收益和处分而发生的社会关系；财产流转关系则是指民事主体因对财产进行交换而发生的社会关系。其中，财产所有关系是财产流转关系的发生前提和民事主体追求的直接后果；而财产流转关系则又是实现财产所有关系的基本方法。

（3）从利益实现方面来看　民法调整的财产关系主要体现等价有偿的基本要求。这是因为，商品经济活动要求民事主体在进行商品生产和商品交换的过程中，要取得对方的财产，必须支付相应的对价，从而使全社会物质资料的再生产和扩大再生产成为可能。

4. 民法调整的人身关系

民法调整的人身关系，是指民事主体之间发生的以人格关系和身份关系为主要内容的权利义务关系。这种人身关系具有如下特点：

（1）从内容方面来看　民法调整的人身关系主要是指人格关系和身份关系。其中，人格关系是指因民事主体之间为实现人格利益而发生的社会关系。身份关系是指民事主体之间因彼此存在的身份利益而发生的社会关系。身份利益是指民事主体之间因婚姻、血缘和法律拟制而形成的利益，在法律上体现为配偶权、亲权、监护权等。

（2）从人身关系与财产关系的相互联系来看　人身关系与财产关系是密切相关的。尽管人身关系本身并无直接的财产内容，但某些人身关系是特定财产关系发生的前提条件，如亲属之间的身份权是亲属之间取得财产继承权的法定条件。此外，对人身权的侵害会直接给民事主体带来一定的财产损失，受害人有权通过法定程序和运用民法规范追究侵权行为人的财产责任。

二、民法的基本原则

民法的基本原则，是民法及其经济基础的本质和特征的集中体现，是高度抽象的、最一般的民事行为规范和价值判断准则。

我国的民事立法上,确立了以下几项民法的基本原则:

1. 平等原则

所谓平等原则,也称为法律地位平等原则。我国《民法通则》第3条明文规定:当事人在民事活动中的地位平等。平等原则集中反映了民事法律关系的本质特征,是民事法律关系区别于其他法律关系的主要标志,它是指民事主体享有独立、平等的法律人格,其中平等以独立为前提,独立以平等为归宿。在具体的民事法律关系中,民事主体互不隶属,各自能独立地表达自己的意志,其合法权益平等地受到法律的保护。

平等原则是市场经济的本质特征和内在要求在民法上的具体体现,是民法最基础、最根本的一项原则。现代社会,随着在生活、生产领域保护消费者和劳动者的呼声日高,平等原则的内涵正经历从单纯谋求民事主体抽象的法律人格的平等,到兼顾在特定类型的民事活动中,谋求当事人具体法律地位平等的转变。我国民法明文规定这一原则,强调在民事活动中一切当事人的法律地位平等,任何一方不得把自己的意志强加给对方,意在以我国特殊的历史条件为背景,突出强调民法应反映社会主义市场经济的本质要求。

2. 自愿原则

自愿原则,是指法律确认民事主体得自由地基于其意志去进行民事活动的基本准则。我国《民法通则》第4条规定,民事活动应当遵循自愿原则。自愿原则的存在和实现,以平等原则的存在和实现为前提。只有在地位独立、平等的基础上,才能保障当事人从事民事活动时的意志自由。

> 讨论
>
> 平等原则与公平原则是否有重叠的地方?

自愿原则同样也是市场经济对法律所提出的要求。在市场上,准入的当事人被假定为自身利益的最佳判断者,因此,民事主体自愿进行的各项自由选择,应当受到法律的保障,并排除国家和他人的非法干预。自愿原则的核心是合同自由原则。虽然有商品经济就有合同自由的观念,但合同自由作为一项法律原则却是迟至近代民法才得以确立。当然,合同自由从来都不是绝对的、无限制的自由。在某种意义上,一部合同自由的历史,就是合同如何受到限制,经由醇化,从而促进实践合同正义的记录。我国实行社会主义市场经济,强调社会公平,注重社会公德,维护国家利益和社会公共利益,对合同的自由有诸多限制。

例如在我国的邮政、电信、供用电、水、气、热力、交通运输、医疗等领域所存在的强制缔约,在保险、运输等许多领域盛行的定式合同,都是对合同自由的限制。

3. 公平原则

公平原则是指民事主体应依据社会公认的公平观念从事民事活动,以维持当事人之间的利益均衡。我国《民法通则》第4条规定,民事活动应当遵循公平的原则。公平原则是进步和正义的道德观在法律上的体现。它对民事主体从事民事活动和国家处理民事纠纷起着指导作用,特别是在立法尚不健全的领域赋予审判机关一定的自由裁量权,对于弥补法律规定的不足和纠正贯彻自愿原则过程中可能出现的一些弊端,有着重要意义。

公平原则在民法上主要是针对当事人间的合同关系提出的要求,是当事人缔结合同关系,尤其是确定合同内容时,所应遵循的指导性原则。它具化为合同法上的基本原则就是合同正义原则。合同正义系属平均正义,要求维系合同双方当事人之间的利益均衡。作为自

愿原则的有益补充,公平原则在市场交易中,为诚实信用原则和显失公平规则树立了判断的基准。但公平原则不能简单等同于等价有偿原则,因为在民法上就一方给付与对方的对待给付之间是否公平,是否具有等值性,其判断依据采主观等值原则,即当事人主观上愿以此给付换取对待给付,即为公平合理,至于客观上是否等值,在所不问。由此不难看出公平原则的具体运用,必须以自愿原则的具体运用作为基础和前提,如果当事人之间利益关系的不均衡,系自主自愿的产物,就不能谓为有违公平。

4. 诚实信用原则

在民法上,诚实信用原则是指民事主体进行民事活动必须意图诚实、善意,行使权利不侵害他人与社会的利益,履行义务信守承诺和法律规定,最终达到获取民事利益的活动,不仅应使当事人之间的利益得到平衡,而且也必须使当事人与社会之间的利益得到平衡的基本原则。

我国《民法通则》第4条规定,民事活动应当遵循诚实信用原则。诚实信用原则是市场伦理道德准则在民法上的反映。我国《民法通则》将诚实信用原则规定为民法的一项基本原则,不难看出,诚实信用原则在我国法上有适用于全部民法领域的效力。诚实信用原则常被奉为"帝王条约",有"君临法域"的效力。作为一般条款,该原则一方面对当事人的民事活动起着指导作用,确立了当事人以善意方式行使权利、履行义务的行为规则,要求当事人在进行民事活动时遵循基本的交易道德,以平衡当事人之间的各种利益冲突和矛盾,以及当事人的利益与社会利益之间的冲突和矛盾。另一方面,该原则具有填补法律漏洞的功能。当人民法院在司法审判实践中遇到立法当时未预见的新情况、新问题时,可直接依据诚实信用原则行使公平裁量权,调整当事人之间的权利义务关系。

因此,诚信原则意味着承认司法活动的创造性与能动性。近代以来,作为诚实信用原则的延伸,各个国家和地区的民法上,又普遍承认了禁止权利滥用原则。该原则要求一切民事权利的行使,不能超过其正当界限,一旦超过,即构成滥用。这个正当界限,就是诚实信用原则。

5. 守法原则

民事主体的民事活动应当遵守法律和行政法规。我国《民法通则》第6条将守法原则表述为:民事活动必须遵守法律,法律没有规定的,应当遵守国家政策。这是作为民法基本原则的守法原则的核心。民法作为私法,着重于对私人人身利益和财产利益的法律调整,因而在规范形态上存在许多可以经由当事人特别协商予以排除的任意性规范,以及为保护当事人的利益所设置的倡导性规范,《中华人民共和国合同法》第10条第2款关于合同形式的规定,即属民法上的倡导性规范。任意性规范仅在当事人对有关事项未作约定或约定不明确的情况下,方可作为补充性规范,弥补当事人意思表示上的欠缺。倡导性规范也不具有强制当事人遵循的效力。不遵守倡导性规范,属于自甘冒险的行为,当事人有可能承受由此带来的不利后果。

因而,守法原则一般不包括法律和行政法规中的任意性规范和倡导性规范,而是指民事主体的民事活动应当遵守法律和行政法规中的强行性规范,不得有所违反,一旦违反,法律和行政法规将做出否定性评价,使民事主体的民事活动不按照民事主体的预期发生相应的法律效果。

6. 公序良俗原则

公序良俗是公共秩序和善良风俗的合称。公序良俗原则是现代民法一项重要的法律原则,是指一切民事活动应当遵守公共秩序及善良风俗。在现代市场经济社会,它有维护国家社会一般利益及一般道德观念的重要功能。

我国《民法通则》第7条规定:"民事活动应当尊重社会公德,不得……扰乱社会经济秩序。"经济的公序,是指为了调整当事人间的契约关系,而对经济自由予以限制的公序。经济的公序分为指导的公序和保护的公序两类。市场经济条件下,指导的公序地位趋微,保护的公序逐渐占据了重要位置。与保护劳动者、消费者、承租人和接受高利贷的债务人等现代市场经济中的弱者相关的保护性公序,成为目前各个国家和地区判例学说上的讨论、研究的焦点。

良俗,即善良风俗,学界一般认为系指为社会、国家的存在和发展所必要的一般道德,是特定社会所尊重的起码的伦理要求。不难看出,善良风俗是以道德要求为核心的。为了将公序良俗原则与诚实信用原则区别开来,应将善良风俗概念限定在非交易道德的范围内,从而与作为市场交易的道德准则的诚实信用原则各司其职。

与诚实信用原则相仿,公序良俗原则具有填补法律漏洞的功效。这是因为公序良俗原则包含了法官自由裁量的因素,具有极大的灵活性,因而能处理现代市场经济中发生的各种新问题,在确保国家一般利益、社会道德秩序,以及协调各种利益冲突、保护弱者、维护社会正义等方面发挥极为重要的机能。一旦人民法院在司法审判实践中,遇到立法当时未能预见到的一些扰乱社会秩序、有违社会公德的行为,而又缺乏相应的禁止性规定时,可直接适用公序良俗原则认定该行为无效。

三、民事法律关系

1. 民事法律关系的内容和特征

民事法律关系的内容是指民事法律关系主体所享有的民事权利和所承担的民事义务。民事权利是指法律保护的民事主体为一定行为(作为与不作为)或请求他人为一定行为以获得某种利益的可能性。民事义务是指民事主体为了使权利人实现其权利或不影响其实现权利所承担的法律约束。民事法律关系具有两个特征:

(1)对等性 在民事法律关系中,权利和义务是互相对应、互相依存、互相联系的。不可能只有权利而没有义务,也不可能只有义务而没有权利。权利的内容通过相应的义务来表现,义务的内容由相应的权利来限定。

(2)具体性 存在于民法规范中的权利义务是抽象的、具有普遍意义的。存在于民事法律关系中的权利义务则是具体的,是抽象的权利义务在具体民事生活中的实现。因而在不同的民事法律关系中,当事人享受的权利和承担的义务亦有不同。

2. 民事法律关系的要素

民事法律关系的要素指构成民事法律关系的必要因素。所有的民事法律关系都由主体、内容和客体三要素构成。

(1)主体要素 主体要素是指参加民事法律关系,享受权利和承担义务的具有民事主体资格的人。即民事法律关系的参与者,权利的享有者和义务的承担者。民事主体主要有自然人、法人、非法人组织,在特定情况下还包括国家。

(2)客体要素 客体要素是指民事法律关系的客体,是民事主体之间据以建立民事法律关系的对象性事物,是民事主体追求的利益的反映,是民事主体活动的目标。就规范意义上的民事法律关系而言,其客体大致是固定的。

民事法律关系的客体概括起来有以下几种：

- 物，指自然人身体之外，能够满足人们需要并且能够被支配的物质实体和自然力。
- 行为，指能满足权利主体某种利益的活动。
- 智力成果，指人的脑力劳动创造出来的精神财富，包括各种科学发现、发明、设计、作品、商标等。
- 人身利益，包括人格利益和身份利益。

(3) 内容要素　内容要素是指具有民事主体资格的人如何实现其参与民事生活的目标，也即实现其参与民事生活的目的，这种实现其受法律保护的利益的方式和过程，就是民事法律关系的内容。

你知道吗

民法的渊源

中国民法的渊源指中华人民共和国民事法律规范借以表现和存在的形式，包括：

- 宪法　宪法是由最高国家权力机关——全国人民代表大会制定的具有最高法律效力的规范性文件。其中关于社会主义经济建设的路线、方针的规定，关于财产所有权的规定，关于公民基本权利和义务的规定，都是调整民事关系的法律规范，也是创制民事基本法律和各种单行民事法规必须遵循的依据。

- 民事法律　民事法律是由全国人民代表大会及其常务委员会制定的专门性民事法律和包含民事法规的法律，其效力仅次于宪法。专门性民事法律如《民法通则》《继承法》《合同法》《著作权法》《专利法》《商标法》《物权法》等；包含民事规范的法律如《土地管理法》《矿产资源法》等。

- 全国人大常委会对民事法律所作的立法解释，其效力与民事法律相同。

- 国务院及其所属部委制定的有关民事内容的法规、决议和命令等，其效力次于宪法和民事法律。

- 最高人民法院对民事立法的司法解释以及由它确认、援用和认可的民事判例。

- 地方各级人民代表大会、地方各级人民政府、民族自治地区的自治机关在宪法和法律规定的权限内所制定、发布的决议、命令、地方性法规、自治条例、单行条例中有关民事的法律规范。

- 中华人民共和国参加或签订的国际条约、公约及国家认可的民事习惯等。

知识点 2　民事主体

一、民事主体的基本概念

1. 概念

民事主体，是指依照法律规定能够参与民事法律关系，享受民事权利和承担民事义务的人，包括自然人、法人和其他组织。

2. 特征

(1) 独立性　民事主体意味着独立的法律人格,即主体的法律地位不依赖于他人而独立存在。其独立性主要表现在:具有自己的独立意志,能够自己或者通过他人形成独立的意思;具有自己的财产,能够独立享受民事权利和承担民事义务的资格。

(2) 平等性　民事主体参与民事法律关系的资格是平等的,其权利能力具有普遍性和平等性的特点,不因民族、年龄、宗教信仰、文化程度等的不同而有差异。即使是被剥夺政治权利的犯罪分子,同样可以成为民事主体。

(3) 合法性　就自然人而言,合法性表现在:自然人因出生而享有独立人格,成为民事主体,因死亡而消灭人格,都是因法律的作用而发生的。就组织体而言,合法性主要表现在:取得民事主体资格的合法性;类型的合法性;消灭上的法定性。

二、民事主体的类型

1. 自然人

(1) 自然人的概念和特征　自然人是在自然状态之下而作为民事主体存在的人。抽象的人的概念,代表着人格,代表其有权参加民事活动,享有权利并承担义务。

自然人民事主体资格的法律特征:

• 自然人主体资格具有广泛性。即任何人都要参加民事法律关系,不论其是否愿意,都要受到民事法律关系的调整。

• 自然人主体资格的平等性。民法上的平等是机会平等,而不是实质平等。所有的人都有平等的民事权利,有平等的民事义务。

(2) 自然人的民事法律地位　我国《民法通则》第二章规定了自然人的法律地位,该章标题为公民(自然人),明确表明了公民即自然人,说明具有我国国籍的一切自然人都是我国公民,都具有平等的法律地位。

(3) 自然人的民事权利能力　自然人的民事权利能力是自然人依法享有民事权利和承担民事义务的资格,它是每个自然人平等地享有民事权利、承担民事义务的可能性。

(4) 自然人民事权利能力的开始　自然人的民事权利能力始于出生。

关于出生的时间:一般来说,应当以独立呼吸作为判断出生时间的标准。因为通常情况下,如果胎儿已经独立呼吸,就意味着他已经与母体相分离,成为一个独立的生命体。

一般,自然人的民事权利能力与年龄和健康状况无关。但是,对于某些领域的权利能力,法律特别规定只有达到一定年龄才能具有或有某些疾病的人不能享有。如公民只有达到法定年龄才有结婚的权利能力,患有某类疾病的公民不得结婚。

胎儿本身不具有权利能力,但并不意味着对胎儿的利益就不予保护。胎儿需要保护的利益主要是继承时的特留份利益,即被继承人必须在遗嘱中为胎儿保留必要的份额。我国《继承法》第28条已经明确规定遗产分割时应该保留胎儿的继承份额。

(5) 自然人民事权利能力的终止　自然人的权利能力终于死亡。死亡包括生理死亡和宣告死亡。

死亡是一种自然事件,也是引起法律关系变动的重要的法律事实,与民事权利能力的终止联系在一起。自然人死亡后,不能作为民事权利主体,即不再具有民事权利能力。

有关生理死亡的时间一般应以医院和有关部门开具死亡证明书上记载的时间为准。然而死亡毕竟是一个事实问题,因此,如果死亡证书上记载的时间与公民死亡的真实时间有出

入,应以事实为准。

需要注意的是自然人死亡后的利益保护问题。自然人死后不应当作为民事主体享受权利并承担义务,但是法律在例外情况下需要对公民死亡后的某些利益进行保护。民事权利以利益为内容,这种利益是社会利益和个人利益的结合,一个人死亡后,已不可能再享有实际权利里包含的个人利益,但由于权利中包含了社会利益的因素,因此在自然人死亡后,仍需要对这种利益进行保护。

生理死亡的时间认定:因为死亡关系到民事主体是否存在、原权利义务是否变更、继承是否开始等,所以就需要准确判断生理死亡的时间。在我国一般以心脏停止跳动、自主呼吸消失、血压为零为自然人死亡的标准。随着医学科技的发展,多数学者主张脑死亡比心脏死亡更为科学,标准更可靠。

几个互有继承关系的人在同一事件中死亡,又不能确定死亡先后时间的,根据《继承法意见》第2条规定,推定没有继承人的人先死亡。死亡人各自都有继承人的,如几个死亡人辈分不同,推定长辈先死亡;几个死亡人辈分相同,推定同时死亡,彼此不发生继承,由他们各自的继承人分别继承。

(6)自然人民事行为能力的宣告　宣告公民为无民事行为能力人或限制民事行为能力人须具备以下要件:

- 被宣告人确为精神病人。
- 须经利害关系人申请。利害关系人包括:精神病人的配偶、父母、成年子女以及其他亲属。
- 须经人民法院宣告。

(7)自然人民事行为能力的终止　死亡是自然人民事行为能力终止的法律事实。自然人因健康状况而被宣告为无民事行为能力人,只是民事行为能力的一时丧失,是民事行为能力的中止,并非意味着民事行为能力终止,而终止是永远丧失。

(8)宣告失踪和宣告死亡

①宣告失踪是指自然人离开自己的住所下落不明达到法定的期限,经利害关系人申请,人民法院依照法定程序宣告其为失踪人的一项制度。宣告失踪的目的是通过人民法院确认自然人失踪的事实,结束失踪人财产无人管理以及其应当履行的义务不能得到及时履行的不正常状态,保护失踪人和利害关系人的利益,维护社会经济秩序的稳定。

- 宣告失踪应当具备如下条件:

第一,必须有自然人下落不明满2年的事实;

第二,必须由利害关系人向人民法院提出申请。申请宣告失踪的利害人包括被申请宣告失踪人的配偶、父母、子女、兄弟姐妹、祖父母、外祖父母、孙子女、外孙子女以及其他与被申请人有民事权利义务关系的人。宣告失踪时,利害关系人并没有先后顺序;

第三,必须经过法院依法定程序宣告。

- 宣告失踪的法律后果:在公民被宣告为失踪人后,其民事主体资格仍然存在,不产生婚姻关系解除和继承开始的后果。宣告失踪将产生两个方面的后果:

一是为失踪人的财产设定代管人。根据《民法通则》第21条的规定:"失踪人的财产由他的配偶、父母、成年子女或者关系密切的其他亲属、朋友代管。"法院判决宣告失踪的,应当同时指定失踪人的财产代管人;

二是清偿失踪人的债务,并追索其债权。失踪宣告一经撤销,则代管随之终止。代管人应当将其代管的财产交还给被宣告失踪的人,并将在代管期间对财产管理和处置的情况向

被撤销宣告失踪人报告。

②宣告死亡是指自然人下落不明达到法定期限,经利害关系人申请,人民法院经过法定程序在法律上推定失踪人死亡的一项制度。自然人长期下落不明造成财产关系和人身关系的极不稳定状态,影响到经济秩序和社会秩序,通过宣告死亡制度,可以及时了结下落不明人与他人的财产关系和人身关系,从而维护正常的社会秩序。

• 宣告死亡必须具备以下条件:

第一,自然人下落不明达到法定期限。我国《民法通则》第23条规定,下落不明满4年的;或者意外事故下落不明,从事故发生之日起满2年。战争期间下落不明的,下落不明的时间从战争结束之日起计算;

第二,必须要由利害关系人提出申请。此处所说的利害关系人,与宣告失踪制度中的利害关系人相同。我国《民法通则》对宣告死亡的顺序作了规定,即居于优先次序的利害关系人对失踪人不申请宣告死亡的,后一顺序的利害关系人不得为死亡宣告之申请;同一顺序的利害关系人之间则无优先次序,如果部分申请宣告死亡而部分不同意宣告死亡的,则应宣告死亡;

第三,必须要由人民法院做出宣告。人民法院在判决中确定的失踪人的死亡日期,视为被宣告死亡人的死亡日期。如果判决没有确定死亡日期,则应当以判决生效的日期为死亡日期。宣告失踪不是宣告死亡的必经程序,不管利害关系人是否曾经申请宣告失踪,都可以直接到法院申请宣告死亡。

• 宣告死亡的法律后果:

从法律上看,自然人被宣告死亡和自然死亡产生相同的法律后果,即导致被宣告死亡的公民在法律上被认定为已经死亡,其财产关系和人身关系都要发生变动。有民事行为能力人在被宣告死亡期间,仍然能独立进行各种民事活动。宣告死亡的目的并非为了绝对地消灭或剥夺被宣告死亡人的主体资格,而在于结束以被宣告死亡人原住所地为中心的民事法律关系。宣告死亡以后,如果该人仍然活着,而且已经回来,应当依据法定的程序撤销对其的死亡宣告。

> 讨论
> 在什么情况下宣告死亡无效?

• 死亡宣告的撤销:

被宣告死亡人重新出现,或确实知道其下落的,经过法定的程序,人民法院应当撤销死亡宣告。撤销死亡宣告的要件是:

第一,必须要被宣告死亡人仍然生存;

第二,必须经本人或利害关系人申请。利害关系人范围与申请宣告死亡的利害关系人的范围是一致的,但没有顺序限制;

第三,必须要由人民法院做出撤销宣告。

撤销死亡宣告的后果是,财产关系应当恢复原状,但人身关系不能自动恢复。也就是说,不管是因为继承、受遗赠,还是其他原因取得财产,都应当向撤销死亡宣告人返还财产。原则上返还的应当是原物,如果原物不存在,应当作适当补偿。人身关系方面,如果配偶没有再婚,婚姻关系可自动恢复。如果配偶再婚,即使再婚后又离婚或再婚后新配偶死亡,也不得自动恢复婚姻关系。被撤销死亡宣告人有子女的,父母子女间的权利义务应当恢复,但子女已被他人依法收养的,其收养关系则不得单方解除。

2. 法人

法人是具有民事权利能力和民事行为能力,依法独立享有民事权利和承担民事义务的组织。简言之,法人是具有民事权利主体资格的社会组织。

根据《民法通则》第 37 条规定,法人必须同时具备四个条件,缺一不可。

(1)依法成立　即法人必须是经国家认可的社会组织。在我国,成立法人主要有两种方式:一是根据法律法规或行政审批而成立。如机关法人一般都是由法律法规或行政审批而成立的。二是经过核准登记而成立。如工商企业、公司等经工商行政管理部门核准登记后,成为企业法人。

(2)有必要的财产和经费　法人必须拥有独立的财产,作为其独立参加民事活动的物质基础。独立的财产,是指法人对特定范围内的财产享有所有权或经营管理权,能够按照自己的意志独立支配,同时排斥外界对法人财产的行政干预。

(3)有自己的名称、组织机构和场所　法人的名称是其区别于其他社会组织的标志符号。名称应当能够表现出法人活动的对象及隶属关系。经过登记的名称,法人享有专用权。法人的组织机构即办理法人一切事务的组织,被称作法人的机关,由自然人组成。法人的场所是指从事生产经营或社会活动的固定地点。法人的主要办事机构所在地为法人的住所。

(4)能够独立承担民事责任　指法人对自己的民事行为所产生的法律后果承担全部法律责任。除法律有特别规定外,法人的组成人员及其他组织不对法人的债务承担责任,同样,法人也不对除自身债务外的其他债务承担民事责任。

根据《民法通则》的规定,我国的法人主要有四种:机关法人、事业法人、企业法人和社团法人。

3. 个体工商户

个体工商户,是指自然人以家庭的名义,在法律允许的范围内,经核准登记后,从事工商经营的统称。对于农村居民,只要其申请了个体工商执照,同样可以成为个体工商户。

其特点主要有:

- 个体工商户是自然人作为民事主体的特殊组织形式,其既不是自然人,也不是法人,而是非法人团体,是自然人和法人之外的第三个民事主体。
- 个体工商户必须进行工商登记。
- 个体工商户是以血缘为纽带而形成的一种商业经营单位。
- 个体工商户在本质上是家庭成员之间的合伙,《民法通则》赋予其独立的民事法律地位,是民事主体,可以参加民事法律关系,享有权利,承担义务。

个体工商户的民事责任,《民法通则》进行了原则性的规定,个人经营的个人承担责任,家庭经营的家庭承担责任。夫妻中的一方进行个体工商登记,以家庭财产进行个体经营,如果在个体经营期间,其收益是作为家庭共有财产的,则其债务应由家庭共有财产来承担,即风险共担、利益共享。

4. 农村承包经营户

农村承包经营户是在我国农村集体经济发展变化的一个重要历史阶段中,原来的人民公社、生产大队等社区性的农业集体经济组织的成员,在经济体制改革的背景之下,在法律允许的范围内,按照承包经营合同的规定,以户为单位,使用集体所有的土地和其他生产资料来独立自主地从事商品经营活动的组织形式。

农村承包经营户是集体经济组织的统一经营层次下的分层经营层次,是集体经济,是共有制经济。其特征主要有:

- 农村承包经营户是社区性农业集体经济组织的分散经营层次,是集体经济组织的成员；
- 农村承包经营户是在农村联产承包责任制合同的基础上产生的,并形成了用益物权制度；
- 其本质上是家庭成员之间的个人合伙。个人经营的个人承担责任,家庭经营的家庭承担责任；
- 其是以土地为中心形成其经营范围的。

5. 个人合伙

《民法通则》中有明确的规定,两个以上的公民按照合伙协议,各自提供资金、实物或技术,合伙经营,共同劳动,称为个人合伙。《最高人民法院关于贯彻执行〈民法通则〉若干问题的意见(试行)》第46条规定:"公民按照协议提供资金或者实物,并约定参与合伙盈余分配,但不参与合伙经营、劳动的,或者提供技术性劳务而不提供资金、实物,但约定参与盈余分配的,视为合伙人。"

既然个体工商户和农村承包经营户本质上是家庭成员之间的个人合伙,那么当关于个体工商户和农村承包经营户的法律没有对其权利和义务作出规定的时候,则可以按照民法中关于合伙的规定来处理当事人之间的权利和义务。

《合伙企业法》中明确规定,在中国境内设立的,由各个合伙人订立合伙协议,共同出资,合伙经营,共享收益,共担风险,对合伙债务承担无限连带责任的营利性组织,称为合伙企业。《合伙企业法》中规定的合伙是商事合伙,《民法通则》中规定的合伙是民事合伙,两者的最大区别即商行为是以营利为目的的。合伙的特征:

- 合伙是人的结合,必须有两个或两个以上的合伙人组成,且他们之间有很强的人身信任关系。
- 合伙是一种财产的结合。合伙企业在出资的时候,既可以以资金、实物出资,也可以以技术、知识产权、商标、专利、商誉、劳动力出资。
- 合伙是一种共同经营关系,风险共担,利益共享。
- 合伙在本质上是一种合同法律关系,合伙的设立就是订立一个合伙合同,入伙就是在合伙合同的基础上又订立了一个入伙协议,退伙同样是一个合同法律关系。

你知道吗

台商到大陆投资

台湾商人以一名港商的名义到大陆投资,该港商就与一家宾馆签订了联营合同。联营有三种:

第一种:实体型联营,即法人型联营,也就是有限责任公司。

第二种:合同型联营,其权利和义务是按照合同进行的。

第三种:合伙型联营。本案件就是一个典型的隐名的合伙型联营,权利和义务应按照合伙协议进行。

案件中台商与港商之间是委托合同法律关系,联营合同就是一个合伙协议,合伙协议本质就是合同法律关系,合同法律关系的权利和义务都是由合同来约定的。台

商是一个隐名合伙人,所以其具有隐名合伙人的介入权,根据《合同法》的有关规定,当出现纠纷时,隐名合伙人就可以表露自己的身份,可以直接参加诉讼,在诉讼中主张自己的权利和义务。

知识点 3 民事权利

一、财产所有权

1. 财产所有权的概念及特征

财产所有权是指所有人依法对自己的财产享有占有、使用、收益和处分的权利。与其他物权相比,财产所有权具有如下特征:

- 所有权为自物权。
- 所有权为独占权。
- 所有权为原始物权。
- 所有权为完全物权。
- 所有权是具有弹性力、回归力的权利。

2. 所有权的取得和消灭

(1) 所有权的取得　所有权的取得有两种方式:

- 原始取得　原始取得是指根据法律的规定,因一定的法律事实,财产所有权第一次产生或者不以原所有人的所有和意志为根据,而直接取得所有权。财产原始所有权的取得主要方式有:生产和扩大再生产、没收、收益、添附、无主财产收归国家或集体所有等。
- 继受取得　继受取得又称传来取得,是指所有人通过某种法律行为从原所有人那里取得财产的所有权。

(2) 所有权的消灭　所有权由于一定法律事实的发生而消灭,导致财产所有权消灭的法律事实主要有:

- 转让所有权。
- 放弃所有权。
- 所有权客体的消灭。
- 司法机关根据法律程序,强制所有人转移所有权。

3. 财产共有权

(1) 财产共有权的概念及种类　财产共有权是指同一财产属于两个或两个以上法律主体所有的一种财产权形式。

按份共有,是指两个或两个以上法律主体就同一财产按份额享有权利和承担义务的共有。

共同共有,是指两个或两个以上法律主体基于某种法律关系,共同享有同一财产的所有权。这种形式的共有是不分份额的。

(2) 共有人的优先购买权　按份共有人在将自己的份额分出转让时,不得损害其他共有人的利益,其他共有人在同等条件下,有优先购买的权利。这种形式的共有有明确的份额之分。按份共有人只对属于自己份额内的共有财产享受权利和承担义务。

二、债权

1. 债的概念及特征

债是按照合同的约定或者依照法律的规定，在当事人之间产生的特定的权利和义务关系。债作为一种民事法律关系，有如下特征：

- 债的关系当事人都是特定的。
- 债的关系的客体包括物、知识产权和行为。
- 债权的实现必须依靠义务人履行义务的行为。
- 债可以因合法行为而发生，也可以因不法行为而发生。

2. 债的发生根据

债发生的根据，即产生债的法律事实。引起债发生的主要根据有：

(1) 合同　合同是债发生的最重要最普遍的根据。

(2) 侵权行为　侵权行为是指民事主体非法侵害公民或法人的财产所有权、人身权利或知识产权的行为。

(3) 不当得利　不当得利是指没有法律上或合同上的根据，取得不应获得的利益而使他人受到损失的行为。

(4) 无因管理　无因管理是指没有法定的或者约定的义务，为避免他人利益遭受损失，自愿为他人管理事务或财物的行为。

(5) 单方民事法律行为　指因一方的意思表示就可以成立的民事法律行为。这种单方法律行为能在与该行为有关的当事人之间发生一定的权利义务关系，即债的关系。

3. 债的担保

债的担保是为督促债务人履行债务，保障债权得以实现的一种法律制度。

债的担保方式有：

(1) 保证　保证是指第三人与债权人约定，当债务人不履行债务时，由第三人按照约定履行债务或承担责任的一种保证方式。第三人被称为保证人。

(2) 抵押　抵押是指合同的一方当事人或者第三人，用自己特定的财产向对方当事人保证履行合同义务的一种保证方式。

(3) 定金　定金是指为确保合同履行，一方向对方支付一定的货币的保证方式。

(4) 留置　留置是指合同的一方当事人由于对方不履行合同义务，对依照合同已经占有的对方财产采取的扣留处置的一种保证方式。

4. 债的消灭

债因下列法律事实的出现而消灭：

- 因履行而消灭。
- 因双方协议而消灭。
- 因当事人死亡而消灭。
- 因抵消而消灭。
- 因债权人免除债务而消灭。
- 因债务人依法将标的物提存而消灭。
- 因法律规定或者当事人约定终止的其他情形而消灭。

> 讨论
> 父债子还，对吗？

三、人身权

1. 人身权的概念

人身权,是指法律赋予民事主体的与其生命和身份延续不可分离而无直接财产内容的民事权利。

2. 人身权的种类

人身权分为人格权和身份权两方面内容:

(1)人格权　人格权是法律规定的作为民事法律关系主体所应享有的权利,主要包括:①姓名权;②荣誉权;③名誉权;④生命权;⑤身体健康权;⑥自由权;⑦肖像权。

(2)身份权　身份权指因民事主体的特定身份而产生的权利,主要包括:①知识产权中的人身权利;②监护权;③公民在婚姻家庭关系中的身份权,即亲权;④继承权。

(3)人身权的保护方法　《民法通则》第120条规定了适用保护人身权的民事责任形式:停止侵害;消除影响;恢复名誉;赔礼道歉;赔偿损失。

四、知识产权

知识产权,又称智力成果权,是指智力成果的创造人和工商业生产经营标记的所有人依法所享有的权利的总称。

1. 著作权

(1)著作权的概念　著作权又称版权,它是指公民、法人或非法人单位创作了某种作品,依法享有署名、发表、出版、获得报酬等的权利。

(2)著作权的主体　著作权的主体就是作品的作者及其他依法享有著作权的人。作者可以是公民,也可以是法人或者非法人单位,还可以是若干个公民或法人(合著)。国家在一定情况下也可成为著作权的主体。

(3)著作权的客体　著作权的客体就是作品,是指文学、艺术和科学领域内,具有独创性并能以某种有形的形式复制的智力创作成果。

(4)著作权的保护　著作权自作品完成创作之日起产生,并受著作权法保护。作者的署名权、修改权、保护作品完整权的保护则不受限制。公民的作品,其发表权、使用权和获得报酬权的保护期为作者终生及其死后50年;合作作品的保护期截止到最后死亡的作者死亡后50年;法人或非法人单位的作品,著作权(署名权除外)由法人或非法人单位享有的职务作品,其发表权、使用权和获得报酬权的保护期为50年,从作品首次发表之日起算。

2. 专利权

(1)专利权的概念　专利权是指国家专利主管机关依法授予专利申请人及其继受人在一定期间内实施利用其发明创造的独占权利。

(2)专利权的主体　是指能够提出专利申请和获得专利权的自然人或法人。主要有:①发明人或设计人;②发明的合法继受人,即通过各种合法的形式取得发明的所有权的人。

(3)专利权的客体　专利权的客体是指能够取得专利法保护的发明创造。包括有:

- 发明,指对产品、方法或者其改进所提出的新的技术方案;
- 实用新型,指对产品的形状、构造或者其结合所提出的实用的新的技术方案;
- 外观设计,指对产品的形状、图案、色彩或者其结合所作的富有美感并适于工业上应用的新设计。

法律规定,下列各项不授予专利权:
- 科学发现;
- 智力活动的规则和方法;
- 疾病的诊断和治疗方法;
- 动物和植物品种;
- 用原子核变换方法获得的物质。

(4)专利的申请、审查和批准　国家专利局收到专利申请后,要对专利申请文件进行初步审查。经审查无异议或异议不能成立的,专利局应当做出授予专利权的决定,发给专利证书,并将有关事项予以登记和公告。两个以上的申请人分别就同样的发明创造申请专利的,专利权授予最先申请人,即法律规定实行"申请在先"的原则。

中国单位或个人将其在国内完成的发明创造向外国申请专利的,应首先向专利局申请专利,并经国务院有关主管部门同意后,委托国务院指定的专利代理机构输出。

(5)专利权的法律保护　法律规定,发明专利的保护期限为20年,实用新型的外观设计专利权的保护期为10年,自申请日起计算。过期,专利权归于消灭。

3. 商标权

(1)商标权的概念　商标是商品的标识或标记,商标权是指商标注册后依法取得的商标专用权利。

(2)商标权的主体、客体和内容
- 商标权的主体,是企业、事业单位和个体工商业者。外国人或者外国企业在我国也可以成为商标权的主体。
- 商标权的客体,是经过注册的商标和工商企业的信誉。
- 商标权的内容,是指商标权人的权利和义务。

(3)商标注册的申请、审查、核准和有效期　国家工商行政管理部门商标局为商标注册和管理的主管部门。

生产者取得商标权,须向商标局提出申请,由商标局初步审定,予以公告。两个或两个以上的申请人在同一种商品上,以相同或相似的商标申请注册的,商标局公告申请在先的商标;同一天申请的,公告使用在先的商标。经公告3个月内无异议或异议不成立的,商标局予以核准注册,发给商标注册证,并予以公告。

五、财产继承权

1. 财产继承权的概念及特征
(1)财产继承权　财产继承权是指公民依法承受死者个人所遗留的合法财产的权利。
(2)财产继承权的法律特征　为:
- 它与财产所有权相联系;
- 它与一定身份相关联;
- 其实现必与一定法律事实相联系。

(3)继承的方式　我国遗产继承的方式有四种:法定继承;遗嘱继承;遗赠和遗赠抚养协议。

2. 法定继承
(1)法定继承的概念　法定继承是指关于继承人的范围、继承的顺序以及遗产分配的原则,按法律规定处理的一种继承方式。

(2)法定继承人的顺序和范围　我国法定继承分为两个顺序:第一顺序:配偶、子女、父母。第二顺序:兄弟姐妹、祖父母、外祖父母。同一顺序中的继承人的权利是相等的。继承开始后,由第一顺序继承人继承,第二顺序继承人不继承,没有第一顺序继承人的,由第二顺序继承人继承。

(3)代位继承　代位继承是指被继承人的子女先于被继承人死亡,被继承人的子女的晚辈直系血亲可以代替被继承人的子女继承其应继承的遗产。

代位继承人只限于被继承人子女的晚辈直系血亲,并且只能继承被代位继承人应继承的份额。婚生子女、非婚生子女、养子女和有抚养关系的继子女具有同等的代位继承权。

3. 遗产处理

(1)有人继承或受遗赠的遗产的处理　继承从被继承人死亡或者依法被宣告死亡时开始。继承开始的地点,通常是死者生前住所地或主要遗产所在地。

继承开始后,按照法定继承办理;有遗嘱的,按照遗嘱继承或者遗赠办理;有遗赠抚养协议的,按照协议办理。

(2)无人继承又无人受遗赠的遗产的处理　如果死者生前是集体所有制组织的成员,其遗产归集体所有;如果死者生前不是集体所有制组织成员,其遗产一律归国家所有。

(3)遗留债务的清偿　继承遗产的人应首先清偿被继承人的依法应当缴纳的税款和债务。被继承人生前的合法债务,继承人应负责先用遗产清偿,然后再进行遗产分割,清偿的原则是以遗产的实际价值为限。

(4)继承的诉讼时效　继承权纠纷提起诉讼的期限为2年,自继承人知道或应当知道其权利被侵害之日起计算。但自继承开始之日起超过20年的,不得再提起诉讼。

你知道吗

中国现代法律思想简述

中华人民共和国是全国各族人民共同缔造的统一的多民族国家。平等、团结、互助的社会主义民族关系已经确立,并将继续加强。在维护民族团结的斗争中,要反对大民族主义,主要是大汉族主义,也要反对地方民族主义。国家尽一切努力,促进全国各民族的共同繁荣。

中国革命和建设的成就是同世界人民的支持分不开的。中国的前途是同世界的前途紧密地联系在一起的。中国坚持独立自主的对外政策,坚持互相尊重主权和领土完整、互不侵犯、互不干涉内政、平等互利、和平共处的五项原则,发展同各国的外交关系和经济、文化的交流;坚持反对帝国主义、霸权主义、殖民主义,加强同世界各国人民的团结,支持被压迫民族和发展中国家争取和维护民族独立、发展民族经济的正义斗争,为维护世界和平和促进人类进步事业而努力。

中华人民共和国宪法以法律的形式确认了中国各族人民奋斗的成果,规定了国家的根本制度和根本任务,是国家的根本法,具有最高的法律效力。全国各族人民、一切国家机关和武装力量、各政党和各社会团体、各企业事业组织,都必须以宪法为根本的活动准则,并且负有维护宪法尊严、保证宪法实施的职责。

知识点 4 合　同

一、合同法的相关概念

1. 合同法的概念

合同法是调整平等主体之间合同关系的法律规范的总和。所谓合同关系，是以商品交换或劳务给付为标的的合同订立、效力、履行、变更和转让、终止，以及违约责任等为内容的民事权利义务关系。

2. 合同法的基本原则

合同法的基本原则是适用于合同行为、合同关系以及合同司法等活动的基本准则。

（1）合同自由原则　合同自由原则是《合同法》第4条规定的基本原则，也是合同法的首要原则。

所谓合同自由，是指当事人可以依法自主自愿地选择对方当事人，就某一交易活动或合同标的平等协商，以约定方式缔结合同的权利或自由。这一原则，在合同法上称为契约自由，是资产阶级民法典中的三大基本原则之一。

（2）平等、公平原则　平等原则，是指合同当事人在交易活动中的法律地位平等的原则。这一原则，不是合同法的特有原则，而是民法平等这一基本原则在合同法立法中的反映。所谓公平原则，是指合同当事人在交易活动中，以公正平允为交易准则，协议和确定双方的合同权利和合同义务为内容。公平原则也是一项民法基本原则，而非合同法的专有基本原则。

（3）诚实信用原则　诚实信用，是指合同当事人按照社会生活中具有普遍意义的公平、真诚与恪守信用的规则进行交易活动，订立和履行合同的原则。这一原则也是《民法通则》和民法学中的一项基本原则。最初，诚实信用主要是一种约束当事人行为的道德规范或者道德规则。后来，民事立法时，认可了它在调整当事人在民事活动时（包括民事义务履行时，以及民事纠纷解决时）的规范价值，从而赋予了它在合同关系调整时基本准则的功能。

（4）守法与合同保护原则　守法原则，是指合同的订立、履行、变更和解除、终止，及其内容和形式应当符合法律规定的原则。合同受保护原则，是指依法成立的合同，对当事人具有法律约束力，当事人非于双方协商一致或依法不得变更或者解除合同，以及合同外第三人非依法律规定不得阻碍合同义务履行的原则。

3. 合同的内容

合同的内容是指合同当事人在合同关系中所享有的权利和义务，在合同形式上表现为合同的条款。合同条款不仅是判定合同成立与生效的依据，也是决定合同内容的因素。

（1）合同条款

①合同的必要条款与非必要条款　合同条款根据其是否为合同成立所必须分为必要条款和非必要条款。

必要条款是指合同成立所必须具备的条款；非必要条款则指并非合同成立所必须具备的条款。合同的必要条款包括当事人、合同的标的、数量以及合意条款。非必要条款是当事人在订立合同时不必明示的合同条款，除上述合同必要条款之外的其他合同条款均为合同的非必要条款。非必要条款尽管不是成立合同的必要条款，但对于确定当事人在合同中的权利、义务仍然有重要意义，因而不能认为非必要条款是不重要的合同条款。

②协商条款与格式条款　协商条款是指经过当事人协商一致而订入合同的条款。格式条款是当事人为了重复使用而预先拟订,并在订立合同时未与对方协商的条款。

(2)合同当事人的权利和义务

①合同权利　合同权利也称为合同债权,是指一方当事人根据合同请求另一方当事人为或不为一定的行为权利。合同权利主要包括以下几项权能:

·第一,请求权,即合同债权人有权根据合同要求另一方为或不为一定行为的权利,理论上称给付请求权或请求履行权。

·第二,给付受领权。它也称为接受履行的权利,是指债务人依据法律或者当事人的约定履行债务时,债权人接受并永久保持履行所得利益的权利。

·第三,保护请求权。合同的保护请求权是指当债务人不履行债务时,债权人有权请求法院或有关机关强制其履行。

·第四,处分权能。它是指债权人享有的处分债权的权利。权利人原则上均有处分权,如将合同债权转让、设定债权质权,或者抵消和抛弃债权(表现为合同债务的免除)等,法律一般不予干涉。除此之外,合同权利还包括合同解除权、代位权、撤销权等。

②合同义务　合同义务,也称合同债务,是指合同当事人应对方请求为或不为某种行为的法律约束,在法律上体现为一种当为性。

·给付义务

所谓给付是指债权人请求债务人为或不为的某种特定行为,该种行为既可以是某种作为,如交付货物或提供劳务,也可以是不作为,如为所知悉的秘密承担保密义务。

·附随义务

所谓附随义务,是指为履行给付义务或保护当事人人身或财产利益,在合同发展过程中基于诚实信用原则而发生的义务,如说明、通知、保护、照顾、保密义务等。

·不真正义务

不真正义务是指合同相对人虽不得请求义务人履行,义务人违反也不会发生损害赔偿责任,而仅使负担此义务者遭受权利减损或丧失后果的义务,理论上也称间接义务。如《合同法》第119条第1款规定:"当事人一方违约后,对方应当采取适当措施防止损失的扩大;没有采取适当措施致使损失扩大的,不得就扩大的损失要求赔偿。"

·先合同义务与后合同义务

由法律所规定,当事人在缔结合同过程中因诚实信用原则而产生的照顾、保护、忠实等义务,民法学说上称之为先合同义务。违反先合同义务,将导致缔约过失责任的承担。在合同履行完毕后,根据诚实信用原则,一方有为或不为一定行为的义务,如保密、竞业禁止等义务,以维护合同履行效果,或协助对方处理合同终了善后事务,学说上称之为后合同义务。违反后合同义务,与违反合同义务后果相同,当事人依据合同法原则承担违约责任。

二、合同的订立与效力

合同的目的是为设立、变更或终止债权债务关系。作为民、商事合同,其订立的前提是合同的双方当事人在法律地位上相互平等,意思表示真实、自主、自愿,而无强迫或受到干预。与此同时,法律赋予依法成立的合同具有拘束当事人各方乃至第三人的强制力。

1. 合同的订立

合同的订立(Conclusion of Contract),是指缔约人为意思表示并达成合意的状态。

订立合同的行为是一种法律行为,是合同生效的前提,也是当事人履行义务、享有权利、解决纠纷及请求法律保护的依据。合同订立时,要注意如下法律要件:

(1)订立合同的主体资格　订立合同的当事人须有合同行为能力和相应的缔约行为能力。《合同法》第9条规定:"当事人订立合同,应当具有相应的民事权利能力和民事行为能力。当事人依法可以委托代理人订立合同。"这一规定,正是对订立合同的主体资格做出的限定。

例如,签订货物进出口合同必须要求当事人具备经批准或合法登记过的进出口经营权。对经营性的法人或者非法人经济组织,其缔约能力应当与核准的经营范围相一致,其他当事人的能力也应当与法人登记或其设立宗旨相一致。

(2)合同订立的方式　《合同法》第13条规定:"当事人订立合同,采取要约、承诺方式。"要约和承诺是合同订立的基本程序,只有一方当事人的要约被另一方当事人承诺,合同才能成立。

- 要约　要约(Offer),又称发盘,是指希望和他人订立合同的意思表示。即一方当事人向他人做出的、希望以一定条件订立合同的意思表示。做出要约的人,称为要约人;要约的相对人,称为受要约人。当事人就缔结合同交换意思表示的过程,《合同法》中称其为要约与承诺。

- 承诺　承诺(Acceptance),又称还盘,是指受要约人同意要约的意思表示。做出承诺的人,为承诺人,即受要约人。承诺的相对人为受承诺人,即要约人。

承诺是一种意思表示,承诺的形式可分为明示和默示两种。明示的承诺,含口头承诺和书面承诺;默示的承诺,指推定行为。承诺没有发出承诺通知,但按照要约的要求履行了一定行为,该履行行为表明行为人有承诺的意思,即推定为承诺人已承诺,合同成立。

承诺于到达要约人时生效。明示的承诺于承诺通知到达要约人时生效,默示的承诺于推定行为到达要约人时生效。承诺的生效导致合同成立。合同成立,承诺归于消灭。

2. 合同的成立

合同的成立(Contract Establishment),指合同当事人双方意思表示达成一致,标志着合同产生和存在。

(1)合同成立的要件　合同成立始于承诺生效,它是当事人对合同标的、数量等内容协商一致的结果。所以,合同成立必须有以下两个要件:须有两方以上订立合同的当事人;对合同标的、数量、质量、价款或者报酬等内容经协商一致,达成合意。

合同不具备成立的要件,即不成立。合同的不成立,有以下几种情形:一人自行订立合同;当事人之间订立合同的意思表示不一致,未形成要约、承诺的合致;合同的客体不确定;要物合同未履行物的给付;须经批准、登记方能成立的合同未履行批准、登记手续;法律规定或者是当事人约定采用书面形式订立合同,当事人未订立书面合同且未履行的。

(2)合同成立的地点　《合同法》第34条规定,合同成立的地点,是指承诺生效的地点。假如采用数据电文形式订立合同的,收件人的主营业地为合同成立的地点;没有主营业地的,其经常居住地为合同成立的地点,当事人另有约定的,按照其约定。当事人采用合同书形式订立合同的,双方当事人签字或者盖章的地点为合同成立的地点。

(3)合同成立的时间　要式合同成立的时间,为完成特定手续的时间;不要式合同的成立时间,为承诺生效的时间;电子合同的成立时间,要约人指定特定的电子系统接收数据电文的,以承诺的数据电文进入该特定系统的时间为合同成立时间;要约人未指定特定系统

的,承诺的数据电文进入要约人任何系统的首次时间为合同成立时间。

3. 合同的效力

合同的效力(Effect of Contract),是指合同的法律效力,它并不是来自当事人的约定,而是由法律所赋予的。也就是我们日常所说的合同有效与无效问题。

(1)有效合同　有效合同必须具备三个要件:行为人具有相应的民事行为能力;意思表示真实;不得违反法律、损害国家和社会公共利益。

按《合同法》第52条规定,有下列情况之一,合同无效:以欺诈胁迫手段订立合同;恶意串通,损害国家、集体或者第三人利益;以合法形式掩盖非法目的的;损害社会公共利益;违反法律、行政法规的强制性规定。

> **讨论**
> 合同里经常出现的非可抗力包括自然死亡吗?

(2)可撤销合同　《合同法》还对可撤销合同和合同效力待定问题作了具体规定。可撤销合同是产生于:因重大误解订立的合同;在订立合同时显失公平;一方以欺诈、胁迫手段或者乘人之危,使对方在违背真实意思的情况下订立的合同。

合同撤销权的行使是有一定期限的,一般是当事人从知道或者应当知道撤销事由之日起的一年之内。

合同成立是解决合同是否存在的问题,而合同生效是解决合同是否具有法律效力的问题。两者往往同时发生,关系密切,互为一体,即合同成立是合同生效的前提,合同的法律效力又是合同履行的基础。

三、合同的履行与担保

1. 合同的履行

合同当事人要遵循全面履行和诚实信用的履行原则,切实完成合同义务。

(1)合同履行的一般规则　合同生效后,各方当事人应严格按照合同约定的内容切实全面履行合同义务。如果双方就合同的质量、价款或者报酬、履行地点等内容没有约定或约定不明确的,可以协议补充。不能达成补充协议的,按合同有关条款或依交易习惯确定。

(2)合同履行的特别规则

①同时履行抗辩权　在没有约定履行顺序的双务合同中,当事人应同时履行自己的义务。如果债务清偿期届满,一方当事人仍未履行义务或履行义务不符合约定要求的,他方当事人有权拒绝其履行要求,暂不履行自己的义务。

②后履行抗辩权　后履行抗辩权指在双务合同中,当事人依照合同约定或法律规定,有先后顺序,先履行一方未履行债务或履行债务不符合约定的,后履行一方有权拒绝其相应的履行要求的行为。

③不安抗辩权　不安抗辩权是指在双务合同中应当先履行债务的当事人,有确切证据证明后履行义务的当事人出现不能保证其债务履行的法定情形,可以终止履行自己的义务的行为。

适用下列情形:

经营状况严重恶化;转移财产、抽逃资金,以逃避债务;丧失商业信誉;有丧失或者可能丧失履行债务能力的其他情形。

当事人没有确切证据中止履行的,应当承担违约责任。当事人中止履行的,应当通知对方。对方提供适当担保时,应当恢复履行。

④中止履行　中止履行是指在合同履行过程中,由于某种特定情况的出现而暂停合同履行的行为。

⑤提前履行或部分履行　在不损害债权人利益的前提下,债务人可以提前履行债务或部分履行债务。

2. 合同的保全

合同的保全是指为防止债务人财产的不正当减少给债权人权利带来危害而设置的一种保全形式。主要有以下形式:

(1)代位权

①定义　因债务人怠于行使享有的对第三人的到期债权而对债权人造成损害的,债权人可以向人民法院请求以自己的名义代位行使债务人对第三人的债权,以保全自己的利益实现。

②符合条件

- 第一,债权人对债务人的债权合法;
- 第二,债务人怠于行使其到期债权,对债权人造成损害;
- 第三,债务人的债权已到期;
- 第四,债务人的债权不是专属于债务人自身的债权。

(2)撤销权

①定义　因债务人放弃其到期债权或者无偿转让财产,对债权人造成损害的,债权人可以请求人民法院撤销债务人的行为。

②符合条件

- 第一,债务人实施了一定的处分其财产或者权利的行为;
- 第二,债务人实施的处分行为须发生于债务成立之时或之后;
- 第三,债务人的处分行为会对债权人造成损害;
- 第四,债务人和受让人主观上有恶意或过错。

3. 合同的担保

合同的担保是当事人在订立合同时,为确保合同切实履行而采取的具有法律效力的保证措施。主要有以下形式:

(1)保证

①定义　定义是指保证人与债权人约定,当债务人不履行债务时,保证人按照约定履行债务或承担责任的行为。

②保证人的资格　具有代为清偿债务能力的法人、其他组织或自然人,可以作保证人。

③下列情形除外　国家机关不得为保证人;学校、幼儿园、医院等以公益为目的的事业单位、社会团体不得为保证人;企业法人的分支机构、职能部门不得为保证人。

④保证的方式　一般保证和连带保证。

(2)抵押

①定义　定义是指债务人或者第三人不转移特定财产的占有,将该财产作为债权的担保。

②抵押物的范围　抵押人所有的房屋和其他地上定着物;抵押人所有的机器、交通运输工具和其他财产;抵押人依法有权处分的国有土地使用权和其他地上定着物;抵押人依法有

权处分的国有的机器、交通运输工具和其他财产；抵押人依法承包并经发包方同意抵押荒山、荒沟、荒丘、荒滩等荒地的土地使用权等；依法可以抵押的其他财产。

③抵押合同　应当以书面形式订立抵押合同。法律规定必须要进行登记的，要办理抵押物登记。

（3）质押　质押分为动产质押和权利质押。

①动产质押　动产质押是指债务人或第三人将其动产移交债权人占有，将该动产作为债权的担保。应当订立书面质押合同。质押合同自质物移交于质权人占有时生效。

②权利质押　权利质押是指债务人或第三人将其享有的并可依法转让的财产权利凭证交给债权人占有，作为债权的担保。下列权利可进行质押：汇票、本票、支票、债券、存款单、仓单、提单；依法可以转让的股份、股票；依法可以转让的商标专用权、专利权、著作权中的财产权；依法可以质押的其他权利。

（4）留置

①定义　定义是指债权人按照合同的约定占有债务人的动产，债务人不按照合同约定的期限履行债务的，债权人有权依法留置该财产，以该财产折价或者以拍卖、变卖该财产的价款优先受偿。

②符合条件
- 第一，债权人须已合法地占有债务人的财产；
- 第二，该财产须与该成员有关；
- 第三，债务已届清偿期；
- 第四，不违反约定。

（5）定金

①定义　定义是合同当事人一方为了保证合同的履行，在合同订立时预先给付对方当事人的一定数额的金钱。

②定金罚则　给付定金的一方不履行约定的债务的，无权要求返还定金；收受定金的一方不履行约定的债务的，应当双倍返还定金。

四、合同的变更、转让与中止

市场经济运行机制中，每发生一种社会关系，每进行一项交易，每推行一项商事活动，都以合同的目的实现为追求。然而，合同关系是动态的法律关系，当事人不但可以履行合同，还可以依法变更合同的内容，转让合同的权利和义务，从而使合同的成立、履行与终止增添了许多现实而复杂的情况。

1. 合同变更

合同的变更（Modification of Contract），是指在合同成立以后至未履行或者未完全履行之前，当事人经过协议对合同的内容进行修改和补充。

《合同法》规定：经当事人协商一致，可以变更合同。法律、行政法规规定变更合同应当办理批准、登记手续的，依照其规定。

合同成立后，合同内容的履行不是绝对不可改变的，经双方当事人协商一致，或者经法院、仲裁庭判裁，可以变更合同内容，如增减给付、延期给付、改变交付地点、改变标的物种类等。

当事人变更合同必须要有以下条件：

- 当事人之间确实存在着有效的合同关系,是在原合同基础上的变更;
- 合同的变更应依据法律的规定或者当事人的约定;
- 合同的变更必须遵守法定形式,即法律规定要求变更合同,应当办理批准和登记手续的,必须遵其行事,否则变更无效;
- 必须有合同的内容变化。

2. 合同转让

合同的转让(Assignment of Contract),是指合同的主体发生变化,即由新合同的当事人将合同的全部或部分权利义务转让给第三人,但合同的客体,即合同的标的不变。

在合同转让的关系中,合同关系的当事人有债权人、债务人和第三人。合同的转让表明,合同的权利义务由新的当事人,即第三人承受,在合同的转让中,转让人与受让人形成新的合同关系。合同的转让包括:债权让与、债务承担和概括承受。

(1)债权让与 债权让与(Assignment of Creditor's Rights),又称债权的转让,指合同的债权人将债权转让给受让人,受让人成为原合同新的债权人,取代了原债权人的地位。

债权人可以将合同的权利全部或者部分转让给第三人,这种转让有两种方法:一是合同转让,即依据当事人之间的约定而发生的债权债务的移转;二是因企业的合并而发生的债权、债务的移转。

当事人订立合同后合并的,由合并后的法人或者其他组织行使合同权利,履行合同义务。当事人订立合同后分立的,除债权人和债务人另有约定以外,由分立的法人或者其他组织对合同的权利和义务享有连带债权,承担连带债务。

债权人转让权利的,应当通知债务人。未经通知,该转让对债务人不发生效力。债权人转让权利的通知不得撤销,但经受让人同意的除外。债权人转让权利的,受让人取得与债权有关的从权利,但该从权利专属于债权人自身的除外。

债务人接到债权转让通知后,债务人对让与人的抗辩,可以向受让人主张。债务人接到债权转让通知时,债务人对让与人享有债权,并且债务人的债权先于转让的债权到期或者同时到期的,债务人可以向受让人主张抵消。

现实中,并不是所有的合同都能够转让,根据《合同法》第79条规定,有下列情形之一的除外:根据合同性质不得转让;按照当事人约定不得转让;依照法律规定不得转让。

(2)债务承担 债务承担(Assumption of Debts),又称债务的转让,是指债务转由第三人全部承担或者分担。债务人将合同的义务全部或者部分转移给第三人的,应当经债权人同意。债务人转移义务的,新债务人可以主张原债务人对债权人的抗辩。债务人转移义务的,新债务人应当承担与主债务有关的从债务,但该从债务专属于原债务人自身的除外。

债务承担分为免责债务承担和并存债务承担。免责债务承担,又称单纯的债务承担,指债务全部由第三人承担,第三人取得债务人的地位,原债务人摆脱债务关系。并存债务承担,又称共同的债务承担或者债务加入,指第三人加入既存的债务关系,与债务人共同承担债务。

3. 合同终止

合同的终止(Terminate of Contract),又称合同的消灭,是指合同当事人双方终止合同关系和合同确立的权利与义务。合同的债权债务关系完成消灭,合同方为终止。合同终止,主债权消灭,从债权同时消灭。

《合同法》第91条规定,有下列情形之一的,合同的权利义务终止:债务已经按照约定履行;合同解除;债务相互抵消;债务人依法将标的物提存;债权人免除债务;债权债务同归于

一人;法律规定或者当事人约定终止的其他情形。

合同的权利义务终止后,当事人应当遵循诚实信用原则,根据交易习惯履行通知、协助、保密等义务。

合同由于下列原因而终止:

(1)履行完毕(Performance Finished) 合同履行完毕就是债务得以清偿。清偿(Payment),是由债务人向债权人履行合同规定的义务。合同履行期间届满,如合伙终期届至,都可以致使合同终止。

(2)免除(Release) 即指债权人向债务人做出免去债务责任的意思表示,债务人表示接受,致使合同终止的双方法律行为。债权人免除债务人部分或者全部债务的,合同的权利义务部分或者全部终止。

(3)抵消(Set-off) 即指二人互负债务,彼此债务在对等数额内相互清偿,致使双方债权同时消灭的法律行为。抵消可分为单方抵消、合同抵消和判决抵消。当事人互负到期债务,该债务的标的物种类、品质相同的,任何一方可以将自己的债务与对方的债务抵消,但依照法律规定或者按照合同性质不得抵消的除外。当事人互负债务,标的物种类、品质不相同的,经双方协商一致,也可以抵消。

(4)提存(Deposit) 即指因债权人受领迟延或者债权人不明难为给付,债务人将提存物提交提存机关,从而消灭债务的法律行为。《合同法》第101条规定有下列情形之一,难以履行债务的,债务人可以将标的物提存:债权人无正当理由拒绝受领;债权人下落不明;债权人死亡未确定继承人或者丧失民事行为能力未确定监护人;法律规定的其他情形。

> 讨论
> 合同终止一般是指自然终止,还是强制终止呢?

(5)混同(Merger) 即指债权与债务同归于一人,即同一个人既是债权人同时又是债务人,在这种情况下,债的关系归于消灭。混同的原因主要有:民法上的继受、商法上的继受和特定继受。债权和债务同归于一人的,合同的权利义务终止,但涉及第三人利益的除外。

(6)解除(Resolution) 即指合同成立后,由双方协议,或者由一方当事人做出意思表示停止合同的效力,致使合同终止的法律行为。《合同法》第94条规定,有下列情形之一的,当事人可以解除合同:因不可抗力致使不能实现合同目的;在履行期限届满之前,当事人一方明确表示或者以自己的行为表明不履行主要债务;当事人一方迟延履行主要债务,经催告后在合理期限内仍未履行;当事人一方迟延履行债务或者有其他违约行为致使不能实现合同目的;法律规定的其他情形。

法律规定或者当事人约定解除权行使期限,期限届满当事人不行使的,该权利消灭。法律没有规定或者当事人没有约定解除权行使期限,经对方催告后在合理期限内不行使的,该权利消灭。合同解除后,尚未履行的,终止履行;已经履行的,根据履行情况和合同性质,当事人可以要求恢复原状,采取其他补救措施,并有权要求赔偿损失。

此外,当事人死亡或者丧失民事行为能力等原因,都可以导致合同的终止。

五、合同争议的解决方式

1. 合同争议的含义及表现

所谓合同争议,又称合同纠纷,是指合同当事人之间对合同履行的情况和不履行或者不完全履行合同的后果产生的各种纠纷。当事人对履行合同的情况产生的争议,一般是指对合同是否已经履行或者是否按合同约定履行产生的分歧;对合同不履行或者不完全履行的后果的争议,一般是指对没有履行或者不完全履行合同的责任由哪一方承担或者如何承担产生的分歧。在现实生活中,合同签订后,当事人之间因各种客观情况或者主观原因难免要发生合同争议。因此,有必要对合同争议的有关问题进行说明。

从内容上讲,这里所说的"合同争议"应作广义的解释,凡是合同双方当事人对合同是否成立、合同成立的时间、合同内容的解释、合同的效力、合同的履行、违约责任,以及合同的变更、中止、转让、解除、终止等发生的争议,均应包括在内。归纳起来说,合同争议主要表现在以下几个方面:

(1)因合同订立引起的争议 从司法实践看,在合同争议案件中,大量的是因为双方当事人在订立合同时不认真,内容(条款)规定不具体、不明确,合同的形式和订立程序不符合法律、法规规定而造成的。这方面的合同争议主要包括:

• 因合同主体不合法而引起的争议 例如,有的当事人没有民事行为能力,或者是限制民事行为能力人,却签订与其能力不相符的合同,引起合同争议;有的超出工商行政管理部门核准的经营范围而签订合同,引起合同争议;有的利用作废合同冒名顶替,引起合同争议;有的借口单位领导不同意,否认已签订的合同,引起合同争议等。

• 因代签合同引起的争议 例如,有的主管机关未经企业同意,代签合同,企业不承认,拒绝履行合同,从而引起争议;有的因委托个人签订,单位推卸责任发生合同争议等。

• 因合同订立程序不合规定而引起的争议 例如,有的因签订合同手续不全,引起争议;有的为降低价格,借口未经签证,宣布无效,引起合同争议。

• 因合同订立的形式产生的争议 例如,有的口头合同,一方不履行,发生争议,有的必须履行法定审批手续而未履行,导致合同无效,从而发生争议。

• 因合同内容引起的争议 例如,有的因合同质量条款要求不明确,成交后发生争议;有的因合同数量条款规定的不明确,在履行中发生纠纷;有的因交货日期在合同中没有写明,导致合同争议等。

(2)因合同履行发生的争议 合同订立后,因一方或者双方不履行合同或者不适当履行合同而发生的争议,也是多种多样的。这类合同争议主要有:

• 违反合同不交货产生的争议 例如,不按合同规定交货,另行高价销售,产生争议等。

• 不按合同规定收货引起的纠纷 例如,如因市场行情变化,商品滞销,不按合同规定接受对方交付的货物而引起的争议等。

• 不按合同规定的数量交货(不交、多交或者少交)而引起的争议。

• 不按合同规定的质量条件履行合同而发生的争议。

• 不按合同规定的产品规格履行合同而引起的争议。

• 产品包装不符合合同规定引起的争议。

• 不按合同规定的履行期限履行合同发生的争议。

• 因拖欠货款引起的合同争议。

• 不按合同规定的价格交付价金引起的争议。

• 不按合同规定的履行方式履行引起的纠纷。

总之,当事人一方或者双方不按合同规定的每一条款履行,都会产生合同争议。

(3)因变更或者解除合同而产生的合同争议 在实践中,往往有许多原因使合同发生变更,有的是原订合同主体因为关、停、并、转或者分立,发生变更后合同规定的义务由谁履行,由此产生争议;有的是因合同内容经协商变更后,一方又反悔,从而引起争议等。也有因不按法律或者合同规定的方式、程序变更或者解除合同,从而引起合同争议的情况。

2. 解决合同争议的意义

当事人之间发生各种合同争议时,就需要妥善地来解决。解决合同争议,对保护当事人的合法权益,维护社会主义市场经济秩序,促进社会主义现代化建设具有重要的意义。具体讲,主要有下列几个方面的作用:

(1)有利于维护当事人的合法权益　当事人订立合同的目的,就是为了获得一定的利益。每一个合同都体现了当事人的利益,这种利益只有通过顺利履行合同才能得到实现。因各种原因不履行合同或者不完全履行合同,订立合同目的就难以,甚至不能实现,当事人的利益因而会受到损害。这就需要妥善解决由此产生的合同争议,使受害方当事人遭受的损失得到补偿,或者通过继续履行合同,完成合同规定的义务,直至实现合同订立的目的。如果不解决合同争议,当事人的合法利益就得不到维护。

(2)有利于维护正常的社会经济秩序　在我国社会主义市场经济中,各市场主体,无论是国有企业、集体企业、股份制企业、合伙企业、私营企业、个体工商户、农村承包经营户和其他组织、个人,还是中外合资企业、中外合作企业、外商独资企业、外国驻华组织、外国人、无国籍人等,它们在生产建设、科研等工作和日常生活方面形成的社会经济关系,大都是通过合同来体现的。一旦产生合同争议,就会使社会经济生活中的某一具体环节发生障碍,会造成局部的生产停顿,合作中断,资金不能流通,进而直接或者间接地影响社会经济的正常发展。因此,只有及时解决合同争议,才能理顺社会经济往来关系,维护正常的社会经济秩序,促进社会主义市场经济发展。

(3)有利于在社会经济领域内加强社会主义法制

法律是管理社会经济的重要手段之一。为了运用法律手段,就需要加强经济民事立法和司法,增强各主体的法制观念。通过解决合同争议,尤其是通过审判和仲裁解决争议,不仅是有关的合同法律得以正确实施的重要保证,也是增强人们法制观念的一个有效途径。因为,通过处理合同争议,一方面,对于因过错违约的当事人要依法追究违约责任,对于利用合同进行违法犯罪活动的当事人要依法追究刑事责任;另一方面,发生争议的合同当事人和其他人员可以从争议中吸取经验教训,掌握和熟悉有关法律知识,学会依法办事,避免此类争议的再次发生。实践中,每一次解决合同争议,都会增强合同当事人和其他有关人员的法制观念。所以,无论采取什么方式解决合同争议,都有利于加强我国法律建设。

3. 合同争议解决的方式和诉讼、仲裁时效

(1)合同争议的解决方式　无论是哪种合同争议,都需要采取适当的方式(或者途径)来解决,根据《合同法》的规定即发生合同争议时,当事人可以通过协商或者调解解决;当事人不愿协商、调解或者协商、调解不成的,可以根据仲裁协议向仲裁机构申请仲裁;当事人没有订立仲裁协议或者仲裁协议无效的,可以向人民法院起诉。

从上述规定可以看出,解决合同争议的方式有四种,即当事人自行协商;第三人调解;仲裁机构仲裁;法院诉讼。

上述四种方式是《合同法》规定的解决合同争议的方式,至于当事人选择适用上述什么方式来解决其合同争议,则取决于当事人自己的意愿,其他任何单位和个人都不得强迫当事人采用哪种解决方式。对于解决的方式,当事人双方可以在签订合同时就选择,并把选择出

的方法以合同条款形式写入合同,也可以在发生争议后就解决办法达成协议。在解决合同争议的过程中,任何一方当事人都不得采取非法手段,否则将依法追究违法者的法律责任。

需要指出的是,不管采取什么方式解决合同争议,当事人都可以聘请精通法律知识的律师为自己的代理人或者作为法律顾问,让律师来帮助解决。

(2)合同争议诉讼、仲裁的时效 《合同法》规定,"国际货物买卖合同和技术进出口合同提起诉讼或者申请仲裁的期限为四年,自当事人知道或者应当知道其权利受到侵害之日起计算。其他合同提起诉讼或者申请仲裁的期限,依照有关法律的规定。"

所谓诉讼时效,是指当事人向人民法院提起诉讼保护其合法权益的有效期间;仲裁期限是指当事人向仲裁机构申请仲裁,保护其合法权益的有效期间。合同争议当事人只有在法律规定的时效内提起诉讼或者申请仲裁,其权益才能受到法律保护;过期起诉或申请仲裁的,其权益得不到法律保护。除了《合同法》上述规定外,其他合同的诉讼或仲裁时效,根据《民法通则》第一百三十五条的规定,一般为两年,但法律另有规定的除外。

知识点 5 民事责任

一、民事责任的概述及类型

1. 民事责任的概念

民事责任是行为人侵犯他人民事权利所应承担的法律后果。这种法律后果是由国家法律规定并以强制力保证执行的。规定民事责任的目的,就是对已经造成的权利损害和财产损失给予恢复和补救。

民事责任是因为违反民事义务而产生的。但民事责任与民事义务不同,民事义务是规定义务人应当做什么或不做什么,不具有制裁性,而民事责任是违反义务应当承担的法律后果,具有制裁性;民事义务因法律规定或双方约定产生,民事责任只能因违反义务的违法行为而产生。

民事责任在一定条件下可以免除:

(1)不可抗力 即不能预见、不能避免并不能克服的客观情况,如地震、水灾、战祸等。

(2)正当防卫 即为了保护国家、集体、他人或自己的合法权益免受正在进行的违法行为的侵害,对侵害人进行必要限度的反击行为。

(3)紧急避险 即在发生了某种紧急危险时,为了避免造成更大的财产损害和人身伤害而不得不对他人的财产或人身造成一定的损害。

负有民事责任的一方,应当自觉承担责任,否则对方可以请求人民法院采取措施,强制责任方承担民事责任。法律规定的承担民事责任的方式主要有十种,即停止侵害;排除妨碍;消除危险;返还财产;恢复原状;修理、重作、更换;赔偿损失;支付违约金;消除影响、恢复名誉;赔礼道歉。

2. 民事责任的类型

(1)过错责任与无过错责任 根据适用的归责原则是否以过错为构成要件,分为过错责任和无过错责任。过错责任,是指以行为人的主观过错为构成要件的民事责任。无过错责任,是指不以行为人主观过错为构成要件的民事责任。

(2) 按份责任与连带责任　根据共同责任中行为人承担责任的方式,分为按份责任和连带责任。按份责任,是指共同责任人按照法律规定或者约定,依据相应的份额承担民事责任的情形。连带责任,是指共同责任人不分份额地共同承担民事责任的情形。

(3) 违约责任和侵权责任　根据责任发生的原因不同,分为违反合同的民事责任即违约责任和侵权的民事责任。违约责任,是指行为人因违反合同约定而依法承担的民事责任。侵权责任,是指行为人因侵害他人合法权利和利益依法应当承担的民事责任。

二、违反合同的民事责任

1. 违反合同行为的概念和意义

(1) 违反合同行为的概念　违反合同的民事责任又称为违约责任,是指合同当事人违反合同义务所应承担的法律责任。

(2) 意义　违反合同民事责任制度的确立,对于严肃合同纪律,充分发挥合同的作用,保障社会经济秩序,促进社会主义商品经济的发展,有着极其重要的意义。

2. 违反合同民事责任的特征

违反合同的民事责任除具有民事责任的一般特征外,还具有以下特征:

- 违反合同的民事责任只发生在合同当事人之间;
- 违反合同民事责任的方式和范围可以由合同当事人协商确定;
- 违反合同的民事责任,是一种纯财产责任。

3. 违反合同民事责任的构成要件

违反合同,承担民事责任,一般应具备以下要件:

(1) 有违反合同的行为　有违反合同的行为是承担违约责任的首要条件,在司法实践当中,违反合同的行为有以下几种表现形式:

- 不履行。是指当事人没有履行合同规定的应该履行的义务。
- 不适当履行。是指当事人虽有履行合同义务的行为,但没有完全按照合同规定的条件履行。
- 迟延履行。是指合同当事人在合同履行期限届满之后履行合同的行为。

> 讨论
> 有人说车票、门票其实就是一份合同,你认为呢?

(2) 有损害事实　由于违反合同的民事责任是一种纯财产责任。因此,我们这里所说的损害事实,主要是指财产损害事实。如果造成的不是财产损害,而是其他民事权利的损害,应承担其他民事责任,不承担违反合同的民事责任。

(3) 违反合同的行为与损害事实之间须有因果关系　也就是说,合同当事人一方的财产损失是由于对方当事人不履行、不适当履行或迟延履行合同造成的。如果合同当事人的财产损失不是因违反合同造成的,而是由于其他原因造成的,合同当事人就无权请求对方承担违反合同的民事责任。

(4) 违反合同的当事人须有过错　违反合同的民事责任是一种过错责任,它是以违反合同当事人主观上的过错为要件的。如果合同当事人有违反合同的行为,主观上并没有过错,则合同当事人不承担违约责任。但应当注意的是,违反合同民事责任是以过错推定的方法确定违约方的过错。就是说,当违约事实出现后,法律即推定违约方有过错,而使其负证明责任,从而免除受害方对违约方过错的举证责任,即所谓的"举证责任倒置"。如果违约方不

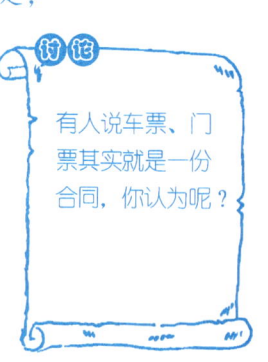

能证明自己违约没有过错,即应承担违约的责任。

4．违反合同的民事责任的形式

违反合同的民事责任的形式主要有：

(1)继续履行　继续履行,是指合同当事人一方不履行合同义务或者履行合同义务不符合约定条件的,另一方有权要求违约方对原合同未履行的部分继续按照要求履行。继续履行,是违反合同当事人应承担的一种民事责任。承担这种民事责任,除必须具备一般违反合同民事责任的构成要件之外,还必须具备以下条件：

- 有受害一方当事人的要求。
- 要有继续履行的必要。
- 要有继续履行的可能。

(2)赔偿损失　赔偿损失,是指一方当事人违反合同造成另一方当事人的财产损失时,应依法承担的赔偿。赔偿损失是违反合同民事责任中最重要的责任形式,赔偿责任是一种财产补偿手段。

(3)支付违约金　违约金是合同当事人违反合同时,依照法律规定或者合同约定,向对方支付一定数额的金钱。承担支付违约金这种民事责任,应当具备两个构成要件：一是要有违反合同的行为；二是违反合同的当事人主观上要有过错。根据违约金的产生方式来划分,违约金可分为法定违约金和约定违约金。

(4)采取其他补救措施　补救措施有广义和狭义之分。广义的补救措施是指对违反合同行为采取的各种责任措施,包括实际履行、赔偿损失和支付违约金等。狭义的补救措施是指为使合同的履行符合规定的条件或者为避免或减少违反合同所造成的损失而采取的各种措施。我们这里所说的补救措施,是指狭义的补救措施。采取补救措施一般在下列情况下适用：

- 一般在不适当履行合同时适用。
- 在有补救的可能时适用,补救的可能表现在两个方面：一是合同本身有补救的可能,二是违约方有补救的条件。

三、侵权行为的民事责任

1．侵权民事责任的概念

侵权民事责任是侵权行为发生后依法应承担的民事法律后果,是侵权行为人或其他责任者依照民法规定应当承担的法律责任。

2．侵权民事责任的性质

作为一种法律责任,侵权民事责任具有制裁性和补救性双重性质。

(1)制裁性　侵权的民事责任是民法规定的对侵权行为的民事制裁。

(2)补救性　侵权的民事责任是对受害人侵害的民事权益的法律补救。补救是法律为受侵害的合法权益提供的保护措施,用法律的强制力保障其实现。具体说来,民事主体在其权利受到侵害时,有权请求加害人恢复其被侵害的权利,法律强制加害人向受害人履行财产给付义务(如赔偿损失、返还原物)和其他义务(如赔礼道歉、消除影响),从而使受害人就其所损害获得物质上和精神上的填补,使其被侵害的权利恢复到法律上的圆满状态。

3．侵权损害赔偿

(1)侵权损害赔偿的概念　赔偿既是对受害人所受损害的法律补救,也是对加害人的法

律制裁。损害赔偿是侵权行为法中运用最广的责任方式。侵权损害赔偿是侵权一方当事人对依法应归责于他的一定行为或事件给他方当事人所造成财产损害和人身损害,以自己的财产向受害方的当事人所为的财产给付。损害赔偿是最频繁、最主要的民事责任方式。

(2)损害赔偿的原则　我国侵权行为法损害赔偿的原则是损失多少赔偿多少。这是由民法的平等原则和等价有偿原则决定的。民事主体在民事领域中的法律地位是平等的,侵权事实不能改变当事人的平等地位,而平等的当事人不能互相惩罚。

(3)损害赔偿的分类　根据不同标准,可以对损害赔偿进行不同的分类,在理论研究和司法实践中,最具实际意义的是财产损害赔偿和精神损害赔偿的分类。

• 财产损害赔偿　财产损害赔偿是对受害人财产损失所作的赔偿,即责任者填补受害人所遭受的财产上的不利,使其恢复其未受损害时的状况。财产损害可因直接侵害财产而产生,也可因对人身权侵害而产生,如侵害自然人的生命健康权、姓名权、名誉权,侵害法人的商号权、商誉权,都会造成严重的财产损害。

• 精神损害赔偿　精神损害指对人身非财产利益的损害,精神损害赔偿指对人身非财产利益所遭受的损害给予金钱的补偿。在本质上,精神损害是不能通过金钱赔偿恢复原状的,因为二者的性质不同。精神损害只能通过精神的办法、感情的办法去解决。

给予一定的金钱赔偿,也可表达加害人的一种歉意,表示法律对加害人行为的谴责,从而对受害人起到慰藉的作用。《民法通则》颁布后,精神损害赔偿在民法理论研究和司法实践中得到一致的承认。近年,司法解释和某些行政规章中明确规定了精神损害赔偿的适用范围和计算方法。不过,精神损害毕竟不同于财产损害,在适用时,应注意和非财产责任方式,如赔礼道歉、恢复名誉、消除影响等民事责任形式的配合运用。

案例分析

甲乙夫妻两人共有一幅油画,某日,甲到四川出差,随手带走了此画,并以6千的价格出售于丙,甲丙两人钱货两清,乙不知道甲已经出售给丙,故乙又在西安出售于丁(丁以前见过此画),并预定价格于6千5百元,在丁去广州取款时,甲出差回来,乙方知甲将此画已经出售给丙,并且已经交付。10日后,丁携款来到西安取画,乙将此情告知丁,丁不同意,要求:1. 交付名画 2. 支付违约金 3. 赔偿损失(比如交通费,务工费,住宿费,精神损害赔偿费)。

问:乙和丁之间签定的油画买卖合同是否成立?如果成立,是否有效?

某市煤气公司在其营业厅内张贴一则通告,通告规定为了安全起见,凡在本公司灌气的用户,一律采用本市安乐煤气灶具厂生产的限压阀和软管,否则不给供气。此后,当地消费者协会接到举报,称安乐灶具厂生产的限压阀质量差,煤气压力不够,价格比同类产品高出8%。

问:煤气公司的这一行为是否合法?为什么?

王强做服装批发生意,李刚也做服装批发生意,王强要去广州进一批牛仔裤,李刚委托王强代购100条牛仔裤,回来之后李刚收下裤子并与王强结账。一个月后,王强又去广州进皮裤,见质量好,价格合理,便又替李刚购进30条皮裤,回来后李刚见市场不错,收下货,进行销售。半个月后,王强卖完此批货又去广州进货,顺便又替李刚购进30条皮裤,李刚此时见市场饱和,拒不接货,王强提出要退货连同其第一批牛仔裤、第二批皮裤一起退,否则就不接货。

问:王强和李刚的理由是否成立?为什么?

每章一练

1. 什么是公民的民事权利能力和民事行为能力?
2. 自然人的民事权利能力和民事行为能力指什么?
3. 简述财产所有权的内容。
4. 债发生和终止的原因有哪些?
5. 知识产权有哪些特点?
6. 什么是著作权、专利权、商标权?
7. 我国法定继承人的范围和顺序是如何规定的?
8. 我国《合同法》有哪些基本原则?
9. 合同的担保方式有哪些?
10. 承担违反合同民事责任的方式有哪些?

第六章 诉讼法

教学目标

通过本章的学习,使学生了解三大诉讼法的概念、特征和任务,理解三大诉讼法管辖的种类。

教学要求

认知:了解民事诉讼法、刑事诉讼法和行政诉讼法的相关概念、特征和任务。

理解:理解三大诉讼法的管辖范围以及诉讼参加人的概况和相关的诉讼程序。

运用:在认知和理解的基础上,能够深入体会三大诉讼法的内涵,并在日后的生活和工作中,积极运用相关知识解决相关问题。

知识点 1 刑事诉讼法

一、刑事诉讼法概述

1. 刑事诉讼法的概念

刑事诉讼法,是指国家制定和认可的有关司法机关和诉讼参与人进行刑事活动时必须遵守的法律规范的总称。它包括了司法机关处理刑事案件的职权范围、刑事诉讼的基本原则、当事人及其他诉讼参与人的诉讼权利和诉讼义务,以及立案、侦查、起诉、审判和执行等诉讼程序与制度。

刑事诉讼法有狭义和广义之分。狭义的刑事诉讼法仅指现行的《刑事诉讼法》法典;广义的刑事诉讼法,除刑事诉讼法法典之外还包括单行的刑事诉讼法规、条例以及宪法、人民检察院组织法、人民法院组织法、律师法中关于刑事诉讼活动的规定和最高人民法院、最高人民检察院、公安部、司法部对具体应用刑事诉讼法所作的司法解释和批复等。

2. 刑事诉讼法的特征

(1)刑事诉讼法是规定刑事诉讼程序规则的法律规范 刑事诉讼是揭露、证实和惩罚犯罪的国家活动,在这一活动过程中,即使司法机关也不能为所欲为,应当按照刑事诉讼法的规定进行诉讼活动。如刑事诉讼法中关于公、检、法三机关在刑事诉讼的职能及其相互关系,司法机关和刑事诉讼参与人进行刑事诉讼时必须遵守的原则,进行刑事诉讼的步骤、方式的规定等,这些都是刑事诉讼中必须遵守的规范。

(2)刑事诉讼法是规定如何揭露、证实和惩罚犯罪,保证无罪人不受刑事追究的法律刑事诉讼法中有关于如何揭露、证实和惩罚犯罪,以及避免无罪人受刑事追究的规范。这些规范成为刑事诉讼法的核心内容。

(3)刑事诉讼法有特定的任务 刑事诉讼法的任务的特定性,是由刑法所调整的社会关系的特定性和"保证刑法的正确实施,惩罚犯罪,保护人民,保障国家安全和社会公共安全,维护社会主义社会秩序"这一制定刑事诉讼法的目的所决定的。

3. 刑事诉讼法的任务

根据《刑事诉讼法》第 2 条的规定,刑事诉讼法的任务有以下几项:

(1)准确、及时地查明犯罪事实,正确适用法律惩罚犯罪分子 在目前及今后相当长的一段历史时期内,各类危害公民生命财产和国家安全,破产经济建设和社会秩序的刑事犯罪活动将继续存在。刑事诉讼法正是为司法机关正确处理刑事案件,准确、及时地查明犯罪事实,正确适用法律,惩罚犯罪分子提供了法律保障。

(2)保障无罪的人不受刑事追究,保护公民的人身权利、财产权利、民主权利和其他权利不受侵犯 惩罚犯罪和保障无罪的人不受刑事追究,进而保护公民的合法权益是同一个问题的两个方面。刑事诉讼法追究罪犯的刑事责任,就是为了保障无罪的人不受刑事追究。在刑事诉讼中,对没有实施犯罪行为或者法律规定不予追究刑事责任的情形,就不应该追究刑事责任,已追究的,应当撤销案件或不起诉,或终止审理,或宣告无罪,以免无罪的公民受到追究。

刑事诉讼法将惩罚犯罪、保护公民的合法权益作为自己的任务,也是对宪法赋予公民的权利进行保护的具体实施。刑事诉讼法还可以防止刑事讨论中的权利滥用,避免侵害无辜。

(3)教育公民自觉守法,积极同犯罪行为作斗争　刑事诉讼法不仅要惩罚犯罪行为,而且要通过活生生的刑事案件的公开审理和判决,来宣传法律对犯罪的惩罚,宣扬法律的威力和震慑作用。同时,使广大公民知晓犯罪对自己对社会的危害,起到教育公民自觉守法的作用,并鼓励他们同违法犯罪行为作斗争。

二、刑事诉讼的管辖

我国《刑事诉讼法》把刑事诉讼案件的管辖分为职能管辖和审判管辖。

1. 职能管辖

刑事诉讼中的职能管辖,又称部门管辖或者立案管辖,是指公安机关、人民检察院和人民法院之间立案受理刑事案件上的分工。

(1)公安机关侦查的刑事案件　《刑事诉讼法》第18条第1款规定:"刑事案件的侦查由公安机关进行,法律另有规定的除外。"根据这一规定,除了法律另有规定外,公安机关是刑事案件的主要侦查机关。法律的这一规定是有其实际根据的:公安机关是国家的治安保卫机关,负有维护社会秩序、保卫国家安全的任务,它拥有庞大而严密的组织体系和足够的警力、专门的侦查手续和措施,具有良好的控制社会治安局势和快速反应的能力,并且在长期的同各种危害社会治安秩序的犯罪行为做斗争的过程中积累了丰富的经验。

因此,将绝大多数的刑事案件交给公安机关侦查,便于发挥公安机关维护社会治安的作用。对于某些特定的刑事案件,法律规定由其他国家机关进行侦查。

如人民检察院依法对其直接受理的刑事案件进行侦查;国家安全机关负责对危害国家安全的刑事案件进行侦查;军队保卫部门对军队内部发生的刑事案件行使侦查权;监狱对罪犯在监狱内犯罪的刑事案件进行侦查,等等。这些特定的刑事案件占整个刑事案件的比例是比较小的。

(2)人民检察院直接受理侦查的刑事案件　《刑事诉讼法》第18条第2款规定:"贪污贿赂犯罪,国家工作人员的渎职犯罪,国家机关工作人员利用职权实施的非法拘禁、刑讯逼供、报复陷害、非法搜查、侵犯公民人身权利的犯罪以及侵犯公民民主权利的犯罪,由人民检察院立案侦查。"法律这样规定,一方面有利于检察机关集中力量对贪污、贿赂、国家工作人员的渎职等犯罪案件进行侦查,突出工作重点,加强反腐败斗争;另一方面有利于检察机关加强对公安机关侦查活动的监督。

根据检察机关是国家法律监督机关和公、检、法三机关分工负责、互相制约的原则,检察机关自侦查案件的范围,主要还是局限于国家机关工作人员利用职务的犯罪。

除了上面提到的检察机关直接受理侦查的几种刑事案件以外,《刑事诉讼法》第18条还规定:"对于国家机关工作人员利用职权实施的其他重大的犯罪案件,需要由人民检察院直接受理的时候,经省级以上人民检察院决定,可以由人民检察院直接受理的时候,经省级以上人民检察院决定,可以由人民检察院立案侦查。"这不是一般的案件分类管辖划分的条款规定,而是检察机关根据法律监督职权对个案的监督条款,以纠正有案不立、有罪不究和司法实践中存在的腐败现象。这也不是检察机关包揽其他机关的侦查权,而是通过这种方式加强执法监督,促使其他机关严格执法,使所有犯罪都毫无例外地受到追究,维护国家法律的尊严和统一。

(3)人民法院直接受理的刑事案件　人民法院直接受理的刑事案件是自诉案件。自诉案件的范围包括以下几种:

①告诉才处理的案件　告诉才处理,是指刑事案件的被害人向人民法院告诉后,人民法院才予以处理,但是如果被害人因受强制、威吓或其他原因而无法告诉的,人民检察院和被害人的近亲属也可以告诉。刑事案件中的侮辱罪、诽谤罪、暴力干涉他人婚姻自由罪、虐待罪等刑事案件,一般是告诉才处理的案件。

②被害人有证据证明的轻微刑事案件　"被害人有证据证明的轻微刑事案件",是比较科学、准确的定性。它要求:

• 被害人必须有足够的证据证明犯罪事实的存在,而对于那些被害人无证据或证据不充分的刑事案件,人民法院应当将案件移送给公安机关处理;

• 必须是社会危害性比较轻微的刑事案件。把握这两点要求,可以有效地避免因人民法院和公安机关认识不一而对案件互相推诿,致使被害人辗转奔波,告状无门的现象发生。

③被害人有证据证明对被告人侵犯自己人身权利、财产权利的行为应当依法追究刑事责任,而公安机关或者人民检察院不予追究被告人刑事责任的案件　法律的这一规定,既保障了被害人的控告权,也对公安机关、人民检察院有罪不究的行为起到了制约和监督的作用。但是,被害人在根据这一规定提起自诉时,必须注意以下三点:

这类案件仅限于被告人侵犯被害人个人的人身权、财产权的刑事案件;这类案件已经过公安机关或者人民检察院处理,而公安机关或者人民检察院应当追究刑事责任而不追究的;被害人应负举证责任。

(4)职能管辖的交叉　我国《刑事诉讼法》对公、检、法三机关干部的职能管辖作了明确的规定,但是在实际执行过程中,有时仍会出现职能管辖交叉的问题。如何处理这些问题,仍是职能管辖所要解决的问题之一。在司法实践中,职能管辖交叉的情况主要有两种:

• 案发时一案涉及数个罪名,人民检察院和公安机关都有管辖权的,对此,检察院和公安机关应当协商解决,确定由哪一机关行使管辖权。对于数罪中能够分清主罪与次罪的,原则上对主罪有管辖权的机关进行立案侦查;在一时难以分清主次罪的情况下,可以由接受报案、控告、举报和犯罪人自首的机关立案侦查,也可以由一个机关受理后几个机关联合进行侦查。

• 公、检、法三机关按照其职能管辖范围受理案件后,在侦查和审理案件的过程中,又发现犯罪嫌疑人或被告人犯有不属于自己管辖的罪行的,应当分不同的情况分别进行处理;检察院和检察机关受理的刑事案件,发现被告人有新罪行的,不管该罪行依法属于哪个机关管辖,都由立案侦查的机关合并侦查;人民法院直接受理的自诉案件,发现被告人有新罪行的,应作为另一案件而移送到有管辖权的检察院或者公安机关,不宜合并管辖。

2. 刑事诉讼审判管辖

审判管辖,是指各级人民法院之间,普通人民法院同专门人民法院之间,以及同级人民法院之间在审判第一审刑事案件上的分工和权限。刑事诉讼中的审判管辖主要包括级别管辖、地域管辖和专门管辖。

(1)级别管辖　刑事诉讼中的级别管辖,是指各级人民法院在审判第一审刑事案件的权限上的分工。立法上划分刑事诉讼级别管辖的主要依据是:犯罪的性质,即是普遍刑事案件还是危害国家安全的案件;罪行的轻重和可能判处的刑罚;案件的涉及面和影响的大小;各级人民法院在审判体系中的地位、工作负担的平衡。根据我国刑事诉讼法的规定:

①基层人民法院管辖的第一审刑事案件　除依法应由上级人民法院管辖以外的第一审普通刑事案件,都属于基层人民法院管辖。亦即普通刑事案件的第一审,原则上应由基层人

民法院管辖。基层人民法院是人民法院组织体系中的基层组织,数量多、颁布广、离犯罪地近,将绝大多数的普遍刑事案件划归基层人民法院管辖,一方面有利于人民法院调查核实证据,就地审判案件,及时、公正地处理案件;另一方面则便于诉讼参与人参与诉讼活动,便于群众旁听人民法院对案件的审理和法制宣传。

②中级人民法院管辖的第一审刑事案件　中级人民法院管辖下列第一审刑事案件:危害国家安全的案件;可能判处无期徒刑、死刑的普遍刑事案件;外国人犯罪的刑事案件。这些案件一般都是性质严重、案情复杂、影响较大或者处罚较重的刑事案件,其审判必须严肃慎重。因此,将这些案件交给水平更高、经验更丰富的中级人民法院管辖,可以更好地保证案件的审判质量。

③高级人民法院管辖的第一审刑事案件　高级人民法院管辖的第一审刑事案件,是全省(自治区、直辖市)性的重大刑事案件。高级人民法院是地方各级人民法院体系中级别最高的一级,由于它负责对中级人民法院判决和裁定的上诉和抗诉案件的审理,复核死刑案件和核准判处死刑缓期两年执行的案件,以及对全省下级人民法院的审判工作进行监督。因此,由高级人民法院管辖的第一审刑事案件不宜太多,只能是全省性的重大案件。

④最高人民法院管辖的第一审刑事案件　最高人民法院管辖的第一审刑事案件,是全国性的重大刑事案件。最高人民法院是国家的最高审判机关,它担负着监督全国地方各级人民法院和专门人民法院的审判工作的重要职责,并对各高级人民法院判决和裁定的上诉和抗诉案件进行审理和核准死刑案件。因此,由最高人民法院管辖的第一审刑事案件,只能是全国性的重大刑事案件,以切实保证案件质量和审判的公正、合法,树立法律的尊严和权威。

在级别管辖中,如果遇有被告人犯数罪,按数罪中各罪的性质、影响和可能判处的刑罚,分别属于不同级别的人民法院管辖的情形时,由于要数罪并罚,应当一案审理,且案件的级别管辖应采取"就高不就低"的办法,由相应的高级人民法院管辖。

除此之外,在对各级人民法院管辖的第一审刑事案件的范围作了原则性的规定之后,《刑事诉讼法》第23条又对必要时的级别管辖作了变通规定:上级人民法院在必要的时候,可以审判下级人民法院管辖的第一审刑事案件;下级人民法院认为案情重大、复杂,需要由上级人民法院审判的第一审刑事案件,可以请求移送上一级人民法院审判,也即移转管辖。

(2)地域管辖　刑事诉讼中的地域管辖,是指同级人民法院之间按照各自的辖区在审理第一审刑事案件上的分工。

由于级别管辖只是解决了哪些案件归哪一级人民法院管辖,而地方各级人民法院中的每一级都有许多人民法院组成,同一级的各个人民法院之间对该案是否有管辖权仍然不明确。因此,只有规定了地域管辖,才能使各个人民法院审判第一审刑事案件的权限分工得到最终的确定。

《刑事诉讼法》第24条对地域管辖作了明确的规定:"刑事案件由犯罪地的人民法院管辖。如果由被告人居住地的人民法院审判更为适宜的,可以由被告人居住地的人民法院管辖。"由此可知:

①刑事案件原则上是由犯罪地的人民法院管辖　其中的"犯罪地"包括犯罪预备地、犯罪行为实施地、犯罪结果发生地和销赃地。犯罪地在几个人民法院辖区内的,这几个人民法院对该案件都有管辖权。法律规定刑事案件原则上由犯罪地的人民法院管辖的理论根据在于:

• 犯罪地是犯罪证据集中的地方,便于犯罪地的公安机关、人民检察院迅速、全面地收集证据,查清案件事实,也便于犯罪地的人民法院审理核实证据,正确及时地审判案件;

• 犯罪地的人民群众最关心本地所发生的案件的审判,刑事案件由犯罪地的人民法院审判,便于当地群众去旁听人民法院对案件的审判,对审判活动进行监督,同时发挥人民法院庭审的教育作用;

• 犯罪地的人民法院通过审判自己辖区内发生的各种犯罪案件,便于人民法院全面掌握犯罪情况,研究总结犯罪的特点、规律和趋势,提出防范的建议和措施,搞好综合治理,预防和减少犯罪。

②如果根据案件和被告人的情况,由被告人居住地的人民法院审判最为适宜的,可以由被告人居住地的人民法院管辖 其中"被告人居住地"包括被告人的户籍、住所地。司法实践中,由被告人居住地人民法院审判更为适宜的刑事案件一般包括:被告人流窜作案,犯罪地界限不清,其居住地群众更加了解案情,对被告人的押送又比较安全方便的案件;被告人在居住地民愤很大,当地群众强烈要求在其居住地审判的;被告人可能判处有期徒刑、拘役、缓刑或者管制,而应在被告人居住地进行监督考察和改造的案件,等等。

根据上面提到过的《刑事诉讼法》第24条的规定,由于被告人的犯罪地或被告人的居住地有时可能包括多个地方,涉及多个人民法院,所以会出现几个同级人民法院对某一刑事案件都有管辖权的情况,即共同管辖。如被告人所犯数罪或一罪的数次行为分别在不同地区实施,或者犯罪行为在甲地预备,在乙地实施,而犯罪结果发生于丙地等。在这种情况下,如何确定管辖,《刑事诉讼法》第25条作了明文规定:"几个同级人民法院都有管辖权的案件,由最初受理的人民法院审判,在必要的时候,可以移送主要犯罪地的人民法院管辖。"为了解决实践中可能存在的因管辖不明而引起的互争管辖或者互相推诿,或因某种原因使有管辖权的人民法院不宜行使管辖权的问题,《刑事诉讼法》第26条规定:"上级人民法院可以指定下级人民法院审判管辖不明的案件,也可以指定下级人民法院将案件移送其他人民法院管辖。"

司法实践中,两个或两个以上同级人民法院对管辖权发生争议的,首先应当协商解决,协商不成的,应当报请争议各方共同的上级人民法院指定管辖。上级人民法院指定下级人民法院将公诉案件移送其他人民法院审判的,应当商请同级人民检察院指令下级人民检察院撤回起诉,然后将案件移送与管辖案件的人民法院相对应的人民检察院再提起公诉。

(3)专门管辖 专门管辖,是指专门人民法院之间,以及专门人民法院与普通人民法院之间对每一审刑事案件在受理范围上的分工。

专门人民法院的设置是按照各种专门业务机构的组织体系建立起来的审判机关。我国目前已经建立的专门人民法院主要有军事法院、铁路运输法院和海事法院等。其中海事法院不具有刑事案件的管辖权;军事法院管辖的是现役军人和军内在编职工的刑事犯罪案件,现役军人、军内在编职工和非军人共同犯罪的,分别由军事法院和地方人民法院管辖;涉及国家军事秘密的,全案由军事法院管辖;铁路运输法院所管辖的刑事案件主要是危害和破坏铁路运输和生产,严重破坏火车和交通设施,在火车上实施的犯罪,违反铁路运输的规章制度,造成重大或严重后果的案件。

三、刑事诉讼的参与人

刑事诉讼参与人,是指在刑事诉讼活动中除侦查、检察、审判机关工作人员以外参加刑

事诉讼活动,依法享有一定的诉讼权利,承担一定的诉讼义务的人员。

根据刑事诉讼法的规定,刑事诉讼参与人主要包括:当事人、法定代理人、诉讼代理人、辩护人、证人、鉴定人和翻译人员。依据诉讼参与人同案件的利害关系不同,可以将诉讼参与人分为当事人和其他诉讼参与人两类。

1. 刑事诉讼当事人

刑事诉讼当事人,是指同案件有直接利害关系而参加刑事诉讼的人员。包括:被害人、自诉人、犯罪嫌疑人、被告人、附带民事诉讼的原告人和被告人。

(1)被害人　被害人,是指遭受犯罪行为侵害的人。他之所以参加到诉讼中来,是因为正当权益遭受犯罪行为的直接侵害,是要求追究犯罪嫌疑人、被告人刑事责任的人。正是由于被害人在刑事案件中的特殊身份,刑事诉讼法为充分保护被害人的合法权益,赋予被害人在刑事诉讼中以当事人地位。

被害人在刑事诉讼中的诉讼权利主要有:

• 控告犯罪行为。

• 依法申请侦查人员、检查人员和审判人员回避。

• 参加诉讼。

• 委托诉讼代理人。

• 认为公安机关对应当立案侦查的案件而不立案侦查时,向人民检察院提出请求,请求人民检察院通知公安机关立案。

• 对于有证据证明被告人侵犯自己人身、财产权利的行为,应当追究刑事责任,而公安机关或者人民检察院不追究刑事责任的案件,可以直接向人民法院起诉。被害人死亡的,其近亲属有权起诉。

• 提起附带民事诉讼。

• 被害人及其法定代理人不服地方各级人民法院第一审判决、裁定,有权请求人民检察院提出抗诉。

(2)自诉人　自诉人,是指在自诉案件中以个人名义直接向人民法院提起刑事诉讼的人。一般情况下自诉人就是自诉案件中的被害人、被害人的近亲属或其法定代理人。自诉人是自诉案件的一方当事人,具有独立的诉讼地位,在自诉案件中行使控诉职能,其诉讼行为对诉讼进程有决定性作用。因而,自诉人是自诉案件中重要的诉讼主体。法律赋予自诉人在诉讼中以广泛的诉讼权利。

①自诉人除享有诉讼参与人的共同的诉讼权利以外,法律还赋予其广泛的诉讼权利　主要有:

• 提起刑事诉讼和附带民事诉讼;

• 申请审判人员、书记员、鉴定人员和翻译人员回避;

• 出席法庭审判,参加法庭调查和辩认,申请人民法院调取新的证据,传唤证人,申请重新鉴定和勘验;

• 委托代理人参加诉讼;

• 请求法院调解或与被告人自行和解;

• 在审判前撤诉;

• 阅读或听取审判笔录,有权请求补充或改正;

• 对地方各级人民法院的第一审判决、裁定不服时,有权上诉;

讨论

自诉人就是被害人,对吗?

- 对已经发生法律效力的判决或裁定,认为确有错误的,有权提出申请。

②法律在赋予自诉人以广泛诉讼权利的同时,也规定了自诉人在诉讼中必须承担的义务 主要有:
- 按时出庭的义务;
- 如实提供案件真实情况的义务;
- 举证义务;
- 执行人民法院已生效的调解协议、判决或裁定的义务等。

(3)犯罪嫌疑人 犯罪嫌疑人,是指司法机关依据某种犯罪事实或现象,怀疑可能犯罪但尚未得到法律确认的人。凡是自诉案件,公诉案件在尚未向人民法院起诉之前,自诉人或公诉人要控告的人都可以称为犯罪嫌疑人。

犯罪嫌疑人是刑事诉讼中的当事人,因为处于受审查和可能被追究的地位,所以其诉讼地位有以下特点:其一,因为是被追究的对象,有犯罪嫌疑,一般都被采取强制措施,失去人身自由。其二,犯罪嫌疑人的供述和辩解是重要的证据来源;其三,随着诉讼的进行,犯罪嫌疑人的诉讼地位可能发生变化,有的成为被告人,有的会被释放或不予刑事追究,而有的可能成为诬告案件的被害人。

- 基于犯罪嫌疑人诉讼地位上的上述特点,法律赋予犯罪嫌疑人以广泛的诉讼权利,

除了诉讼参与人的共同的诉讼权利以外,犯罪嫌疑人还有以下诉讼权利:

申请侦查人员或检察人员回避;拒绝回答与本案无关的问题;在侦查机关第一次讯问后或者被采取强制措施之日起,聘请律师为其提供法律咨询、代理申诉、控告;查阅讯问笔录,如果记载有差错或者遗漏有权提出补充或改正;在审查起诉阶段有权委托辩护人。

- 犯罪嫌疑人应当承担的义务是:

接受公安机关和人民检察院的传唤或采取的强制措施;对侦查人员的提问应当如实回答。

(4)被告人 被告人,是指被检察机关或自诉人控诉犯罪并要求追究其刑事责任的人。被告人是刑事诉讼中的核心人物,其行为对诉讼进程有重大影响,甚至有决定性的影响。因此整个诉讼活动都是围绕着被告人是否犯罪、犯什么罪的问题展开的。因此,还可以说没有被告人就没有刑事诉讼的对象,也就没有刑事诉讼。

①被告人的诉讼地位比较复杂 具有以下几个特点:
- 被告人是刑事诉讼的一方当事人,是刑事诉讼主体,具有独立的诉讼地位;
- 被告人同案件有直接利害关系,诉讼最终结果将对被告人产生重大影响;
- 被告人是受指控的特殊对象,必须接受人民法院的审判,其地位具有不可代替性;
- 被告人一般人身自由受到限制,同控诉方相比,被告人处于不利的地位;
- 被告人的供述和辩解是证据的来源之一。

②虽然被告人处于被追诉的地位,但为了保证对被告人的起诉和审判能够公正合理地进行,保障被告人的合法权益,我国刑事诉讼法赋予被告人以广泛的诉讼权利,除享有诉讼参与人的共同权利外,还享有以下诉讼权利:
- 了解被指控的罪名、事实和证据;
- 有权获得辩护;
- 知悉其所享有的诉讼权利;
- 申请回避权;

- 依法在开庭前收到起诉书副本并参加法庭审理;
- 有权鉴别证据;
- 有权申请通知新的证人到庭,调取新的物证,申请重新鉴定或勘验;
- 经审判长许可,向证人、鉴定人发问;
- 有权拒绝辩护人为他辩护,也可以另行委托辩护人为其辩护;
- 有权反驳控诉,进行辩论;
- 在法庭上作最后陈述;
- 有权阅读或听取法庭审判笔录,并请求补充或改正;
- 对地方各级人民法院的一审判决、裁定有权提出上诉;
- 对已经发生法律效力的判决、裁定有权提出申诉;
- 自诉案件被告人还有权对自诉人提出反诉。

③被告人在诉讼中的基本义务
- 服从人民法院的审判活动;
- 如实陈述案情;
- 执行人民法院的生效判决。

(5)附带民事诉讼原告人　附带民事诉讼原告人,是指在刑事诉讼过程中,提出附带诉讼,要求被告人赔偿因其犯罪行为而遭受的物质损失的人。附带民事诉讼的原告人一般是被害人、被害人的法定代理人、近亲属。如果是国家财产、集体财产遭受损失的,由公诉人作为附带民事诉讼的原告人,代表国家行使原告的权利。附带民事诉讼原告人在诉讼活动中处于民事原告地位,依法享有提出赔偿请求权、放弃变更请求权、委托代理权的权利等。

(6)附带民事诉讼被告人　附带民事诉讼被告人,是指因其犯罪行为造成物质损失而参加诉讼,并被要求承担赔偿责任的人。附带民事诉讼被告人一般是刑事被告人、未成年刑事被告人的法定代理人、对刑事被告人的行为负有经济赔偿责任的单位。附带民事诉讼被告人享有委托代理、承认或反驳物质损失赔偿请求等权利。

2. 其他诉讼参与人

其他刑事诉讼参与人,是指除刑事诉讼当事人以外的诉讼参与人,其他诉讼参与人同案件没有直接的利害关系,是基于其他原因参加刑事诉讼的,包括当事人的法定代理人、诉讼代理人、辩护人、证人、鉴定人和翻译人员。

(1)法定代理人　法定代理人,是指根据法律规定,有资格代理他人进行诉讼活动的人。一般是指被代理人的父母、养父母、监护人和负有保护责任的机关、团体的代表。在刑事诉讼中,由于法定代理人在不同的诉讼案件和不同的被代理人之间形成的复杂关系,其诉讼地位是不同的,主要取决于被代理人的诉讼地位。一般来说,法定代理人除依法享有被代理人的一部分权限外,还享有独立的申请回避和上诉的权利。

(2)诉讼代理人　诉讼代理人,是指依照法律规定、人民法院指定或当事人的委托,代理当事人进行诉讼活动,并维护当事人的利益的人。具体是指诉讼案件的被害人及其法定代理人或者近亲属,自诉案件的自诉人及其法定代理人、委托代为参加诉讼的人和附带民事诉讼的当事人及其法定代理人、委托代为参加诉讼的人。其中的近亲属包括配偶、父母、养父母、子女、养子女、祖父母、外祖父母、兄弟姐妹。

(3)辩护人　辩护,是指犯罪嫌疑人、被告人以及辩护人针对控诉的事实根据和法律提出证明犯罪嫌疑人、被告人无罪、罪轻或者减轻、免除其刑事责任的材料和意见,维护犯罪嫌疑人、被告人合法权益的诉讼活动。

辩护人,是指受被告人及其近亲属的委托或人民法院指定,为犯罪嫌疑人、被告人进行辩护的人。根据《刑事诉讼法》的规定,公诉案件的犯罪嫌疑人自案件移送审查起诉之日起,有权委托辩护人为自己辩护;自诉案件的被告人有权随时委托辩护人。

①辩护人的范围　辩护人的范围是指哪些人可以担任犯罪嫌疑人、被告人的辩护人。根据《刑事诉讼法》第32条的规定,犯罪嫌疑人、被告人可以从下列人员中委托1至2人作为其辩护人:律师;人民团体或犯罪嫌疑人、被告人所在单位推荐的人;犯罪嫌疑人、被告人的监护人、亲友;经人民法院许可的其他公民。

> 讨论
>
> 证人可以是辩护人吗?

②不得担任辩护人的情形　根据《刑事诉讼法》第32条的规定,正在被执行刑罚或者依法被剥夺、限制人身自由的人,不得担任辩护人。这些人主要是指:被判处死缓、无期徒刑、有期徒刑、拘役、管制,正在服刑的人;被判处剥夺政治权利正在服刑的人;因犯罪嫌疑被司法机关采取取保候审或者监视居住或者拘留逮捕的人;因行政违法行为被行政机关处以行政拘留或者被劳动教养的人。

此外,在司法实践中,下列人员也不宜担任辩护人:本案的证人、鉴定人、翻译人员不能同时担任本案的辩护人;人民法院、人民检察院、监狱的现职人员和任期内的人民陪审员,不得担任辩护人。但他们如果是犯罪嫌疑人、被告人的近亲属或者监护人的,由犯罪嫌疑人、被告人委托的,允许其担任辩护人;无行为能力或限制行为能力人不能担任辩护人。

③辩护人的责任和任务　根据《刑事诉讼法》第35条的规定,辩护人的责任是根据事实和法律,提出证明犯罪嫌疑人、被告人无罪、罪轻或者减轻、免除其刑事责任的材料和意见,维护犯罪嫌疑人、被告人的合法权益。这一规定,决定了辩护人在诉讼中的具体任务,这就是依法为法庭提供证明嫌疑人、被告人无罪、罪轻或者减轻、免除其刑事责任的材料和辩护意见,并反驳对犯罪嫌疑人、被告人不正确的控诉,维护犯罪嫌疑人、被告人的合法权益,而不能提供对犯罪嫌疑人、被告人不利的事实与理由,更不能揭发犯罪嫌疑人、被告人的罪行;在为犯罪嫌疑人、被告人辩护的同时为他们提供法律帮助。

辩护人在刑事诉讼中具有独立自主的诉讼地位,其辩护活动只受法律和事实的约束,而不受法律和事实以外的其他因素比如人民检察院、人民法院审判人员甚至犯罪嫌疑人、被告人的影响,完全独立地进行辩护活动,只要符合事实和尊重法律,想怎么辩就怎么辩,怎样对维护犯罪嫌疑人、被告人合法权益有利,就怎样辩护。

④辩护人的权利　辩护人的诉讼权利有以下几项:

- 有权根据事实和法律,独立地进行辩护,不受任何机关、团体和个人的非法限制和干涉,其辩护活动受法律保护,辩护言论不受追究。
- 自人民检察院对案件审查起诉之日起,辩护律师可以查阅、摘抄、复制本案的诉讼文书、技术性鉴定材料。其他辩护人经人民检察院许可也可以查阅、摘抄、复制上述材料;自人民法院受理案件之日起,辩护律师可以查阅、摘抄、复制本案所指控的犯罪事实的材料。其他辩护人经人民法院许可,可以查阅、摘抄、复制上述材料。
- 自人民检察院对案件审查起诉之日起,辩护律师可以同在押的犯罪嫌疑人会见和通信,其他辩护人经人民检察院许可,也可以同在押的犯罪嫌疑人会见和通信。

•辩护律师经证人或其他有关单位和个人同意,可以向他们收集与本案有关的材料,也可以申请人民检察院、人民法院收集、调取证据,或者申请人民法院通知证人出庭作证。辩护律师经人民检察院或人民法院许可,并且经被害人或其近亲属、被害人提供的证人同意,可以向他们收集与本案有关的材料。

•人民法院在确定开庭日期时,应当考虑给辩护人留有准备出庭所需要的时间。人民法院决定开庭后,至迟在开庭3日以前将开庭通知书送达辩护人。

•辩护人有权参加法庭审理。在庭审中经审判长许可,可以向被告人、证人、鉴定人发问;有权向法庭出示物证,让当事人辨认和宣读有关证据;未到庭的证人证言、笔录、鉴定人的鉴定结论、勘验笔录和其他作为证据的文书,当庭宣读后,审判人员应当听取辩护人意见;有权申请通知新的证人到庭,调取新的物证,申请重新鉴定或者勘验,法庭应当对此作出是否同意的决定。

•辩护人在法庭上经审判长许可,可以对证据和案件情况发表意见,并可以与公诉人平等地进行辩论。

•辩护人有权得到与其行使辩护相关的法律文书。人民检察院的起诉副本和抗诉书副本,应当由人民法院转交给辩护人。人民法院的判决书和裁定书副本,也应当发给辩护人。

•辩护人对审判人员、检察人员和侦查人员侵犯公民诉讼权利或人身侮辱的行为,有权提出控告。

•辩护人认为被告人隐瞒事实的,可以拒绝辩护。

⑤辩护人的义务　辩护人的义务有:

•在接受委托或被指定担任辩护人以后,有义务为犯罪嫌疑人、被告人进行辩护,并应当负责到底,无正当理由不得拒绝辩护。

•不得帮助犯罪嫌疑人、被告人隐匿、毁灭、伪造证据或者串供,不得威胁、引诱证人改变证言或者作伪证以及进行其他干扰司法机关诉讼活动的行为。违反这一规定的,应当追究刑事责任。

•对于履行职责中所知悉的国家机密、商业秘密、个人隐私有义务保密,不得向外泄露。

•接到人民法院开庭通知后准时出庭,履行辩护义务。

•遵守法庭纪律,遵守法定的刑事诉讼程序和法定规则,听从法庭指挥。

•不得私自接受委托和收取费用,收受委托人的财物。

•不得违反规定会见法官、检察官。

•不得向法官、检察官及其他有关工作人员请客送礼或者行贿,或者指使、诱导委托人及其亲友行贿。

(4)证人　证人,是指除当事人以外了解案件情况而向司法机关作证的人。

①刑事诉讼中的证人必须符合以下条件:

•证人必须是了解案件真实情况的人;

•证人对案件事实的了解是通过诉讼以外的途径;

•证人必须是当事人之外的第三人;

•证人必须是自然人而不是法人;

•证人必须是能够辨别是非、正确表达的人。《刑事诉讼法》第48条规定:"生理上、精神上有缺陷或者说年幼,不能辨别是非,不能正确表达的人,不能作证。"生理上、精神上有缺陷或者年幼,但能够辨别是非,并能够将自己所了解的案件情况准确表达,如盲人讲述听到的情况,聋人讲述看到的情况等,这些人依法都可以作为证人。

②在我国,下列人员不得作为证人:

• 诉讼代理人。诉讼代理人不能在同一案件中既是代理人,又是证人,因为诉讼代理人的身份与证人的身份是相互冲突的。如果诉讼代理人对查明事实有重要作用,应通知被代理人终止委托代理关系,让其作为证人。

• 办理本案的审判人员、书记员、鉴定人、翻译人员和检察人员,也不能同时作为本案的证人。不能自己作证,自己审判,自己抗诉,而影响司法公正。

③正是由于证人在刑事诉讼地位上的特点,为保证证人能充分正确地提供所了解案件的真实情况,我国刑事诉讼法规定证人在诉讼中享有一定的权利,承担一定的义务。证人享有的权利主要有:

• 有权用本民族语言文字提供证言,如果不通晓当地语言文字的,有权要求人民法院为其提供翻译;

• 对自己的证言笔录,有权查阅,并可以要求补充或修改;

• 因作证而使自己及亲属的人身安全受到威胁的,有权要求人民法院、人民检察院和公安机关予以保护,同时因此而享有控告权;

• 因出庭作证所支付的费用和影响的正常收入,如误工工资、误工补贴、差旅费、住宿费等,有权要求获得补偿。

④证人应承担的义务主要有:

• 按规定到庭作证的义务,若确有困难而不能出庭的,经人民法院许可,可提交书面证言;

• 如实陈述的义务。证人必须向法院如实陈述所了解的案情或回答审判人员、法律监督人员、当事人、诉讼代理人提出的问题,不得对案件事实进行增减,更不得作伪证;

• 对司法机关询问的内容有保密的义务;

• 对于公诉人、当事人和辩护人、诉讼代理人的质证有义务进行解释和说明。

(5)鉴定人 鉴定人,是指受司法机关指派或聘请,运用专门知识对案件的某些专门问题进行分析、鉴别,并提出科学结论的人。鉴定人有权了解案件的有关情况,以辅助鉴定。但是鉴定人应该实事求是,科学鉴定;接到法庭通知后,应该准时到庭回答提问;对鉴定结论应出具书面鉴定报告,并签名;不得弄虚作假。

鉴定人的权利有:了解鉴定所必需的案件材料;询问当事人或证人;参加现场勘验;请求法律保护;对同一个问题有几个鉴定人鉴定时,允许做出不同的判断结论;自主阐述鉴定观点,与其他鉴定人意见不同时,可不在鉴定文书上署名;要求给付相应的报酬;拒绝接受违反法律规定的委托。

鉴定人的义务有:按照提供的材料做出鉴定结论,保证鉴定结论的科学性;出庭陈述,如实回答询问;妥善保管提交鉴定的物品、材料;不徇私受贿、弄虚作假等。

(6)翻译人 翻译人,是指受司法机关的指派或聘请,为刑事诉讼提供语言文字服务的人员。翻译人有权了解案件有关情况,以便进行准确翻译;有权对翻译笔录进行补充、修改,但翻译人不得同案件有利害关系;翻译人员应该如实翻译,不得故意偏译、错译;不得扩充和缩略内容。

四、刑事诉讼中的强制措施

刑事诉讼中的强制措施是指公安机关、人民检察院、人民法院为保障诉讼活动的顺利进

行,依法对犯罪嫌疑人、被告人采取的暂时限制或剥夺其人身自由的各种方法和手段。

1. 拘传

拘传是指对没有被拘留、逮捕的犯罪嫌疑人或被告人依法强制其到案接受询问的一种强制方法。

进行拘传必须经县级以上公安机关或其他司法机关的负责人批准,并填写拘传证。进行拘传时执行人员不得少于2人,同时应向被执行人出示拘传证,对抗拒拘传的,可以使用戒具。根据我国刑事诉讼法规定,拘传持续时间最长不得超过12小时,不得以连续拘传的形式变相拘禁犯罪嫌疑人。

2. 取保候审

对未逮捕的犯罪嫌疑人,司法机关为防止其逃避侦查、起诉和审判,责令其提出保证人或者交纳保证金,并出具保证书,保证随传随到的一种强制措施。具有下列情形之一的犯罪嫌疑人、被告人,可以取保候审:

- 可能被判处管制、拘役或独立适用附加刑的。
- 可能判处有期徒刑以上刑罚,采取取保候审不致发生社会危险的。
- 应当逮捕的犯罪嫌疑人、被告人患有严重疾病,或者怀孕、哺乳自己的婴儿的妇女。
- 对被拘留的犯罪嫌疑人需要逮捕而证据还不足的。
- 法定羁押期限届满尚不能结案的。取保候审的期限最长不得超过12个月。

3. 监视居住

司法机关为防止犯罪嫌疑人、被告人逃避或妨碍侦查、起诉或审判,依法责令其不得擅自离开住处或指定的居所,并对其行动进行监视的一种强制措施。被监视居住的人未经执行机关批准不得离开住处,无固定住处的,未经批准不得离开指定的居所;有正当理由需要离开的,应当经执行机关批准。监视居住的期限最长不得超过6个月。

4. 拘留

拘留是指公安机关、人民检察院对于现行犯或重大嫌疑分子,在遇有法定的紧急情况下依法采取的临时剥夺其人身自由的一种强制措施。对于有下列情形之一的,公安机关可以先行拘留:

- 正在预备犯罪、实行犯罪或者在犯罪后即时被发觉的。
- 被害人或在场亲眼看见的人指认他犯罪的。
- 在身边或住处发现有犯罪证据的。
- 犯罪后企图自杀、逃跑或在逃的。
- 有毁灭、伪造证据或串供可能的。
- 不讲真实姓名、住址,身份不明的。
- 有流窜作案、多次作案、结伙作案重大嫌疑的。

公安机关执行拘留时应当持有县级以上公安机关负责人签发的《拘留证》,并向被拘留的人出示宣布,被拘留人应当在拘留证上签名和按指印。如果抗拒,公安人员可以使用强制方法,包括使用戒具。

5. 逮捕

逮捕是指在一定期限内暂时剥夺犯罪嫌疑人、被告人的人身自由并予以羁押的强制措施,是刑事强制措施中最严厉的一种。逮捕须具备以下条件:有证据证明有犯罪事实,可能被判处有期徒刑以上刑罚,采取取保候审、监视居住等方法,尚不足以防止发生社会危害,而有逮捕必要的。逮捕的批准权或决定权属于人民检察院和人民法院,公安机关无权自行决定逮捕。

另外,需要逮捕县级以上的各级人大代表的,应当经该代表所属的人大主席团许可,在该级人大闭会期间,应当经该级人民代表大会常务委员会许可,方可决定逮捕;如果因为是现行犯被拘留的,拘留的机关应当立即向该级人大主席团或人大常委会报告。

五、刑事诉讼程序

1. 立案阶段

社会上出现了涉嫌犯罪的事件,侦查机关可能是基于有关单位或个人报案、控告、举报以及犯罪嫌疑人自首等原因而介入,进行初步的调查后,如果认为这一事件中存在犯罪事实并应该对犯罪人追究刑事责任,则予以立案,从而启动了刑事诉讼程序。这里的侦查机关,一般指公安机关。刑事案件主要由公安机关立案侦查。

另外,检察院负责侦查涉及国家工作人员的利用职权实施的犯罪案件;国家安全机关负责侦查涉嫌危害国家安全的犯罪案件;军队保卫部门负责侦查涉嫌军职犯罪的案件;监狱内的犯罪案件,由监狱负责侦查。

根据我国《刑事诉讼法》的规定,有些案件只有当事人直接到法院起诉,法院才处理,公安机关和检察院都不直接介入,这也就是上面所谓的自诉案件。它包括侮辱、诽谤案件(严重危害社会秩序和国家利益的除外)、暴力干涉婚姻自由案件、虐待案件、侵占案件。

2. 侦查阶段

侦查机关立案以后,开始进行侦查。侦查的目的有两个,一是找到犯罪人,一是收集能够证明案件事实的证据。经过侦查,对有证据证明存在犯罪嫌疑的人,为了防止其阻碍诉讼的正常进行,如防止犯罪嫌疑人串供、毁灭证据、逃跑、自杀等情形,可以采取强度不同的强制措施,常见的如取保候审、拘留、逮捕等。为了弄清事实真相和收集证据,公安机关有权采取讯问犯罪嫌疑人和询问证人,进行勘验、检查、搜查,扣押物证、书证,组织鉴定、发布通缉令等侦查措施。

犯罪嫌疑人在被侦查机关第一次讯问后或者采取强制措施之日起,可以聘请律师为其提供法律咨询、代理申诉、控告。

侦查机关经过一系列侦查活动,对于侦查过程中发现不应对犯罪嫌疑人追究刑事责任的,应当做出撤销案件的决定,并制作《撤销案件决定书》,犯罪嫌疑人已被逮捕的,应当立即释放,并发给释放证明。认为案件事实已经基本查清,证据确凿充分,犯罪性质和罪名认定正确,依法应当追究犯罪嫌疑人刑事责任的,写出《起诉意见书》,连同案卷材料、证据,一并移送同级人民检察院审查决定。认为犯罪情节轻微,依法不需要判处刑罚或者免除处罚的,公安机关在移送审查起诉时,可以注明具备不起诉的条件,由检察院审查决定起诉或者不起诉。

公诉案件自案件移送审查起诉之日起,犯罪嫌疑人有权委托辩护人。此阶段辩护律师的作用性质是诉讼辅助人。

3. 起诉阶段

检察院接到侦查机关移送的案件以后,案件进入到审查起诉阶段。在这一阶段,检察院会对《起诉意见书》以及全部案卷材料和证据进行全面审查,讯问犯罪嫌疑人,听取被害人的意见,听取犯罪嫌疑人、被害人委托人的意见,调查核实其他证据,认为案件事实不清,证据

不足,需要对案件作进一步侦查时,可以决定退回侦查机关补充侦查。

除上述退回补充侦查,由侦查机关做出撤销案件处理的以外,检察院审查后,在案件事实已经查清,证据确凿、充分的前提下,会有两种处理方式:一是对于依法应当追究犯罪嫌疑人刑事责任的,向人民法院起诉;二是对于依法不应追究刑事责任,或者依法不需要判处刑罚、免除处罚的,或者补充侦查的案件证据仍然不足的,不将案件交付人民法院审判,即不起诉。

4. 审判阶段

法院在收到并审查检察院移送起诉的案件后,除涉及国家秘密或个人隐私的案件,一般会公开开庭审理。法庭审理后,根据已经查明的事实、证据和有关的法律规定,分别做出以下判决:

- 案件事实清楚,证据确凿、充分,依据法律认定被告人有罪的,做出有罪判决。
- 依据法律认定被告人无罪的,做出无罪判决。
- 证据不足,不能认定被告人有罪的,做出证据不足、指控的犯罪不能成立的无罪判决。

判决宣告后,如被告人和检察院不提出上诉或抗诉,则该判决在10日后生效并交付执行。被告人如果对判决不服,可以在10日内以口头或书状形式提出上诉。检察院不服判决可以提起抗诉。

5. 执行阶段

执行则指刑事执行机关为了实施已经发生法律效力的判决和裁定所确定的内容而进行的活动,在我国,刑事执行的主体主要是人民法院、公安机关和监狱等。

知识点 2 行政诉讼法

一、行政诉讼法概述

1. 行政诉讼法的概念

行政诉讼法是规范行政诉讼活动和诉讼法律关系的法律规范的总称,它是规定人民法院、诉讼当事人以及其他诉讼参与人进行诉讼活动,及其在诉讼活动中形成的诉讼法律关系的法律规范。

行政诉讼法有广义、狭义两种理解。狭义的行政诉讼法也称形式意义的行政诉讼法,特指我国1989年4月4日由第七届全国人民代表大会第二次会议通过的《中华人民共和国行政诉讼法》;广义的行政诉讼法也称实质意义的行政诉讼法,是指凡是在内容上属于规定行政诉讼问题的法律规范,无论其形式如何均属于行政诉讼法的范围。

2. 行政诉讼法的效力范围

行政诉讼法的效力范围,是指行政诉讼法在怎样的空间范围和时间范围内,对哪些人和事具有适用的效力,具体包括行政诉讼法的空间效力、时间效力、对人的效力和对事的效力。

(1)空间效力 空间效力又称地域效力,行政诉讼法的空间效力是指行政诉讼法适用的地域范围。我国行政诉讼法适用我国国家主权所及的一切空间领域,包括我国的领土、领空、领海以及领土延伸的所有空间。凡是在我国领域内发生的行政案件以及在我国领域内进行的行政诉讼活动,均应适用我国行政诉讼法。但也有例外,一是我国两个特别行政区:香港、澳门,不适用我国大陆行政诉讼法;二是有关行政诉讼的地方性法规和自治条例与单行条例只能在本行政区域内适用。

(2) 时间效力　行政诉讼法的时间效力是指行政诉讼法的生效、失效的起止时间以及对该法生效前发生的行政案件是否具有溯及力，即溯及既往的效力。如我国《行政诉讼法》第75条明确规定："本法从1990年10月1日起施行。"这里的施行日期即为该法生效日期。同时，我国行政诉讼法不具有溯及既往的效力。

(3) 对人的效力　行政诉讼法对人的效力是指行政诉讼法适用于哪些人，对哪些人有拘束力，对哪些人没有拘束力。我国行政诉讼法原则上采用属地原则确定对人的效力，凡是在我国领域内进行行政诉讼的当事人均适用我国行政诉讼法。根据《行政诉讼法》第2条和第70条规定，这些当事人包括：我国各级各类行政机关；我国的公民、法人或者其他组织；在我国进行行政诉讼的外国人、无国籍人、外国组织。但对外国人、无国籍人和外国组织，法律另有规定的除外。

(4) 对事的效力　行政诉讼法对事的效力是指行政诉讼的受案范围。凡是依照《行政诉讼法》第11条规定在人民法院受案范围内提起行政诉讼的案件，都适用行政诉讼法来审理解决。

二、行政诉讼的受案范围

1. 概述

行政诉讼受案范围，是指人民法院受理行政诉讼案件的范围，这一范围同时决定着司法机关对行政主体行为的监督范围，决定着受到行政主体侵害的公民、法人和其他组织诉讼的范围，也决定着行政终局裁决权的范围。

2. 组成

(1) 对受案范围的总体划定　《行政诉讼法》第2条规定："公民、法人或者其他组织认为行政机关和行政机关工作人员的具体行政行为侵犯其合法权益，有权依照本法向人民法院提起诉讼。"

(2) 对受案范围的正面列举　《行政诉讼法》第11条规定："人民法院受理公民、法人和其他组织对下列具体行政行为不服提起的诉讼：

- 对拘留、罚款、吊销许可证和执照、责令停产停业、没收财物等行政处罚不服的；
- 对限制人身自由或者对财产的查封、扣押、冻结等行政强制措施不服的；
- 认为行政机关侵犯法律规定的经营自主权的；
- 认为符合法定条件申请行政机关颁发许可证和执照，行政机关拒绝颁发或者不予答复的；
- 申请行政机关履行保护人身权、财产权的法定职责，行政机关拒绝履行或者不予答复的；
- 认为行政机关没有依法发给抚恤金的；
- 认为行政机关违法要求履行义务的；
- 认为行政机关侵犯其他人身权、财产权的，除前款规定外，人民法院受理法律、法规规定外可以提起诉讼的其他行政案件。

(3) 对不可诉行为的排除　《行政诉讼法》第12条规定：人民法院不受理公民、法人或者其他组织对下列事项提起的诉讼：

- 国防、外交等国家行为；

- 行政法规、规章或者行政机关制定发布的具有普遍约束力的决定、命令;
- 行政机关对行政机关工作人员的奖惩、任免等决定;
- 法律规定由行政机关最终裁决的具体行政行为。

三、行政诉讼的管辖

行政诉讼管辖是指人民法院之间(上下级法院之间和同级法院之间)受理第一审行政案件的分工和权限。行政诉讼管辖分为级别管辖、地域管辖和裁定管辖。

1. 级别管辖

级别管辖指各级人民法院在审理一审行政案件时的分工和权限。

《行政诉讼法》第13条规定:"基层人民法院管辖第一审行政案件。"该规定表明基层人民法院对行政案件具有普遍管辖权。除法律规定由中级人民法院、高级人民法院和最高人民法院管辖的特殊的第一审行政案件外,其他行政案件都由基层人民法院管辖。

《行政诉讼法》第14条规定,中级人民法院管辖下列第一审行政案件:

(1)确认发明专利权的案件,海关处理的案件 其中,确认发明权的案件包括三种:

- 关于是否应当授予发明专利的案件;
- 关于宣告授予的发明专利权无效或者维持发明专利的案件;
- 关于实施强制许可的案件。

(2)对国务院各部门或省、自治区、直辖市人民政府所作的具体行政行为提起诉讼的案件。

(3)本辖区内重大、复杂的案件 《最高法院解释》第8条规定,有下列情形之一的,属于"本辖区内重大、复杂的案件":

- 被告为县级以上人民政府,且基层人民法院不适宜审理的案件;
- 社会影响重大的共同诉讼、集团诉讼案件;
- 重大涉外或者涉及香港特别行政区、澳门特别行政区、台湾地区的案件;
- 其他重大、复杂的案件。

根据《行政诉讼法》第15条规定:"高级人民法院管辖本辖区内重大、复杂的第一审行政案件。"总体讲,由高级人民法院直接管辖的第一审行政案件只是极少数,大多数是被放置在基层人民法院和中级人民法院。这是由高级人民法院的主要任务决定的。由高级人民法院审理的第一审行政案件只是其主要任务之一。至于哪些行政案件属于重大、复杂的案件,则由高级人民法院自行确定。

《行政诉讼法》第16条规定:"最高人民法院管辖全国范围内重大、复杂的第一审行政案件。"最高人民法院作为国家最高审判机关,其判决裁定为终审判决、裁定。若其管辖一审行政案件过多,将会影响两审终审制度作用的发挥。至于哪些行政案件属于全国范围内重大、复杂的案件,则由最高人民法院自行确定。

2. 地域管辖

地域管辖是指同级人民法院在各自辖区内审理第一审行政案件时的分工和权限。地域管辖划分为一般地域管辖和特殊地域管辖。

(1)一般地域管辖 一般地域管辖是指一般情况下按照最初作出具体行政行为的行政机关所在地来划分案件的地域管辖。根据《行政诉讼法》第17条规定:"行政案件由最初做出具体行政行为的行政机关所在地人民法院管辖。经复议的案件,复议机关改变原具体行

政行为的,也可以由复议机关所在地人民法院管辖。"对该条规定可以作三方面理解:
- 原告未申请行政复议,直接向人民法院起诉的,由被告所在地人民法院管辖;
- 经过行政复议的案件,复议机关维持了原具体行政行为,仍由作出具体行政行为的行政机关所在地法院管辖;
- 经过行政复议的案件,复议机关改变了原具体行政行为,原告对复议决定不服而向法院起诉的,可以由作出原具体行政行为的行政机关所在地的法院管辖;也可以由复议机关所在地的法院管辖。

根据《最高法院解释》第7条的规定,复议决定有下列情形之一的,即属于《行政诉讼法》第17条规定的"改变原具体行政行为":
- 改变原具体行政行为所认定的主要事实和证据的;
- 改变原具体行政行为所适用的规范依据且对定性产生影响的;
- 撤销、部分撤销或者变更原具体行政处理结果的。

(2)特殊地域管辖　特殊地域管辖是相对于一般地域管辖而言的,在具体确定某一案件的管辖时,特殊地域管辖优于一般地域管辖。适用特殊地域管辖的行政案件有两种:
- 对限制人身自由的行政强制措施不服而提起诉讼的　《行政诉讼法》第18条规定:"对限制人身自由的行政强制措施不服提起的诉讼,由被告所在地或者原告所在地人民法院管辖。"其中,本条规定的"原告所在地"根据《最高法院解释》第9条第1款规定,包括原告的户籍所在地,经常居住地和被限制人身自由地;
- 因不动产提起行政诉讼的案件　《行政诉讼法》第19条规定:"因不动产提起的行政诉讼,由不动产所在地人民法院管辖。"

3. 裁定管辖

裁定管辖是指在特殊情况下,由人民法院做出裁定或决定来确定行政案件的诉讼管辖。包括移送管辖、指定管辖、移转管辖(管辖权转移)三种。

(1)移送管辖　《行政诉讼法》第21条规定:"人民法院发现受理的案件不属于自己管辖时,应当移送有管辖权的人民法院。受移送的人民法院不得自行移送。"这是行政诉讼法对移送管辖所作的规定。

移送管辖必须具备三个条件:
- 移送的人民法院对移送的行政案件已经受理。即诉讼程序已经启动,但案件尚未审结,仍在第一审程序中。若案件已经审结,则不会发生移送。
- 移送人民法院发现自己对该行政案件确无管辖权。这是移送管辖最基本的条件。如果受案人民法院具有对本案的管辖权,则不得擅自移送。
- 受移送的人民法院应对该行政案件依法享有管辖权。移送管辖一般发生在同级异地人民法院之间,但也可能发生在上下级人民法院之间。

(2)指定管辖　关于指定管辖《行政诉讼法》第22条规定:"有管辖权的人民法院由于特殊原因不能行使管辖权的,由上级人民法院指定管辖""人民法院对管辖权发生争议,由争议双方协商解决。协商不成的,报它们的共同上级人民法院指定管辖"。根据本条两款规定,指定管辖只适用于两种情况:
- 由于特殊原因,致使对某一行政案件具有管辖权的人民法院无法行使行政审判权。特殊原因有自然灾害、战争等不可抗拒的事实原因,也有如回避致使该法院无法审理该行政案件的法定原因。因此情况,适用本条第1款的规定。

- 由于法院之间因管辖权发生争议，双方无法协商一致。管辖权争议，即包括两个以上人民法院均认为自己对本案没有管辖权，而相互推诿的消极争议。对此情况适用本条第 2 款的规定。

(3)管辖权的转移　管辖权的转移又称移转管辖。是指基于上级人民法院决定或者同意，将行政诉讼案件的管辖权，由下级人民法院转移给上级人民法院审判，或由上级人民法院转移给下级人民法院审判的制度。《行政诉讼法》第 23 条规定："上级人民法院有权审判下级人民法院管辖的第一审行政案件，也可以把自己管辖的第一审行政案件移交下级人民法院审判""下级人民法院对其管辖的第一审行政案件，认为需要由上级人民法院审判的，可以报请上级人民法院决定"。根据本条的规定，转移管辖权的条件为：

> 讨论
> 移送管辖与管辖权转移有异同吗？

- 必须是人民法院已经受理的行政案件。
- 转移的人民法院对该行政案件有管辖权，没有发生争议。
- 转移的人民法院与接受的人民法院之间具有上下级隶属关系。

四、行政诉讼参加人

1. 行政诉讼参加人的概念

行政诉讼的参加人，是指起诉、应诉或与具体行政行为有利害关系，在整个或部分诉讼过程中参加行政诉讼活动的人。也就是当事人和类似当事人地位的诉讼代理人。行政诉讼参加人的范围是：原告、被告、第三人和诉讼代理人四种。

行政诉讼参加人与行政诉讼的参与人是不同的，后者的范围比前者的范围要宽。

2. 行政诉讼的当事人

行政诉讼的当事人是参加人中的核心主体，也是整个诉讼活动的核心主体。

(1)行政诉讼的当事人的概念　行政诉讼的当事人，是指因具体行政行为发生争议，以自己名义进行诉讼，并受人民法院裁判拘束的主体。他在第一审中称谓是：原告、被告、第三人；在第二审程序中则称为上诉人和被上诉人；在执行程序中称为申请执行人与被申请执行人。

(2)行政诉讼当事人的基本特征，主要体现在

- 当事人是发生争议的行政法律关系的主体；
- 当事人以自己的名义进行诉讼，这是当事人的另一特征；
- 当事人是受人民法院裁判拘束的人；
- 行政诉讼当事人有公民、法人、其他组织和行政机关。

(3)行政诉讼当事人的诉讼权利能力与诉讼行为能力

①诉讼权利能力　诉讼权利能力是指能够以自己名义进行诉讼活动，并享有诉讼权利、承担诉讼义务的资格与能力。

诉讼权利能力是法律直接赋予、设定的程序法上的资格，其主要体现在：

- 第一，具有权利能力的人必然具有诉讼权利能力。权利主体仅有权利能力是不完全的，它要依靠程序手段来实现与保护。
- 第二，不具有权利能力的人也就是不享有诉讼权利能力。

②诉讼行为能力 所谓诉讼行为能力,是指能够以自己的行为实现诉讼权利、履行诉讼义务的资格。就是亲自进行诉讼活动的资格。诉讼行为能力虽由法律规定赋予,但从根本上讲,它要取决于人的辨识与控制能力,而这是要受到人的年龄、精神状态等因素制约的。

3. 原告

(1)原告的概念 所谓行政诉讼的原告,就是指对行政机关的具体行政行为不服,依照行政诉讼法,以自己的名义向人民法院提起诉讼的公民、法人或者其他组织。

• 原告须是公民、法人或者其他组织。公民、法人和其他组织,在法律上都有一定的地位与权利,在行政关系中都是被管理的一方,行政行为作为一种职权行为,有不可否认的效力。

公民的范围有我国公民、外国公民、无国籍人和国籍不明人等。我国公民是指具有中华人民共和国国籍的自然人。

• 原告是认为被具体行政行为侵害其权益的人。

• 原告须是认为具体行政行为侵犯了自己合法权益的人。行政诉讼执行严格的诉讼保护主义,原告必须是因为自己的权益被侵害才能起诉。如果不是为了保护自己的权益而是为了他人的权益,不能作原告而起诉。关于合法权益的问题,我国行政诉讼从根上讲是权利之诉:其一,"合法的"权益;其二,"自己的"权益;其三,原告"认为"侵犯其合法权益。

(2)若干特殊情况下的原告

• 关于受害人能否作原告的问题。这样的规定实际上就是全面承认受害人的原告资格而不是仅限于行政处罚领域。

• 对民事纠纷进行行政处理后的行政诉讼原告问题。在对民事纠纷进行行政裁决、决定时,是具体行政行为,原民事纠纷双方主体如有不服,均有资格作为原告而起诉。

• 关于社会团体能否因其成员的权益受到具体行政行为侵犯而以原告身份起诉的问题。

(3)原告资格的转移与承受 行政诉讼原告资格在一般意义上是不能转移的,因为它是法律赋予的特定人的资格。

①原告资格的转移 行政诉讼中的原告资格转移,就是指有权起诉的公民、法人或者其他组织发生死亡或终止,他的原告资格依法自然转移给有利害关系的特定公民、法人或其他组织。转移的条件为:

• 第一,有原告资格的主体在法律上已不复存在,这是前提;

• 第二,有原告资格的人死亡或终止时诉讼保护期限未逾;

• 第三,原告资格转移发生于与原告有特定利害关系的主体之间,没有这种关系也不发生资格转移。

②原告资格的承受 原告资格发生转移,由新的特定主体来充任原告。这种由于发生转移而获得原告资格的过程,就是原告资格的承受。如果承受资格者要行使其作为原告的权利,向法院起诉或参加诉讼,他应当向人民法院提供其近亲属的证明文件,或者作为被终止的组织的权利承受者的证明文件,中止诉讼应在期满三个月以后。

4. 被告

(1)被告的概念 行政诉讼的被告,是指由原告指控其具体行政行为违法侵犯原告的合法权益,并经由人民法院通知应诉的行政机关、法律法规授权的组织。其特征有:

①被告须是行政机关或者法律、法规授权的组织 这里所说的行政机关是指行使国家

行政职能,依法独立享有与行使行政职权的国家机关。行政诉讼的被告除行政机关以外,还有一类主体,就是法律、法规授权的组织。

②被告须是具体行政行为的主体　作为行政诉讼被告,仅有行政机关、法律法规授权组织这一身份是不够的。

③被告须是被指控并经由人民法院通知应诉的人　被告是被原告所控告的人,而且是经过法院审查确认正当,并由法院通知应诉的人。

(2)确定被告的若干特殊情况

①经行政复议程序再起诉的被告问题　按《行政诉讼法》规定,经复议程序而再起诉的案件,其被告资格的确定分两种情况:如果复议机关维持了原具体行政行为,就以作出原具体行政行为的行政机关为被告;如果复议机关改变了原具体行政行为,复议机关就是被告。

②委托行政情况下的被告确定问题　《行政诉讼法》规定,由法律、法规授权的组织所作的具体行政行为,该组织是被告。由行政机关委托组织所作的具体行政行为,委托的行政机关是被告。

③经上级机关批准而做出具体行政行为情况下的被告　有些法律、法规或者行政机关自我约束性规定,对一定程序的行政行为,须报经上级机关批准才能做出或生效。

④派出机构做出具体行政行为情况下的被告问题　在法律上,派出机关是指根据宪法的地方组织法而设立的派出机关,如行政公署、区公所和街道办事处。

⑤若干行政机关做出同一具体行政行为情况下的被告问题　法律规定,两个以上行政机关做出同一具体行政行为的,共同做出具体行政行为的行政机关是共同被告。

⑥不作为行政行为情况下的被告问题　行政行为有作为与不作为之分,在不作为时,由于行为主体是消极地不履行法定职责,当然并没有什么行政决定文书,此时被告资格问题显得更复杂。

(3)被告资格的转移与承受

①被告资格的转移　行政诉讼中有时会发生被告资格转移,是指有被告资格的主体被撤销,其被告资格自然转移给其他特定主体。发生转移的条件:

• 一是,有被告资格的行政机关或法律法规授权的组织被撤销,在法律上该主体已被消灭,这是前提。

• 二是,被撤销的行政机关,其行政职权仍然继续由其他主体行使。

②被告资格的承受　所谓被告资格的承受,是指没有做出具体行政行为的主体,由于继续行使做出具体行政行为但被撤销的行政机关的职权,而自然承受该诉讼被告的资格。所谓继续行使职权无非两大类:

• 一类是原行政职权仍然存在,现由其他相关行政机关行使;

• 二类是原行政职权已被取消或转变,不再属于行政机关管辖范围,这时的承受者应视为撤销该行政机关的行政机关,如同级人民政府等。

5. 共同诉讼人

(1)共同诉讼人的概念　《行政诉讼法》规定了共同诉讼,当然就有共同诉讼人。指原告或被告至少一方为两个以上的共同诉讼当事人,既有共同被告人,也有共同原告人。

(2)必要的共同诉讼人　必要共同诉讼,是指当事人一方或双方为两人以上,诉讼标的是同一具体行政行为的诉讼。在这种共同诉讼中的当事人即为必要共同诉讼人。

在实践中,主要有以下几种具体情形:

- 两个以上的当事人,因共同违法而被一个行政机关在一个处罚决定书中分别予以处罚;
- 法人或组织因违法而被处罚,该法人或组织的负责人、直接行为人、同时被一个处罚决定处罚;
- 两个以上的共同受害人,对行政机关的同一个行政行为均表示不服而诉诸法院,这些起诉的共同受害人就成为共同原告人;
- 两个以上的行政机关以一个共同行政决定形式,处理或处罚了一个或若干个当事人。

(3) 普通的共同诉讼人　普通共同诉讼,是指当事人一方或双方为两人以上,其诉讼标的是同样的具体行政行为,并由法院进行合并审理的诉讼。

法律规定,普通共同诉讼:
- 一须是因同样的具体行政行为发生的行政案件;
- 二是共同诉讼人之间在事实上或法律上并无当然的不可分割的联系,仅仅因为诉讼标的属于同一种类,即被诉具体行政行为有相同、相类似的性质,所以在程序上被统一起来。
- 最后,法院认为宜于合并审理并实行合并审理。普通共同诉讼并不是必须要合并。

6. 第三人

(1) 第三人的概念　《行政诉讼法》肯定了第三人制度,并规定与提起诉讼的具体行政行为有利害关系的其他公民、法人或者其他组织,可以作为第三人申请参加诉讼,或者由人民法院通知参加诉讼。

行政诉讼第三人的基本特征是:
- 第三人须是与本诉所争议的诉讼标的即具体行政行为有利害关系。
- 第三人须是参加到他人诉讼中来的公民、法人或者其他组织。
- 第三人在法律上有独立的诉讼地位。

(2) 第三人的种类　从行政法的实践来看,第三人主要有以下几种形式:
- 行政处罚案件中的受害人或处罚相对方一方;
- 行政处罚案件中的共同被处罚人;
- 行政确权案件中的被确权人;
- 在征用土地或房屋拆迁行政案件中的建设单位;
- 两个以上行政机关做出相互矛盾的具体行政行为;
- 越权之诉中的被越权机关可以是第三人。

(3) 第三人参加诉讼的程序　第三人参加行政诉讼,须是在原被告的诉讼程序已开始、终审判决未做出以前进行。依照法律规定它有两种形式:
- 一是第三人自己主动向法院提出正式申请,经法院准许而参加诉讼。如果法院准许则以书面形式通知第三人;
- 另一种形式是第三人并未主动申请,而是法院依职权通知第三人参加诉讼。

(4) 第三人参加诉讼的法律意义　应维护第三人自身的合法权益,这是根本所在。

便于法院全面了解案情、查明事实,并能够全面、正确地解决纠纷、确定当事人、第三人的权利与义务。

便于法院及时审理案件,有节省、简化审理的功能,也方便于各利益关系人。

7. 诉讼代理人

(1) 诉讼代理人的概念　行政诉讼代理人是代理人的一种,指以当事人名义,在代理权

限内,代理当事人进行诉讼活动的人。其特征有:
- 行政诉讼代理人是以行政诉讼当事人、第三人的名义进入诉讼程序;
- 代理人在代理权限以内的诉讼行为,其法律后果归属于被代理人;
- 代理人参加行政诉讼的目的在于维护被代理人的合法权益;
- 代理人的另一个必要特征是他有诉讼行为能力。

(2)诉讼代理人的种类

①法定代理人　根据法律规定而直接享有代理权限,代替无诉讼行为能力的公民进行行政诉讼的人,就是行政诉讼的法定代理人。当然法律规定是有一定条件的,这就是:
- 其一,被代理人须为公民;
- 其二,代理人与被代理人之间业已存在亲权或监护关系。

②指定代理人　指定代理人即由人民法院指定代理无诉讼行为能力的当事人进行行政诉讼的人。

③委托代理人　受当事人、法定代理人委托,代为进行行政诉讼的人就是委托代理人。其特征是:
- 第一,被代理人可以是公民即自然人,也可以是法人、组织或行政机关;
- 第二,代理权是在委托人与受托人双方意思表示一致基础上并由委托人授权委托而产生的。

五、行政诉讼的程序

行政诉讼的主要程序包括一审、二审、审判监督和执行程序。

公民、法人或者其他组织可以在知道做出具体行政行为之日起3个月内直接向人民法院提起诉讼(法律另有规定的除外)。人民法院经过审查受理后,进入一审程序。

此时,人民法院指定审判员组成合议庭,或者由审判员、陪审员组成合议庭。当事人认为审判人员与本案有利害关系或者有其他关系,可能影响公正审判的,有权申请审判人员回避。

人民法院审理行政案件,以法律和行政法规、地方性法规为依据(地方性法规适用于本行政区域内发生的行政案件);审理民族自治地方的行政案件,以该民族自治地方的自治条例和单行条例为依据。同时,参照国务院部、委根据法律和国务院的行政法规、决定、命令制定、发布的规章及省、自治区、直辖市和省、自治区的人民政府所在地的市和经国务院批准的较大的市的人民政府根据法律和国务院的行政法规制定、发布的规章。

人民法院应当在立案之日起3个月内做出第一审判决。有特殊情况需延长的,由高级人民法院批准。高级人民法院审理第一审案件需延长的,由最高人民法院批准。

当事人不服第一审判决的,有权在判决书送达之日起15日内向上一级人民法院提起上诉;不服第一审裁定的,有权在裁定书送达之日起10日内向上一级人民法院提起上诉。逾期不提起上诉的,人民法院的第一审判决或者裁定发生法律效力。人民法院审理上诉案件,应当在收到上诉状之日起2个月内做出终审判决。

当事人对已经发生法律效力的判决、裁定,认为确有错误的,可以向原审人民法院或者上一级人民法院提出申诉,但判决、裁定不停止执行。

当事人必须履行人民法院发生法律效力的判决、裁定。公民、法人或者其他组织拒绝履行判决、裁定的,行政机关可以向一审法院申请强制执行,或者依法强制执行。行政机关拒绝履行判决裁定的,人民法院可采取相应措施予以执行。

知识点 3　民事诉讼法

一、民事诉讼法概述

1. 民事诉讼法的概念

民事诉讼法,是指由国家制定和认可的,人民法院在当事人及其他诉讼参与人的参加下审理民事案件中所进行的各种诉讼活动,以及由此而产生的各种诉讼关系的法律规范的总称。

由此定义可以看出,民事诉讼法调整的对象应是民事诉讼活动和民事诉讼关系。

民事诉讼法有狭义和广义之分。狭义的民事诉讼法仅指现行的民事诉讼法典,即《中华人民共和国民事诉讼法》(注:以下简称《民事诉讼法》);广义的民事诉讼法,除了民事诉讼法典之外,还包括其他民事实体法和程序法中有关民事诉讼的规定,以及最高人民法院关于民事诉讼的指示、批复和司法解释。

我国现行的民事诉讼法,是在1982年《中华人民共和国民事诉讼法(试行)》的基础上修改而成的,具有安排科学、体例新颖、结构严密的特点。随着我国改革开放的发展,将有一些新的诉讼程序制度来充实和完善我国的民事诉讼法。

2. 民事诉讼法的特征

同其他诉讼法相比较,民事诉讼法有如下特征:

(1)民事诉讼法是部门法　它调整的是民事诉讼关系和民事诉讼活动,这种调整对象是特定的,是其他部门法无法调整的。

(2)民事诉讼法是民事诉讼的程序法　民事诉讼法是关于民事诉讼活动时应遵守的法律规定。主要内容是民事诉讼主体的诉讼权利和诉讼义务,以及保障民事诉讼主体诉讼权利和落实诉讼义务的规定。

(3)民事诉讼法具有广义性　民事诉讼法的广义性是与民事诉讼的广泛性相适应的。由于民事诉讼广泛适用于民事、经济、劳动争议、专利、商标、海事、债务催偿和法律规定的其他特殊类型的案件。因此民事诉讼法也就广泛地适用于民事诉讼范围的各类案件的诉讼。

(4)处分原则和调解原则的特有性　处分原则和调解原则是民事诉讼法的特有原则,这是由民事活动本身所决定的,这也是与其他诉讼法律相比较的最明显的特征。

3. 民事诉讼法的效力

民事诉讼法的效力,是指其规范及适用之范围的约束力。它包括对人、对事,以及时间、空间所具有的效力。

(1)对人的效力　我国《民事诉讼法》第4条规定:"凡在中华人民共和国领域内进行民事诉讼,必须遵守本法",即不论当事人属于何国国籍或者无国籍的人,只要在我国领域进行民事诉讼,均受我国民事诉讼法的约束,都应遵守民事诉讼法的规定。

(2)对事的效力　民事诉讼法是解决民事纠纷、确认民事权益的法律,因此其第3条规定:"人民法院受理公民之间、法人之间、其他组织之间以及他们相互之间因财产关系和人身关系提起的民事诉讼,适用本法的规定"。

(3)对空间的效力　根据国家的主权原则和程序法适用的属地主义原则,凡在中华人

民共和国领域内进行民事诉讼,均适用我国民事诉讼法。中华人民共和国的领域,包括领土、领海、领空,以及领土延伸的范围。

(4)对时间的效力　对时间的效力,是指民事诉讼法在什么时间之内具有拘束力。法律适用的时间效力,原则上是从公布施行之日起发生效力,至明令废止之日止失去效力。《民事诉讼法》于1991年4月9日经第七届全国人民代表大会第四次会议审议通过,并于同日公布施行。《中华人民共和国民事诉讼法(试行)》,同时废止。

> **讨论**
> 比较一下行政诉讼法与民事诉讼法的效力范围。

4. 民事诉讼法的任务

根据《民事诉讼法》第2条的规定,民事诉讼法的任务有以下几个方面:

(1)保护当事人的诉讼权利　把保护当事人的诉讼权利作为民事诉讼法的首要任务来规定,是因为民事主体通过行使法律赋予的诉讼权利是实现保护自己实体权利的重要途径,也是保护自己实体权利的最高形式。

只有法律对民事主体的诉讼权利进行公平、有效的保护,才能最终达到保护民事主体实体权利的目的。如果不能对诉讼权利进行公平、有效的保护,实际上就部分或者全部地阻断了民事主体通过诉讼来保护自己实体权利的途径,也就谈不上对民事案件的公平处理,保护民事主体的合法权益自然成为空话。

(2)保证人民法院正确行使审判权　正确行使审判权是人民法院正确适用法律公平及时处理一切民事案件的基础。在民事诉讼中,人民法院只有严格按照民事诉讼法的规定审理民事案件,才能保证其审判权的正确行使。

(3)确认权利义务关系,制裁违法行为,保护当事人的合法权益　民事案件的审理过程,就是对案件事实查明的过程。在查明案件事实的基础上,通过适用法律,以明确是非,对当事人双方的权利义务关系予以确认。

仅对当事人双方权利义务关系的确认,还不足以保护当事人的合法权益,还要对被确认违法的民事行为进行制裁,才能实现保护当事人合法权益的目的。制裁违法行为和保护当事人合法权益是民事诉讼法的同一任务的两个方面,二者相辅相成。

(4)教育公民自觉守法,维护社会秩序和经济秩序　民事诉讼法中的公开审判等原则规定的目的之一,就是要通过公开审理案件,使广大人民接受法制教育,提高他们守法的自觉性,使他们懂得什么事可以做,什么事不该做。只有广大人民群众有了守法的自觉性,社会经济秩序才能得到有效维护。教育公民守法是手段,维护社会秩序和经济秩序是目的。

二、民事诉讼法的管辖

1. 民事诉讼管辖与管辖恒定

民事诉讼管辖,是指各级人民法院和同级人民法院之间,受理第一审民事案件的分工和权限。管辖的确定可以恒定民事案件的管辖,避免案件被随意移送。

管辖恒定,是指确定案件的管辖权,以起诉时为标准,起诉时对案件享有管辖权的人民法院,不因确定管辖的事实在诉讼过程中发生变化而影响其管辖权。管辖恒定包括级别管辖恒定和地域管辖恒定,前者是指级别管辖按起诉时的诉讼标的额确定后,不因诉讼过程中标的额增加或者减少而变动。后者是指地域管辖按起诉时的标准确定后,不因为诉讼过程

中确定管辖的因素的变动而改变,如管辖依被告住所地确定后,被告依据地变更,受诉人民法院的管辖权不因此而受到影响。

管辖恒定,既可以避免因当事人住所地的变化或者人民法院管辖区域的变化等而随意移送、变更管辖法院,又可以避免因管辖变动而造成司法资源的浪费,同时还可以减少当事人讼累,使诉讼尽快了结。

从我国民事诉讼法的规定来看,管辖分为级别管辖、地域管辖和裁定管辖。

2. 民事诉讼级别管辖

民事诉讼中的级别管辖,是指各级人民法院之间受理第一审民事案件的分工和权限。

(1)《民事诉讼法》是以确定级别管辖的标准来确定民事案件的级别管辖的

①案件的性质　即案件在属性上是一般的民事案件还是特殊类型的民事案件。案件的性质不同,人民法院审理起来的难易程度也就不同。对于那些重大涉外案件、专利案件、海事、海商案件等,由于这些案件的专业性强,在性质上不同于一般的民事案件,因此,对这些性质特殊的民事案件,应当由级别较高的人民法院管辖。

②案件的影响范围　即案件自身的简易程度和案件处理的结果对社会影响的范围。凡是案件具有特殊性或者案情复杂,包括涉及的地区、部门、参加人较多,诉讼金额大和处理的结果对社会影响大的,分别由较高审级的人民法院管辖。如重大的涉外民事案件即由中级人民法院为第一审管辖法院。相反,第一审的民事案件则由基层人民法院管辖。

(2)民事诉讼法有关级别管辖的规定

①基层人民法院管辖的第一审民事案件　基层人民法院管辖第一审民事案件,但《民事诉讼法》明确规定的应当由中级人民法院、高级人民法院和最高人民法院管辖的第一审民事案件除外。由基层人民法院管辖第一审民事案件,符合便利群众诉讼,便利人民法院办案的管辖原则。

②中级人民法院管辖的第一审民事案件　中级人民法院管辖的第一审民事案件主要有三类:

• 重大的涉外案件

所谓重大的涉外案件主要是指争议标的额大或者案件情况复杂或者居住在国外的当事人人数众多的涉外案件。而一般的涉外案件则由基层人民法院管辖。

• 在本辖区有重大影响的案件

即案件的影响超出了基层人民法院的辖区,在中级人民法院辖区内产生了重大影响。

• 最高人民法院确定由中级人民法院管辖的案件

这类案件主要有:海事、海商案件;专利纠纷案件;重大的涉港、澳、台民事案件;诉讼标的金额大或者诉讼单位属省、自治区、直辖市以上的经济纠纷案件。

③高级人民法院管辖的第一审民事案件　高级人民法院的主要任务是对本辖区内中级人民法院和基层人民法院的审判活动进行指导和监督,审理不服中级法院判决、裁定的上诉案件。因此,由高级人民法院管辖的第一审民事案件的数量是相当少的,只管辖在本辖区内有重大影响的第一审民事案件。

④最高人民法院管辖的第一审民事案件　最高人民法院管辖的第一审民事案件有两类:一类是在全国有重大影响的案件;另一类是最高人民法院认为应当由其审理的案件。

3. 民事诉讼地域管辖

民事诉讼中的地域管辖,是指同级人民法院之间按照各自的辖区在审理第一审民事案件上的分工。

(1)民事诉讼法确定地域管辖的标准　我国《民事诉讼法》确定地域管辖主要是根据以下两点：

  • 人民法院辖区与国家行政区域相一致，使诉讼当事人的所在地(尤其是被告的住所地)与人民法院辖区内之间存在一定的联系，当诉讼当事人的所在地等在某一行政区域内时，诉讼就由设在该行政区域内的人民法院管辖。

  • 诉讼标的、诉讼标的物或者法律事实与人民法院辖区之间的隶属关系。即诉讼标的、诉讼标的物或者法律事实在哪个法律的辖区内，案件就由辖区内的人民法院管辖。

根据上述标准，《民事诉讼法》将地域管辖分为一般地域管辖和特殊地域管辖。

(2)一般地域管辖　一般地域管辖，又称普通管辖或一般管辖，是指以当事人所在地与法院辖区之间的隶属关系所确定的管辖。

由于当事人有原告与被告之分，所以要确定管辖法院，还必须明确以哪一方的当事人所在地为标准。对此，一般地域管辖的通行做法是实行"原告就被告"原则，即案件由被告所在地的人民法院管辖。我国《民事诉讼法》第22条确认了这一原则："对公民提起的民事诉讼，由被告住所地人民法院管辖；被告住所地与经常居住地不一致的，由经常住居地人民法院管辖；对法人或其他组织提起的民事诉讼，由被告住所地人民法院管辖。"

根据《民事诉讼法》第22条的规定可知：当事人所在地包括当事人的住所地和经常居住地。住所地，对于公民来说是指公民的户籍所在地，对于法人和其他组织来说是指法人和其他组织的主要营业地或者主要办事机构所在地。经常居住地，是公民离开住所地至起诉时已连续居住1年以上的地方，但公民住院就医的地方除外。除此之外，针对一些特殊的被告所在地的情况，最高人民法院在《关于适用〈中华人民共和国民事诉讼法〉若干问题的意见》(以下简称《适用意见》)中作了补充性的规定：

  • 双方均被注销城镇户口的，由被告居住地的人民法院管辖。

  • 双方当事人都是被监禁或被劳动教养的，由被告原住所地人民法院管辖。被告被监禁或被劳动教养1年以上的，由被告被监禁地或被劳动教养地人民法院管辖。

  • 离婚诉讼双方当事人都是军人的，由被告住所地或者被告所在团级以上单位驻地的人民法院管辖。

  • 夫妻双方离开住所地超过1年，一方起诉离婚的案件，由被告经常居住地的人民法院管辖。

  • 当事人的户籍迁出后尚未落户，有经常居住地的，由其原户籍所在地人民法院管辖。没有经常居住地，户籍迁出不足1年的，由该地人民法院管辖；超过1年的，由其居住地人民法院管辖。

  • 对没有办事机构的公民合伙、合伙型联营提起的诉讼，由实地注册登记地人民法院管辖。没有注册登记，几个被告又不在同一辖区的，各被告住所地的人民法院都有管辖权。

实行"原告就实"的原则，既可以限制原告滥用诉权，使被告避免因受原告不当诉讼的侵扰而造成不应有的经济损失，又有利于人民法院传唤被告参加诉讼，查清案件事实，对诉讼标的物进行保全或勘验，及时、正确地做出裁决，有助于判决的执行。但在特定情况下，适用这一原则却不利于当事人诉讼和人民法院办案。因此，《民事诉讼法》对"原告就被告"原则作了些例外规定，通称"原告就被告的例外"或"被告就原告"，该法第23条规定，下列民事诉讼由原告住所地人民法院管辖，原告住所地与经常居住地不一致的，由原告经常居住地人民法院管辖：
- 不在中华人民共和国领域内居住的人提起的有关身份关系的诉讼。其中的身份关系，指个人之间发生的与人身有关的法律关系，如因婚姻、血缘等产生的婚姻关系、收养关系、亲子关系等。
- 下落不明或者宣告失踪的人提起的有关身份关系的诉讼。
- 正在被劳动教养的人提起的诉讼。
- 正在被监禁的人提起的诉讼。

除此之外，最高人民法院在《适用意见》中对下列特殊情况做了补充规定：
- 被告一方被注销城镇户口的，由原告所在地人民法院管辖。
- 不服指定监护或者变更监护关系的案件，由被监护人住所地人民法院管辖。
- 追索赡养费案件的几个被告住所地不在同一辖区的，可以由原告住所地人民法院管辖。
- 非军人对军人提出的离婚诉讼，如果军人一方为非文职军人，由原告住所地人民法院管辖。
- 夫妻一方离开住所地超过1年，另一方起诉离婚的案件，由原告住所地人民法院管辖。夫妻双方离开住所地超过1年，一方起诉离婚的案件，被告无经常居住地的，由原告起诉时居住地的人民法院管辖。
- 在国内结婚并定居国外的华侨，如定居国法院以离婚诉讼须由婚姻缔结地法院管辖为由不予受理，当事人向人民法院提出离婚诉讼的，由婚姻缔结地或一方在国内的最后居住地人民法院管辖。
- 在国外结婚并定居国外的华侨，如定居国法院以离婚诉讼须由国籍所属国法院管辖为由不予受理，当事人向人民法院提出离婚诉讼的，由一方原住所地或在国内的最后居住地人民法院管辖。
- 中国公民一方居住在国外，一方居住在国内，不论哪一方向人民法院提起离婚诉讼，国内一方住所地的人民法院都有权管辖。如国外一方在居住国法院起诉，国内一方向人民法院起诉的，受诉人民法院有权管辖。
- 中国公民双方在国外但未定居，一方向人民法院起诉离婚的，应由原告或者被告原住所地人民法院管辖。

（3）特殊地域管辖

特殊地域管辖，又称特别管辖或特殊管辖，是以被告住所地、诉讼标的或者引起法律关系发生、变更、消灭的法律事实所在地为标准而确定的管辖法院。特殊地域管辖是相对于一般地域管辖而言，针对案件的特殊情况，由法律所确定的有两个以上的法院对特殊案件有管辖权的特殊地域管辖方式。《民事诉讼法》第24条、第26~33条规定了九种适用特殊地域管辖的诉讼：

①因合同纠纷提起的诉讼，由被告住所地或者合同履行地人民法院管辖。

合同履行地一般由合同当事人在合同中明确约定，如果当事人没有在合同中约定或约定不明确的，适用法律推定。《合同法》第62条规定："履行地点不明确，给付货币的，在接受货币一方所在地履行；交付不动产的，在不动产所在地履行；其他标的，在履行义务一方所在地履行。"除此之外，针对在实践中确定合同履行地的复杂性，最高人民法院做出一系列的司法解释：

- 如果合同没有实施履行,当事人双方住所地又都不在合同约定的履行地的,应由被告住所地人民法院管辖。
- 购销合同的双方当事人在合同中对交货地点有约定的,以约定的交货地点为合同的履行地;没有约定的,依交货方式确定合同履行地;采用送货方式的,以货物送达地为合同履行地;采用自提方式的,以提货地为合同履行地;代办托运或按木材、煤炭送货办法送货的,以货物发运地为合同履行地。购销合同的实际履行地点与合同中约定的交货地点不一致的,以实际履行地点为合同履行地。
- 加工承揽合同,以加工地为合同履行地,但合同中对履行地有约定的除外。
- 财产租赁合同,融资租赁合同以租赁物使用地为合同履行地,但合同中对履行地有约定的除外。
- 补偿贸易合同,以接受投资一方主要业务履行地为合同履行地。
- 借款合同,贷款方所在地为合同履行地,但当事人另有约定的除外。
- 联营合同,法人型联营合同,由其主要办事机构所在地人民法院管辖;合伙型联营合同,由其注册地人民法院管辖;协作型联营合同,由被告所在地人民法院管辖。如果主要办事机构所在地或注册地人民法院管辖确有困难的,由被告住所地人民法院管辖。

②因保险合同纠纷提起的诉讼,由被告住所地或者保险标的物所在地人民法院管辖。其中如保险标的物为运输工具或运输中的货物的,则由被告住所地或者运输工具登记注册地、运输目的地、保险事故发生地的人民法院管辖。

③因票据纠纷提起的诉讼,由票据支付地或被告住所地人民法院管辖。其中票据支付地是票据上载明的付款地,如未载明付款地,则以票据付款人(包括代理付款人)的住所地或主营业所所在地为票据付款地。

④因铁路、公路、水上、航空运输和联合运输合同纠纷提起的诉讼,由运输始发地、目前地或被告住所地人民法院管辖。根据最高人民法院的规定,水上运输或水陆联合运输合同纠纷发生在我国海事法院辖区的,由海事法院管辖。铁路运输合同,由铁路运输法院管辖。其他运输合同纠纷,由始发地、目的地或被告住所地人民法院管辖。

⑤因侵权行为提起的诉讼,由侵权行为地或者被告住所地人民法院管辖。侵权行为地,包括侵权行为实施地和侵权结果发生地。通常情况下,侵权行为实施地和侵权结果发生地是一致的,但也有不一致的情况。此时,侵权行为实施地法院和侵权结果发生地法院对案件都有管辖权。

⑥因铁路、水路、水上和航空事故请求损害赔偿提起的诉讼,由事故发生地或车辆、船舶最先到达地,航空器最先降落地或者被告住所地人民法院管辖。

⑦因船舶碰撞或者其他海损事故请求损害赔偿提起的诉讼,由碰撞发生地、碰撞船舶最先到达地、加害船舶被扣留地或者被告住所地人民法院管辖。

⑧因海滩救助费用提起的诉讼,由救助地或被救助船舶最先到达地法院管辖。

⑨因共同海损提起的诉讼,由船舶最先到达地、共同海损理算地或者航程终止地人民法院管辖。我国于1975年在北京设立了共同海损理算处,发生共同海损后,如在我国理算,理算地即为北京。

(4)专属管辖 专属管辖,是指法律强制规定某些特殊类型的案件只能由特定的人民法院管辖,其他法院无管辖权,当事人也不得协议变更管辖法院。专属管辖是一种强制性管辖,具有管辖上的排他性,既排除了任何外国法院对属于我国法院专属管辖的案件的管辖

权,又排除诉讼当事人以协议方式选择国内的其他法院管辖和法律有关一般地域管辖和特殊地域管辖的规定。根据《民事诉讼法》第34条的规定,下列三类案件属于专属管辖:

• 因不动产纠纷提起的诉讼,由不动产所在地人民法院管辖 不动产是指不能移动或移动后会降低或丧失其性能和使用价值的地面附着物。如土地、矿山、建筑物等。将因不动产纠纷提起的诉讼规定为专属管辖,是各国民事诉讼法的通行做法。

• 因港口作业发生纠纷提起的诉讼,由港口所在地人民法院管辖 港口作业是指船舶进出港口进行调度、装卸货物、排除障碍等作业。港口作业所造成的纠纷,由港口所在地人民法院(指海事法院)管辖,有利于法院调查、勘验、了解情况,及时、正确地裁判。

• 因继承遗产纠纷提起的诉讼,由被继承人死亡之时住所地或者主要遗产所在地人民法院管辖 遗产是死者生前个人所有的合法财产,包括动产和不动产。在确定"主要遗产"时,一般以不动产所在地作为主要遗产地,动产有多项的,则以价值高的动产所在地作为主要遗产的。

4. 民事诉讼裁定管辖

裁定管辖,是根据法院的裁定而确定的诉讼管辖。案件的管辖一般都是由法律规定的,但由于民事纠纷的纷繁复杂,使得法院在依法确定管辖时发生偏差,如法院的全部审判人员都被申请回避而无人承审案件等。为正确确定管辖,保证案件的公正、及时处理,民事诉讼立法采用原则性规定和灵活性处理相结合的方式,赋予法院根据案件具体情况直接确定管辖的权力,即人民法院享有裁定管辖的权力。根据《民事诉讼法》的规定,裁定管辖包括指定管辖、移送管辖和移转管辖。

(1)指定管辖 指定管辖,是指上级人民法院以裁定方式,指定其下级人民法院对某一案件行使管辖权。《民事诉讼法》第37条规定:"有管辖权的人民法院由于特殊原因,不能行使管辖权的,由上级人民法院指定管辖。人民法院之间因管辖权发生争议,由争议双方协商解决;协商解决不了的,报请它们的共同上级人民法院指定管辖。"根据这一规定,指定管辖主要适用于以下情况:

①有管辖权的人民法院因特殊原因不能行使管辖权的,由上级人民法院指定管辖。这里的"特殊原因"主要包括:

• 法律上的原因,如审判人员全部被申请回避。在实践中,这种情况是极少发生的。

• 事实上的原因,如有管辖权的人民法院所在地发生了战争、自然灾害等,遇此类特殊情况,上级人民法院应指定其他法院代征管辖。

②人民法院之间因管辖权发生争议,协商不成,报请它们的共同上级人民法院指定管辖。报请上级人民法院指定管辖应逐级进行,上级人民法院指定管辖时,应书面通知报送的法院和被指定的法院,报送案件的法院接到通知后,应及时告知案件当事人。

③人民法院接受其他人民法院移送的案件后,经审查认为移送的案件按法律规定不属于本院管辖的,依法报请人民法院指定管辖。受移送的人民法院认为自己对移送来的案件无管辖权时,不得擅自再移送,而只能报请上级法院指定有关法院管辖后,才能依其指定移送案件。

(2)移送管辖 移送管辖,是指人民法院在受理民事案件后,发现本院对该案件并无管辖权,依法将案件移送给有管辖权的人民法院审理。移送管辖就其实质而言,是对人民法院受理案件发生错误时所采用的一种纠正措施,是对案件的移送,而不是对案件管辖权的移送。移交管辖通常发生在同级人民法院之间,但也不排除在上、下级人民法院之间适用。

《民事诉讼法》第36条规定:"人民法院发现受理的案件不属于本法院管辖的,应当移送给有管辖权的人民法院,受移送的人民法院应当受理。受移送的人民法院认为受移送的案件依照规定不属于本院管辖的,应当报请上级人民法院指定管辖,不得再自行移送。"因此,移送管辖应具备以下条件:

• 移送的案件必须是人民法院已经受理的案件,对尚未受理的案件,经审查不归本法院管辖的,应告知当事人向有管辖权的人民法院起诉;

• 移送的人民法院对本案没有管辖权,而受移送的人民法院对该案件依法享有管辖权。管辖权是人民法院依法对案件进行审理和裁判的前提。因此,受理案件而对案件又没有法定管辖权的人民法院要将案件移送到有管辖权的人民法院;

• 在下列情况下,人民法院不得移送,而必须根据法律的规定做出处理:受移送的人民法院认为受移送的案件依照规定不属于本院管辖的,应当报请上级人民法院指定管辖;有管辖权的人民法院受理案件后,其管辖权不受行政区域变更、当事人住所地或居住地的变更而变更,案件仍由受案法院管辖;两个以上人民法院对案件都有管辖权的,应当由先立案的人民法院具体行使管辖权,先立案的人民法院不得将案件移送至另一有管辖权的人民法院。

(3)移转管辖　移转管辖,又称管辖权的转移,是指经上级人民法院决定或同意,把案件的管辖权由下级人民法院转移给上级人民法院,或者由上级人民法院转移给下级人民法院,使无管辖权的人民法院因此而取得管辖权。移转管辖在上下级人民法院之间进行,就其实质而言,是对级别管辖的变通和个别调整。根据《民事诉讼法》第39条的规定,移转管辖具体包括两种情况:

①管辖权向上移转　即管辖权从下级人民法院至上级人民法院。管辖权向上移转的情况主要有两种:一是上级人民法院认为下级人民法院管辖的第一审案件应当由自己审理时,有权决定把案件调上来自己审理;二是下级人民法院认为自己管辖的第一审案件需要由上级人民法院审理时,报请上级人民法院审理。

②管辖权向下移转　即上级人民法院将自己管辖的第一审案件交给下级人民法院审理。上级人民法院在受理案件时,认为案情简单,由下级人民法院审理有更有利于案件调查和裁判,因而将管辖权转移给下级人民法院。下级人民法院受理了本应由上级人民法院管辖的第一审案件,可以报请上级人民法院将管辖权下放给它,经上级人民法院同意,案件管辖权转移给下级人民法院。

移送管辖和移转管辖都属于裁定管辖,但二者有着实质的区别,主要表现为:

• 移送管辖原则上是在同级人民法院之间进行,但也不排除在上、下级人民法院之间进行;移转管辖限于有隶属关系的上下级人民法院之间。

• 移送管辖是将案件从没有管辖权的人民法院移到有管辖权的人民法院;移转管辖则是将案件从有管辖权的人民法院移到本来没有管辖权的人民法院。

• 移送管辖无需上级人民法院和受送人民法院的同意,表现为移送法院的单方行为;移转管辖则必须经过上级人民法院决定或同意,表现为上级人民法院的单方决定和上级人民法院根据下级人民法院的报请而同意移转管辖权的双方行为。

• 移送管辖权移送案件材料,是对案件的移送;移转管辖则不仅要移送案件材料,而且移送管辖权,是对案件和案件管辖权的移送。

三、民事诉讼参加人

根据民事诉讼法的规定,民事诉讼参加人包括当事人和诉讼代理人。

1. 民事诉讼当事人

(1)民事诉讼当事人概述 民事诉讼当事人,是指因民事权利义务关系发生争议,以自己的名义参加诉讼,与案件有利害关系的诉讼参与人。

民事诉讼当事人有狭义和广义之分,狭义的诉讼当事人仅指原告和被告;广义的诉讼当事人还包括了除原告、被告以外的共同诉讼人、第三人和诉讼代表人。他们与原告、被告在民事诉讼上处于相似的地位,既有实体上的权利义务,又有诉讼上的权利义务。民事诉讼当事人既是民事诉讼主体,又是诉讼法律关系主体,他们的诉讼行为对民事诉讼程序和民事诉讼法律关系的发生、发展和消灭有决定性的影响。

民事诉讼当事人的诉讼地位,决定了其所应具有的广泛的诉讼权利。《民事诉讼法》第50条、第51条和第52条及有关条文对这种权利给予了规定。这些权利包括:

- 请求司法保护的权利。
- 委托诉讼代理人的权利。
- 申请回避的权利。
- 使用本民族文字语言进行诉讼的权利。
- 收集、提供证据的权利。
- 进行辩论的权利。
- 申请财产保全的权利。
- 查阅和复制与本案有关的材料的权利。
- 请求调解和自行和解的权利。
- 提起反诉的权利。
- 提起上诉和申请再审的权利。
- 申请执行的权利。

民事诉讼当事人在享有广泛的诉讼权利的同时,还负有一定的诉讼义务。这些义务包括:依法行使权利,不得滥用权力的义务;遵守法庭和诉讼秩序的义务;履行生效的判决、裁定和调解协议的义务。

(2)原告和被告 原告,是指因民事权益发生争议或受到侵害,以自己的名义要求人民法院保护其合法权益而提起诉讼的人。原告是引起民事诉讼程序发生的人,其之所以要主动引起民事诉讼程序,是基于对自己与被告之间的民事法律关系状况的判断,能否得到法律的认可,则要通过诉讼来最终确定。

被告,是指因民事权益发生争议,被他人认为或者确实侵害了他人的合法因为权益,被人民法院通知应诉的人。被告是被原告提起诉讼的人。他之所以涉入诉讼,是因为被原告"拖入"诉讼的。从诉讼程序的启动角度看,在主观意志上,被告一般是处于被动的地位。即不管被告愿意不愿意,也不论被告是否确实侵犯了他人的合法权益,更不论被告是否愿意或在实际行动上是否参加诉讼,只要原告的起诉成立,则特定的被告角色就被依法确定了。

原告与被告是民事诉讼中最主要的诉讼当事人,他们享有平等的民事诉讼权利和民事诉讼义务。

(3)共同诉讼人 共同诉讼人,是指共同诉讼中的当事人。所谓共同诉讼是指一方或双方为2人以上,其诉讼标的是相同的,或者诉讼标的是同一类,人民法院认为可以合并审理的诉讼。

共同诉讼人可以是原告也可以是被告,他们在诉讼中享有原告或被告的权利,承担原告

或被告的义务。

(4) 诉讼代表人　诉讼代表人,是指共同诉讼或集团诉讼中的一人或数人,为了整体的共同利益代表诉讼的人。有诉讼代表人的诉讼也称代表人诉讼,它是众多诉讼中的一种。

诉讼代表人具有以下特征:

• 诉讼代表人是诉讼中众多的当事人中的代表,是当事人中的一员,这是区别于诉讼代理人之处。

• 诉讼代表人不仅要维护自己的利益,还要维护他所代表的其他当事人的利益。这一特征区别于狭义上的当事人,也区别于共同诉讼中的共同诉讼人。

• 人民法院所做出的判决,不仅对诉讼代表人发生效力,而且对他所代表的其他当事人也发生效力。

> 讨论
> 共同诉讼就是多诉一,对吗?

诉讼代表人可以由一方当事人推选产生,也可以由人民法院与一方当事人商定产生。诉讼代表人的诉讼行为对其所代表的当事人发生效力,但代表人变更、放弃诉讼请求或者承认对方当事人的诉讼请求进行和解时,必须经被代表的当事人同意。

(5) 第三人　第三人,是指对他人之间的诉讼标的有独立请求权,或虽无独立请求权但与案件的处理结果有利害关系,为了维护自己的合法权益而参加到已经开始的诉讼中去的人。

第三人的法律特征是:

• 对他人之间的诉讼标的有独立请求权或与诉讼结果有利害关系。

• 第三人参加诉讼时,他人之间的诉讼已经开始。第三人不同于原告,也不同于被告,有自己的独立诉讼地位。

• 第三人参加诉讼,是为了维护自己的合法权益。

第三人可以分为有独立请求权的第三人和无独立请求权的第三人两类。

有独立请求权的第三人,是指对其他当事人争议的诉讼标的有独立请求权的诉讼参加人,在诉讼中的地位相当于原告,可以在第一审、第二审判决前的任何阶段以起诉方式参加诉讼,人民法院也可以依职权通知他们参加诉讼。

有独立请求权的第三人在诉讼中的地位,既不是原告,也不是被告,他在诉讼中既不同意原告的主张,也不同意被告的主张,而有自己独立的主张。他认为无论是原告胜诉还是被告胜诉,都将损害他人利益,参加诉讼时,将本诉的原告、被告作为其参加诉讼的被告,自己居于参加诉讼的原告地位,在诉讼中享有原告的诉讼权利,承担原告的诉讼义务。人民法院对第三人提起的诉讼,应与本诉合并审理,并合一判决。

无独立请求权的第三人,是指对他人正在进行的诉讼的标的不能独立地主张权利,但认为诉讼结果与自己有利害关系而参加诉讼的人。无独立请求权的第三人与诉讼当事人中的某一方有实体上的法律关系,并且该法律关系与本诉的诉讼标的有牵连关系。所以,人民法院对本诉的诉讼标的的处理结果会影响到该法律关系,但他对本诉的诉讼标的又不能独立地主张权利,他不能对本诉的诉讼请求权进行处分,正因为如此,他会以帮助某一方当事人进行诉讼的方式参加诉讼,实则是避免自己的利益遭受损失。

无独立请求权的第三人,有权申请或应人民法院依职权通知参加诉讼;有权委托诉讼代理人、提供证据、出庭参加法庭辩论、质证等;人民法院判决其承担责任时,有权提出上诉。

2. 民事诉讼代理人

(1) 民事诉讼代理人概述　民事诉讼代理人,是指为了保护被代理人的民事权益,根据法律的规定或被代理人授权,以被代理人的名义进行诉讼活动的人。

民事诉讼代理人有以下几个特点:

- 以被代理人的名义进行诉讼活动,其诉讼行为视为被代理人的诉讼行为。
- 在法律规定或者被代理人授权的范围内进行代理活动,任何超越代理权限的行为,其效力都不及于被代理人,而且其由于超越代理权给对方当事人或被代理人造成损失的,代理人要负赔偿责任。除非得到被代理人的事后追认。
- 代理活动的后果由被代理人承担。

根据《民事诉讼法》的规定,诉讼代理人包括法定代理人、指定代理人和委托代理人。他们分别是根据法律的规定、人民法院的指定和当事人的委托,代理当事人参加诉讼活动的。

(2) 法定诉讼代理人　法定诉讼代理人,是指根据法律的规定代理无诉讼行为能力的当事人参加诉讼的人。根据《民事诉讼法》的规定,无诉讼行为能力人由其监护人作为法定代理人代为诉讼;法定代理人之间相互推诿代理责任的,由人民法院从中指定一人为代理人。不过这种情况下,人民法院指定的代理人仍然是法定代理人。

法定代理人是基于法律规定的特定情况下产生的,所以法定代理权也随这些特定情况的消灭而消灭。法定代理人在以下情况下归于消灭:

- 被代理人恢复或取得了诉讼能力。
- 法定代理人丧失了诉讼行为能力。
- 代理人或被代理人死亡。
- 因婚姻关系或收养关系产生的法定代理权随着婚姻关系或收养关系的解除而消灭。
- 诉讼结束。

法定代理人虽然不是以自己的名义进行诉讼的,但是在诉讼过程中他们同被代理的当事人有基本相同的诉讼权利,他们既是民事法律关系主体,又是诉讼主体,他们所实施的诉讼行为对民事诉讼程序的发生、变更和消灭产生决定性影响。

(3) 指定诉讼代理人　指定诉讼代理人,是指由人民法院指定代为诉讼当事人进行诉讼行为的人。指定诉讼代理人的产生是在当事人没有法定代理人或者是在其法定代理人不能行使代理权的情况下,由人民法院依职权为该当事人指定的。

指定诉讼代理人的诉讼地位与法定代理人基本相同。但由于他们毕竟是由人民法院指定的,不是其所代理的当事人的监护人,因此,为防止当事人的利益受到损害,指定诉讼代理人在行使处分当事人的实体权利的行为时,人民法院应进行必要的监督。在这个意义上,指定诉讼代理人的诉讼地位又不同于法定代理人,是相对独立的诉讼代理人。

指定诉讼代理人是人民法院依职权在特定的情况下指定的,当需要指定代理人的特殊情况消失后,指定代理权也随之消灭。引起指定代理权消灭的原因有如下几种:

- 当事人在诉讼过程中取得或恢复了诉讼行为能力。
- 无诉讼行为能力的当事人有了法定代理人或其法定代理人已能行使诉讼代理权。
- 指定代理人死亡或丧失诉讼行为能力。
- 人民法院取消代理或者经人民法院同意指定代理人辞去代理的。
- 诉讼终结。

(4) 委托代理人　委托代理人,是指受当事人、法定代理人、诉讼代表人或第三人的委托

而代为诉讼行为的人。

①委托代理的特点有：
- 代理权是基于被代理人的授权而发生的；
- 一般情况下委托事项和代理权限范围由委托人决定，但离婚案件需由当事人亲自向人民法院陈述离婚与否；
- 委托代理人代为诉讼时，必须向人民法院出具授权委托书。

②根据《民事诉讼法》的规定，可以成为委托代理人的有：
- 律师；
- 当事人的近亲属；
- 社会团体或当事人所在单位推荐的人；
- 经人民法院许可的其他公民。但是无民事行为能力人和限制民事行为能力人、可能损害被代理人利益的人以及人民法院认为不宜作为诉讼代理人的人，不能作为委托代理人。

委托代理人是民事诉讼法律关系主体，但不具有诉讼主体资格。因此，委托代理人代为承认、放弃、变更诉讼请求、进行和解、提起上诉或反诉，必须有被代理人的特别授权。

③委托代理人的代理权因下列原因消灭：
- 诉讼终结；
- 委托代理人丧失诉讼行为能力或死亡；
- 委托人解除委托或代理人辞去委托。

四、民事诉讼中的强制措施

根据《民事诉讼法》规定，民事诉讼中的强制措施有以下几种：拘传、训诫、责令退出法庭、罚款、拘留。

1. 拘传

拘传，是指人民法院派出司法警察依法强制有关诉讼参加人到庭诉讼的措施。根据《民事诉讼法》第100条规定，人民法院对必须到庭的被告，经两次传票传唤，无正当理由拒不到庭的可以拘传。根据审判实践的需要，最高人民法院规定：给国家、集体或他人造成损害的未成年人的法定代理人，如其必须到庭，经两次传票传唤无正当理由拒不到庭的，也可以适用拘传。

适用拘传措施，应由本案合议庭或独任审判员提出，报经院长批准，填写拘传票。拘传票由司法警察直接送达被拘传人。在拘传前，司法警察应向被拘传人说明拒不到庭的后果，经批评教育仍拒不到庭的，即可使用戒具强制其到庭。

2. 训诫

训诫，是以批评教育的方式指出行为人行为的违法之外，并责令加以改正或不得再犯的措施。训诫的强制性较弱，因此，仅适用于违反法庭规则且情节显著轻微的妨害民事诉讼的行为。

适用训诫，由合议庭或独任审判员决定，并以口头方式当庭指出行为人的错误事实、性质及危害后果，并责令其应立即改正。训诫的内容应记入笔录，由被训诫者签名。

3. 责令退出法庭

责令退出法庭，是对于违反法庭规则的人，由司法警察强制其离开法庭，以防止妨害行为继续进行的措施。责令退出法庭的强制力度重于训诫而轻于罚款、拘留，适用于违反法庭规则,情节不轻微但尚不需适用罚款、拘留的妨害民事诉讼的行为。

责令退出法庭由合议庭或独任审判员决定,并以口头方式宣布。责令经训诫仍不改正的妨害者退出法庭,若其不自动退出,可由司法警察强制驱出;训诫的内容、被责令者的姓名、违法事实及危害后果均应记入笔录。

4. 罚款

罚款,是依法责令妨害民事诉讼者缴纳一定数额的金钱,以便以此约束行为人并防止妨害行为继续发生的强制措施。

罚款的强制力度重于训诫和责令退出法庭,但轻于拘留。因此,罚款的适用范围较广。根据规定,对个人的罚款金额为人民币1000元以下,对单位的罚款金额为人民币1000元以上3万元以下。

适用罚款措施,首先合议庭或独任审判员提出意见报请法院院长批准,然后制作罚款决定书,通知被罚款人在指定期限内将所罚款额交人民法院。对决定不服的,可以向上一级人民法院申请复议一次,复议期间不停止罚款措施的执行。上级法院复议时认为罚款措施不当,应当制作决定书,撤销或变更下级法院的罚款决定。情况紧急的,可以在口头通知后3天内发出决定书。

5. 拘留

拘留,是指依法在一定期间内限制行为人的人身自由,以防止其继续实施妨害民事诉讼的行为的强制措施,它是对妨害民事诉讼者实施的强制措施中最严厉的一种。

适用拘留,须由合议庭或独任审判员提出意见,报院长批准后,制作拘留决定书,由司法警察执行。执行拘留时,司法警察应向被拘留人出示并宣读决定书,并将被拘留人交当地公安机关看管。被拘留人当场悔过的,应报法院院长决定暂缓或解除拘留。拘留期限为15日以下。在拘留期间,被拘留人承认并改正错误的,法院可以决定提前解除拘留。被拘留人对拘留决定不服的,可以向做出决定的人民法院的上一级法院申请复议一次,但复议期间不停止拘留的执行。

五、民事诉讼程序

依照法律规定,人民法院审判民事诉讼案件实行四级两审终审制。因此,民事诉讼审判程序分别设置第一审程序和第二审程序。第一审程序包括普通程序和简易程序。普通程序是第一审程序中的基本程序,同时是整个民事审判程序的基础。

1. 第一审程序

(1)第一审普通程序　第一审普通程序是人民法院审理民事案件通常适用的程序。普通程序是第一审程序的基本程序和基础。

①起诉　指原告因自己的民事权益受到侵害或者与他人发生争议,请求人民法院通过审判做出裁判的诉讼行为。

- 起诉必须同时符合四个条件:

原告是与本案有直接利害关系的公民、法人和其他组织;有明确的被告;有具体的诉讼请求和事实、理由;属于人民法院的主管范围和受诉人民法院管辖。

起诉的方式应以书面起诉为原则,以口头起诉为例外。起诉时原告应向受诉法院递交起诉状。

- 起诉状应记明如下事项:

当事人的基本情况;诉讼请求和所根据的事实与理由;证据和证据来源,证人姓名和住所。

②受理　指人民法院通过对原告起诉的审查,决定立案审理的职权行为。受理程序包含审查起诉和立案两个环节。人民法院对于符合法定条件的起诉,必须受理,应当在7日内立案。认为不符合起诉条件的,应当在7日内裁定不予受理。原告对裁定不服的,可以提起上诉。

③审理前的准备　指人民法院受理原告的起诉以后为开庭审理进行的一系列准备工作。准备工作内容包括:人民法院在法定期限内,即立案之日起5日内将起诉状副本发送被告;告知被告应在收到起诉状副本之日起15日内提出答辩状;向当事人告知诉讼权利义务与合议庭组成人员;审核诉讼材料,调查收集证据;追加当事人;试行自愿协商和解等工作。

④开庭审理　指人民法院在审判人员主持、当事人及其诉讼代理人参加下,法庭依照法定程序对案件进行审理的诉讼活动。开庭审理必须严格依照法定程序进行,顺序阶段分为开庭准备、法庭调查、法庭辩论、案件评议、宣告判决。宣告判决时,必须告知当事人上诉权利、上诉期限和上诉法院;告知离婚案件当事人在判决发生法律效力前不得另行结婚。

人民法院办理民事案件的法定时间限制规定,案件的审结期限应当在立案之日起6个月内审结。特殊情况需要延长的,有院长批准,可以延长6个月。

(2)第一审简易程序　简易程序是简便易行的第一审程序,是普通程序的简化。简易程序专供基层人民法院和它派出的法庭审理事实清楚、权利义务关系明确、争议不大的简单民事案件。简易程序的特点在于起诉方式、受理程序、传唤方式、庭审程序都较为简便,审判组织简单,一律实行独任制审理。

讨论
请简述一下,什么是"不告不理"原则。

2. 第二审程序

第二审程序指民事诉讼当事人不服地方各级法院未生效的第一审判决,在法定期限内向上一级法院提起上诉,上一级法院对案件进行审理的程序,亦称上诉程序。民事诉讼实行两审终审制,所以,第二审程序又称为终审程序。

上诉权是当事人的一项重要诉讼权利。提起上诉需要具备以下条件:①主体合格;②客体必须是依法允许上诉的、未生效的一审裁判;③必须在法定的期限内通过原审人民法院或直接向第二审人民法院提出上诉。当事人不服第一审判决的,有权在判决书送达之日起十五日内提起上诉;当事人不服第一审裁定的,有权在判决书送达之日起十日内提起上诉;上诉期届满,当事人没有提出上诉的,第一审裁判发生法律效力。

第二审人民法院按照"不告不理"的原则,对上诉请求的有关事实和适用法律进行审理,按照不同情况分别做出驳回上诉维持原判、原判错误依法改判或撤销原判,发回重审的判决。

3. 审判监督程序

审判监督程序又称再审程序,指为保障法院裁判的公正,人民法院依照职权、依当事人再审请求或人民检察院的抗诉,使已经发生法律效力但又确有错误的判决、裁定、调解协议得以纠正,特设的再次审理、裁判的程序。

再审程序是民事诉讼程序的一项补救制度,人民法院审理再审案件,一律实行合议制。原审法院再审,应另行组成合议庭。凡进行再审的案件,人民法院均应做出裁定,中止原判决的执行。再审案件原为第一审审结的,适用第一审程序,当事人对再审裁判不服可以上诉。再审案件原为第二审审结的,适用第二审程序,审结为终审裁判,当事人不得上诉。上

级法院提审的,一律按第二审程序,审结为终审裁判,当事人不得上诉。

4. 特别程序

特别程序,指人民法院对某些非民事权益争议案件的审理程序。适用特别程序范围审理的案件仅限于两类:一类是选民资格案件;一类是非讼案件,包括宣告公民失踪、死亡案件、认定公民无民事行为能力、限制行为能力案件、认定财产无主案件。两类案件的共同特点是,既没有利害对立的双方当事人又不存在民事权利义务之争。

5. 督促程序

督促程序,指债权人以债权文书为根据,请求人民法院督促债务人限期履行义务的程序。适用督促程序审理案件包括如下程序阶段:支付令的申请和受理;人民法院对申请的审理和处理;债务人异议。

6. 公示催告程序

公示催告程序,指人民法院根据丧失票据的当事人申请,以公示方式告知并催促利害关系人在法定期间内申报权利,逾期无人申报,即作出除权判决,宣告票据无效,恢复原票据持有人票据权利的程序。

7. 企业法人破产还债程序

企业法人破产还债程序,指债务人不能清偿到期债务,人民法院根据债权人或债务人的申请,对债务人的财产进行清算,公平地分配清偿债务,终结债权债务关系的程序。企业法人破产还债程序只适用于具有法人资格的非全民所有制企业的破产还债。

案例分析

案例:某县A公司与B公司组成联营企业C,联营生产食品,由于生产的食品不符合国家卫生标准。县工商局授权其个体私营科吊销C的营业执照。C企业不服,遂向市工商局提出复议,市工商局接到复议申请后,长期不作复议回复。

问:对工商局个体私营科的吊销营业执照的处罚不服,谁是原告?

某市在1个月内连续发生数起下夜班女工遭抢劫、强奸案,造成极坏影响。公安机关向被害人询问得知,罪犯身高约1米8,平头,皮肤黝黑等一系列特征。

经过公安机关一段时间调查,认为某建筑工地外来民工郭某有重大嫌疑,其体型特征和被害人的描述相似,且以前曾有前科。公安机关将20几张照片和郭某的照片放在一起让被害人辨认,她们均指出郭某为罪犯。侦查人员遂决定检查郭某宿舍。经检查发现,发现了和被害人的描述一致的工作服和运动鞋,在郭某枕头下发现一把尖刀,亦和被害人的描述一致。将衣服和鞋送到技术部门鉴定得知,上面沾的泥土和青草与犯罪现场的泥土和青草完全一致,公安机关遂决定拘留郭某。郭某被拘留后,在其身上发现随身携带的女式手表和金首饰若干,经被害人辨认,确属被抢劫之物。

问:公安机关根据现有材料能否提请批捕?为什么?

1996年春,某市举办了春季名贵花展。甲约女友乙前去参观。两人因互相说笑,未注意门前挂有"展览之花,严禁采摘"的牌子。走到一花盆前,乙停下来对甲说:"这花真好看,你摘一朵给我。"甲上前采摘,因用力过重,折断了花茎,并且造成花根松动,使花不能再存活。同时,甲因突然转身,与正在身后参观花展的丙相撞,造成丙的眼镜摔碎。该盆名花为丁所有,丁为此损失500元。丙的镜片损失共计300元。现丁、丙想提起诉讼。

问:在丙提起的诉讼中,丙应当以谁为被告?请说明理由。

F 法律基础知识

你知道吗

柏拉图的法律思想

(1) 正义之国与人的类型 柏拉图的哲学基础是理念与现实的区分,在柏拉图看来,世界由"理念世界"和"摹本世界"两部分组成。理念是精神的,是第一性的,尽管它是无形的,但它是万物的根源,是永恒不变的真实存在;而摹本世界,则是有形的、虚假的、变化不定的,只能算是理念世界的影子。人由于分享理念程度的不同,相应地便分别具有了金、银、铜铁的三种不同的性质,人也就具有不同的类型和品质:

金→哲学家→智慧　　银→勇士→勇敢　　铜铁→生产劳动者→节制

然而,节制的品质不仅应当为生产劳动者所拥有,也应当成为所有三种人的品质,因为一个国家必须保持和谐协调,只有当人们各尽其职、各守其位时,国家才可能产生"正义"的品德,成为正义之国。当个人的三种品质(欲望、激情和理智)在个体中协调运行秩序井然时,个人就成了正义之人。这意味着理性支配欲望,精神支配肉体;所以,从这个意义上说,柏拉图所说的正义就是一种道德正义。

(2) 法律与正义的关系 在柏拉图看来,一个人品性中,都具有"较善"和"较恶"两部分。如果较善的那部分占优势,就控制住"较恶"的那部分,他就成为自己的主人;如果他接受不良的教育,或者受坏人的熏染,他便成为"自己的奴隶"。当恶性膨胀时,就只好服从外在的权威,这个外在权威就是法律。

对于柏拉图来说,法律就是一种社会行为准则,它是公道与正义的标志。但是,法律的正义与道德正义不完全相同。法律正义是"诉讼正义",是指通过法律机器的正常运转而获得的后果或判决。因此,法律正义是为道德正义服务的。

(3) 哲学王与人治 柏拉图认为,哲学王通过知识进行统治,比法律统治具有更大的优越性,法律远不能和哲学家的智慧相比。因为:①哲学家所掌握的是一种真理,它比国家机关所制定的法律要高明得多;②"法律者强者之所好",而现实中的法律并不必然体现正义,而恶法并非真正的法律;③法律是刻板和固定的,政治本身是柔性的,而哲学家的知识可以随机应变;④一切社会都需要和谐,而只有哲学家通过智慧才能达到这一目标。

每章一练

1. 简述刑事诉讼法的概念特征及任务。
2. 刑事诉讼法的管辖分类有哪些?
3. 刑事诉讼程序主要包括哪几个阶段?
4. 简述行政诉讼法的概念,特征及任务。
5. 简述行政诉讼法的受案范围。
6. 行政诉讼的程序是什么?
7. 简述民事诉讼法的概念及特征。
8. 民事诉讼法的管辖包括哪些?
9. 民事诉讼法的程序是什么?

第七章　劳动法

教学目标

通过本章的学习,使学生了解劳动法的概念、调整对象以及相关原则,理解劳动合同的有关规定。

教学要求

认知:了解劳动法的相关知识,包括基本概念、调整对象以及基本原则等。

理解:理解劳动合同的知识及其相关规定,分析产生劳动争议的原因以及社会保险制度的具体内容。

运用:在认知和理解的基础上,能够在走入工作岗位后充分运用相关知识维护自身的权利。

知识点 1　劳动法概述

一、劳动法的概念及调整对象

1. 劳动法的概念

劳动法是调整劳动关系以及与劳动关系密切联系的其他社会关系的法律规范的总称。

我国劳动法包括促进就业法、劳动合同法、集体合同法、工作时间法和休息休假时间法、工资法、劳动安全卫生法、女职工和未成年工特殊劳动保护法、职业培训法、劳动纪律法、社会保险和福利法、职工民主管理法、劳动争议处理法、劳动监督检查法等内容。

2. 劳动法的调整对象

劳动法调整对象是我国的劳动关系以及与劳动关系密切联系的一些关系。

（1）调整劳动关系　　劳动是人们赖以生存的基本条件，这是马克思主义历史唯物论的基本观点。人们在劳动中，一方面要和自然界发生关系，一方面要发生人与人的关系。这种在劳动中发生的人与人之间的关系是极为广泛的，所有这些关系构成了广义上的劳动关系。我国劳动法调整的对象不是全部社会劳动关系，劳动法所调整的对象是狭义上的社会劳动关系，即人们之间在运用劳动能力，实现劳动过程时所发生的关系。这种社会关系与劳动有着直接的联系，劳动是这种关系的基础，也是它的实质。

劳动关系是生产关系的一个组成部分，它是由生产资料所有制形式所决定的，并随着生产资料所有制的形式的变化而变化。因此，我国新中国成立以来，各个历史时期存在的劳动关系是不同的。现阶段，我国在社会主义全民所有制和集体所有制经济占主导地位的条件下，多种经济形式并存，因此，劳动法所调整的劳动关系是多层次的。它包括全民所有制企业劳动关系、城乡集体经济组织的劳动关系、城乡个体经济中的劳动关系、中外合资经营企业和外资企业中的劳动关系。

（2）调整与劳动关系密切的一些关系　　劳动关系是劳动法调整的主要对象，但不是唯一对象。劳动法除调整劳动关系外，还调整着一部分社会关系。这些关系本身并不是劳动关系，但是却与劳动关系有着密切的联系，与劳动关系有密切联系的其他社会关系可以概括为三种情况：

• 它们是发生劳动关系的必要前提　　在劳动力招收录用，调整工作中产生的关系；就业前职业技术培训工作中产生的关系等。

• 它们是随劳动关系而附带产生的关系　　例如，在调解、仲裁、审理劳动纠纷中发生的关系，对劳动法执行情况实行监督过程中发生的关系，各级工会组织与有关部门发生的关系，对在职人员进行职业教育过程中发生的关系等。

• 它们是劳动关系的直接后果　　例如，职工退休、离休后享受劳动保险待遇方面发生的关系等。

上述劳动关系以及与劳动关系有密切联系的其他社会关系，构成了我国劳动法的调整对象。调整这些领域中的社会关系的法律规范的总称，就是我国劳动法。

根据我国劳动法这一调整对象，就可以将劳动法所调整的社会劳动关系与其他法律部门所调整的与劳动有关的社会关系相区别。其主要区别是，劳动法所调整的劳动关系双方，其中一方必须是劳动者，另一方是所属单位的行政方面。同时，劳动者这一方必须直接参加所属单位的劳动,有明确的职责岗位,受所属单位内部劳动规则的约束。

二、劳动法的基本原则

1. 概念

劳动法的原则,是指从始至终贯穿在劳动法律规范中起指导作用的基本准则。作为基本准则,它对劳动法的制定、实施、解释,以及劳动法的理论研究工作均有指导作用,所以劳动法的原则是比较稳定的。

2. 劳动法的基本原则在我国已公布并实施的劳动法中具体地体现出来

我国劳动法大致有以下几项原则:一是公民劳动权利和义务相一致的原则;二是保护我国劳动者的劳动,调动劳动者积极性,不断提高劳动生产效率的原则;三是巩固我国多层次的劳动关系,提高经济效益和工作效率的原则;四是"各尽所能,按劳分配"以及劳动者有获得物质帮助权利的原则;五是调整劳动关系,促进就业,促进经济发展和社会进步的原则;六是劳动者参加企业民主管理的原则;七是在劳动方面,民族平等、男女平等的原则。

我国劳动法反映了工人阶级的意志和代表了工人阶级的利益。《劳动法》第一条明确规定:"为了保护劳动者的合法权益,调整劳动关系,建立和维护适应社会主义市场经济的劳动制度,促进经济发展和社会进步,根据宪法,制定本法。"这即是劳动法的立法宗旨,也体现出制定实施劳动法的根本目的。

我国在市场经济条件下,制定和实施劳动法的目的主要体现在以下几点:

(1)保护劳动者的权益,充分调动劳动者的积极性 在社会主义制度下,劳动人民是国家的主人,劳动者享有广泛的权利,劳动法中明确规定了劳动者的具体权利,如劳动者享有平等就业和选择就业的权利、取得劳动报酬的权利、休息休假的权利、获得劳动安全卫生保护的权利、接受职业技能培训的权利、享受社会保险和福利的权利、提请劳动争议处理的权利以及法律规定的其他劳动权利。在社会主义制度下,生产的目的只能是为了满足整个社会日益增长的物质和文化的需要。维护劳动者的权利不受侵犯,将有力调动广大劳动者的生产积极性。当然,对劳动者进行共产主义教育是提高其生产积极性的条件,但是如果忽视了劳动者的物质利益,劳动者的积极性是难以持久的。广大劳动者只有亲身感受到自身的物质文化水平有了不断的提高,才能使生产积极性持久和日益高涨。

(2)调整劳动关系,建立和维护适应社会主义市场经济的劳动制度 《劳动法》第二条规定"在中华人民共和国境内的企业、个体经济组织(以下简称用人单位)和与之形成劳动关系的劳动者,适用本法""国家机关、事业组织、社会团体和与之建立劳动合同关系的劳动者,依照本法执行"。因为,目前,我国存在多种经济成分,如全民所有制企业、集体所有制企业、个体企业、合资企业及独资企业,那么如何理顺和适应社会主义市场经济条件下的劳动制度,既维护用人单位的利益,又保护劳动者应有的权益,调整好各方面的劳动关系,对于促进社会经济进步和巩固社会安定、团结,具有重大的长远意义。

(3)促进劳动生产率的提高,加速社会主义现代化建设的进程和经济发展 实践证明,劳动生产率的不断提高,意味着生产的繁荣和发展。促进劳动生产率的提高不仅表现在科学与技术的进步,而且还表现在是否能正确贯彻"各尽所能,按劳分配"的社会主义原则,是否能贯彻劳动保护方针,不断改善劳动条件,保护劳动者在生产中的安全与健康,是否能体现男女平等、同工同酬以及对未成年工的特殊保护等诸方面。只有劳动人民的人身权利得到切实的法律保障,才能不断提高劳动者自身的积极性和劳动能力,更好地向现代化进军。

(4) 推动社会进步，促进安定团结　建设社会主义不仅需要建设高度的物质文明，而且要建设高度的精神文明，认真贯彻劳动法规可以培养劳动者的共产主义劳动态度，提倡奉献精神，弘扬正义，使社会主义精神文明不断高涨。同时，建设社会主义现代化必须创造良好的条件。但是必须看到，在我们的社会中，由于腐败现象的蔓延，官僚主义作风的存在以及职工中的个人主义等，都可能引起多种争议的产生，劳动争议如果不能及时地得到解决，会影响安定团结，并给生产带来不好的影响。有时甚至因为劳动争议不能得到妥善处理，激化为刑事案件。

由此可见，在建设社会主义现代化的进程中，必须颁布和实施具有中国特色的劳动法规，以保证和推动我国经济能够稳定、协调地发展，早日实现四个现代化的宏伟目标。

三、我国劳动法的适用范围

《中华人民共和国劳动法》（以下简称劳动法）由第八届全国人民代表大会常务委员会第八次会议于1994年7月5日通过，自1995年1月1日起施行。

根据对2007年最新修订的《劳动法》解读可知劳动法的适用范围包括：

- 在中华人民共和国境内的企业、个体经济组织（以下统称用人单位）和与之形成劳动关系的劳动者。
- 国家机关、事业组织、社会团体的工勤人员。
- 实行企业化管理的事业组织的非工勤人员。
- 其他通过劳动合同（包括聘用合同）与国家机关、事业组织、社会团体建立劳动关系的劳动者。

劳动法不适用公务员和比照实行公务员制度的事业组织和社会团体的工作人员，以及非农场的农业劳动者、现役军人和家庭保姆等。

四、劳动法律关系

劳动法律关系是当事人依据劳动法律规范，在实行劳动过程中形成的权利义务关系。狭义的劳动法律关系当事人包括劳动者和用人单位。

1. 劳动者

劳动者是具有劳动能力，以从事劳动获取合法劳动报酬的自然人。

根据劳动法的规定，劳动者的劳动权利主要有：

- 平等就业和选择职业的权利。
- 取得劳动报酬的权利。
- 休息休假的权利。
- 获得劳动安全卫生保护的权利。
- 接受职业技能培训的权利。
- 享受社会保险和福利的权利。
- 依法参加工会和职工民主管理的权利。
- 提请劳动争议处理的权利。
- 法律规定的其他劳动权利。

劳动者的劳动义务主要有：劳动者应按时完成劳动任务，提高职业技能，执行劳动安全卫生规程，遵守劳动纪律和职业道德，爱护和保卫公共财产，保守国家秘密和用人单位商业秘密等。

2. 用人单位

用人单位是指依法使用和管理劳动者并付给其劳动报酬的单位。

用人单位的权利主要有：

- 招工权，是用人单位根据本单位需要招用职工的权利。
- 用人权，是用人单位依照法律和合同的规定，使用和管理劳动者的权利。
- 奖惩权，是用人单位依照法律和本单位的劳动纪律，决定对职工奖惩的权利。
- 分配权，是用人单位在法律和合同规定的范围内，决定劳动报酬分配方面的权利。

你知道吗>>>

代表法律的正义女神忒弥斯 Themis

忒弥斯，是希腊正义与法律女神，以头脑清晰见称。她用布蒙住双眼，代表一视同仁；右手捧着天平，代表公平、公正；左手握着长剑，代表正义权威。

在香港，成为法官或律师之前，都要在忒弥斯女神下宣誓。

忒弥斯，按照《神统纪》，她是大神乌拉诺斯（天）和盖亚（地）的女儿，后来成为奥林匹斯主神宙斯的第二位妻子。她的名字的原意为"大地"，转义为"创造""稳定""坚定"，从而和法律发生了联系。早期神话里，忒弥斯是解释预言之神，据说她曾经掌管特尔斐神殿，解释神谕，后来转交给阿波罗。她还负责维持奥林匹斯山的秩序，监管仪式的执行。在古希腊的雕塑中，她的造型是一位表情严肃的妇女，手持一架天平。她和宙斯所生的女儿有赫拉（时序女神）、欧诺弥亚（秩序女神）、狄刻（正义女神）、厄瑞涅斯（和平女神）、莫依赖（命运女神）等，为她分担职责。其中和法律最有关系的是狄刻（Dice），据说这位正义女神掌管白昼和黑夜大门的钥匙，监视人间的生活，在灵魂循环时主持正义。她经常手持利剑追逐罪犯，刺杀亵渎神灵者。她的造型往往是手持宝剑或棍棒的令人望而生畏的妇女形象。古希腊神话中经常提到的另一位正义女神是阿斯特赖亚（Astraea），她在地上主持正义，又升上天空为室女星座的主星"维耳戈"，纯洁无瑕。她的造型是一位清纯的少女，比上述的两位要耐看得多。

知识点 2　劳动合同

一、劳动合同的概念、种类及内容

1. 劳动合同的概念

劳动合同是指劳动者与用人单位（企业、事业、机关）确立劳动关系、明确双方权利和义务的协议。

我国劳动法规定，用人单位录用劳动者，必须订立劳动合同，规定劳动合同的期限、权利与义务、工资、福利待遇等。劳动合同是适用于全体职工的一种法律制度。

订立劳动合同必须采取书面形式，不允许采取口头形式，这是劳动合同区别于其他合同的重要之点。同时，劳动法还规定，订立劳动合同或变更合同，应当遵循自愿平等、协商一致

的原则,不得违反法律、法规的规定。其目的在于明确和保护劳动合同双方当事人的权利和义务,保障劳动者和用人单位的合法权益。

2. 劳动合同的种类

劳动法规定,劳动合同可分为固定期限、无固定期限和以完成一定的工作为期限三种。

固定期限和以完成一定的工作为期限的合同亦称为有期限的合同,有的是以日、月、季、年等具体期限为期,有的是以完成某项生产或工程任务为期。如临时工、季节工、亦工亦农轮换工的劳动合同。临时工、季节工劳动合同适用于参加临时性、季节性和突击性工作,它能适应生产的复杂性和变动性,合理地、节约地使用劳动力;亦工亦农转换工劳动合同,即劳动者既做工,又务农,定期轮换,或者农闲打工,农忙务农。这种有期限的合同,对于促进生产发展,合理安排劳动力,都具有重要意义。

无固定期限的合同,是指劳动者参加工作后,用人单位可以依据需要长期留用,或依法随时解雇,劳动者亦可随时提出辞职的合同。

同时,《劳动法》规定了在订立劳动合同时保护劳动者合法权益的条款:第20条第2款规定,"劳动者在同一用人单位工作满十年以上,当事人双方同意续延合同的,如果劳动者提出订立无固定期限的劳动合同,应当订立无固定期限的劳动合同"。

3. 劳动合同的内容

劳动合同的内容,是指劳动合同当事人双方权利义务的具体条件。根据我国劳动法的规定,劳动合同应具备:劳动合同期限;工作内容,劳动保护和劳动条件;劳动报酬;劳动纪律;劳动合同终止条件;违反劳动合同的责任等必备条款。同时,当事人可以协商约定其他内容。如,劳动合同中职工住房和其他生活待遇;有关特殊工种所需要某些条件的补充条件;约定的试用期;约定保守用人单位商业秘密的有关事项等。

所以,在劳动合同内容中,应当把下列两种条件加以区别:第一种条件是我国劳动法规定劳动合同当事人双方必须履行的条件;第二种条件是劳动合同当事人双方协议约定的条件。

二、劳动合同的终止与解除

1. 劳动合同的终止

劳动合同终止是指劳动合同双方当事人的劳动合同届时依法消灭。

劳动合同终止的理由:

- 劳动合同期满。
- 当事人约定的劳动合同终止条件出现。
- 法律、法规规定的其他情形。如:依《中华人民共和国兵役法》服兵役者,经所在单位同意,升学或被高等院校、科研单位录取成为研究者等。

> **讨论**
> 请搜索一份劳动合同,查看合同上关于劳动合同解除的条款说明。

2. 劳动合同的解除

劳动合同的解除是指用人单位或劳动者依法提前终止劳动合同关系。

(1)用人单位解除劳动合同的理由与程序

①用人单位劳动合同解除的规定。根据劳动法第24条、第25条、第26条和第27条规定,有下列情形之一的,用人单位可以解除合同:

- 第一,经劳动合同双方当事人协商达到协议的;
- 第二,在六个月试用期内被证明不符合录用条件的;
- 第三,严重违反劳动纪律或者用人单位规章制度的;
- 第四,严重失职、营私舞弊,对用人单位利益造成重大损害的;
- 第五,劳动者患病或者非因工负伤,医疗期满后,不能从事原工作也不能从事由用人单位另行安排工作的;
- 第六,劳动者不能胜任工作,经过培训或者调整工作岗位,仍不能胜任工作的;
- 第七,劳动合同订立时所依据的客观情况发生重大变化,致使原劳动合同无法履行,经当事人协商不能就变更劳动合同达成协议的;
- 第八,用人单位濒临破产进行法定整顿期间或者生产经营发生严重困难,确需要裁减人员的;
- 第九,被依法追究刑事责任的。

②用人单位解除劳动合同的限制性法律规定。

根据《劳动法》第29条规定,有下列情形之一的,用人单位不得根据上述解除合同理由的第5~8条的规定解除劳动合同:

- 第一,患职业病或者因工负伤并被确认丧失或者部分丧失劳动能力的;
- 第二,患病或者在规定的医疗期内的;
- 第三,女职工在孕期、产期、哺乳期内的;
- 第四,法律、行政法规规定的其他情形。

③用人单位解除劳动合同的程序。

为了贯彻劳动法规,确保劳动者的合法权益,劳动法规定,劳动合同解除须按法定程序进行。

- 第一,用人单位解除劳动合同时,应当发给解除劳动合同证明书,并说明解除劳动合同的情形和原因,并通知劳动者本人。
- 第二,在依据上述解除劳动合同理由第5~7条解除劳动合同时,应当提前三十日以书面形式通知劳动者本人。
- 第三,依据《劳动法》第27条规定,确需要裁减人员的,应当提前三十日向工会或全体职工说明情况,听取工会或者职工的意见,经向劳动行政部门报告后方可以裁减人员,用人单位依法裁减人员六个月内录用人员的,应当优先录用被裁减的人员。
- 第四,用人单位依据《劳动法》第24条、第26条、第27条的规定解除劳动合同时,应当依照国家规定给予经济补偿。
- 第五,用人单位解除劳动合同,工会认为不适当的,有权提出意见。如果用人单位违反劳动纪律、法规或者劳动合同,工会有权要求重新处理,劳动者有权申请仲裁或者提起诉讼,工会应当依法给予支持和帮助。

(2)劳动者解除劳动合同的理由和程序 依据《劳动法》规定,有下列情形之一的,劳动者可以随时通知用人单位解除劳动合同:

- 在六个月试用期内。
- 用人单位以暴力、威胁或者非法限制人身自由的手段强迫劳动。
- 用人单位未按照劳动合同约定支付劳动报酬或者提供劳动条件的。

劳动者依法解除劳动合同,应当提前三十日以书面形式通知用人单位,同时,对用人单

位违反劳动合同规定的行为和侵犯人身权利的行为,可以依法申请仲裁或提起诉讼。

知识点 3　工作时间、休息休假和工资制度

一、工作时间概述

1. 工作时间的含义

工作时间是指劳动者在企业、事业、机关、团体等单位中,必须用来完成其所担负工作的时间,即法律规定劳动者在一定时间内(工作日、工作周)应该劳动的时数。工作时间是消耗劳动的时间,是劳动的自然尺度。工作时间化为劳动存在的方式,在任何时候都是社会财富的源泉,充分合理地利用工作时间就是增加社会财富的一个重要手段。在社会主义制度下,工作时间是衡量每个劳动者的劳动贡献和付给报酬的一种计算单位,根据每个劳动者的劳动数量和质量付给报酬。因此,国家必须通过立法规定工作时间标准,规定每个劳动应该用于完成任务或工作任务的时间定额,以保证最有效地利用工作时间,不断地提高劳动生产率。

工作时间作为法律范畴,不仅包括劳动者实际完成一定工作的时间,也包括劳动者从事生产或者工作准备和结束时间、连续从事有害健康工作需要的间歇时间以及女职工哺乳时间,这些时间虽然没有进行实际工作,但也算作工作时间,支付一定的报酬。

对于劳动者在企业、事业、机关团体等单位中进行工作,不应作狭隘解释。劳动者在本单位以外,根据行政命令所从事的其他活动,如出差或外出开会等情况也属于实际工作时间的范畴。

我国确定工作时间制度是从我国的实际情况出发,为保护劳动者身体健康和实现休息权,保证劳动者必须完成国家规定的生产和工作任务,提高工作效率,依据宪法的指导思想制定的。它的制定将有益于从体力和智力两个方面发展劳动者的创造才能,保证劳动者有更多的时间料理家务和教育子女,培养下一代,对促进社会主义建设起着不可估量的作用。

2. 劳动法关于工作日的法律规定

(1)工作日种类　工作日是指法律规定的一昼夜内的工作时间长度(小时数)。工作日通常分为标准工作日、特殊条件下的缩短工作日、延长工作日和无定时工作日四种。

①标准工作日　标准工作日是指由法律规定的,在正常情况下,一般职工所实行的工作日。我国劳动法规定的标准工作日是八小时和每周工作时间不超过四十四小时的工时制度。

②特殊条件下的缩短工作日　特殊条件下的缩短工作日是指在严重有害健康和劳动条件恶劣以及对子女和未成年工实行特殊保护的条件下,少于标准工作日时数的工作日。目前,我国有下列几种情况实行缩短工作日:

• 第一,从事矿山、井下、高山、严重有毒、有害、特别繁重和过度紧张的体力劳动等工作的职工,每个工作日的时间要少于八小时。如纺织行业实行的"四班三运转"(即工作三天,休息一天)的办法;化工行业每天缩短为六或七小时;煤矿井下实行四班六小时工作等。其他繁重体力的行业,依据本行业特点都实行不同程度的缩短工作日。

• 第二,夜班工作时间,劳动法规定,实行三班倒的企业,从事夜班工作的时间比白班减少一小时。

- 第三，女职工生育所享受的不少于九十天的产假，以及未满十二个月婴儿的女职工每日在工作时间哺乳两次的法定时间，应计为在工作时间之内。
- 第四，对未满18周岁的未成年工也实行少于八小时工作日，以保障其健康成长。

③延长工作日　延长工作日是指超过标准工作日所时效的工作日。适用于从事受自然条件和技术条件限制的季节性工作的职工，忙季工作时间可以超过标准工作时间，而闲季工作时间可适当缩短，例如盐业、制糖业等。

④无定时工作日　无定时工作日是指每天没有固定时效的工作日。这适用生产条件和职责范围不受固定工作时间限制的职工。如某些行政人员、管理人员、技术人员，工作无法按时间计算的人员、因工作性质特殊需要连续工作的人员、自行分配工作时间的工作人员。

(2)加班加点　加班加点是指根据行政命令及有关法律规定，在法定节日、公休假日进行工作(加班)或超过标准工作日以外进行工作(加点)。

《劳动法》第四十一条明确规定，用人单位由于生产经营需要，经与工会和劳动者协商后可以延长工作时间，但一般每日不超过一小时；因特殊原因需要延长工作时间的，在保障劳动者身体健康的条件下延长工作时间每日不得超过三小时，每月不得超过三十六小时。

根据劳动法规定，只有具备下列条件之一的，才能在符合法定程序的情况下组织职工加班加点：

- 在法定节日和公休假日内工作不能间断，必须连续生产、运转或者营业的。
- 发生自然灾害、事故或者因其他原因，威胁劳动者生命健康和财产安全，需要紧急处理的。
- 生产设备，交通运输线路，公共设施发生故障，影响生产和公众利益，必须及时抢修的。
- 为了完成国防紧急生产任务，或者完成上级在国家计划外安排的其他紧急生产任务，以及商业、供销企业在旺季完成收购、运输、加工农副产品紧急任务的。
- 法律、行政法规规定的其他情形。

二、休息、休假时间概述

1. 休息休假时间的概念

休息、休假时间指企业、事业、机关团体等单位的劳动者按法律规定每日、每周或每年不必从事生产和工作，而自行支配的时间。

休息、休假权是我国宪法规定的公民权利。休息、休假时间的法律规定是实现休息权的重要保证之一。劳动法也肯定了休息、休假权，并规定了职工每日、每周、每年享有休息的制度。它既能保证劳动者劳逸结合，有充分睡眠和休息时间，使其能够经常保持旺盛的革命热情和充沛的工作精力，更好地从事社会主义建设，又能保证劳动者有广泛的机会参加文化娱乐，学习科学技术和料理家务及教育子女。这对于保护劳动者的身体健康和促进生产的发展，都具有很大的意义。

2. 休息休假时间的种类

我国工人职员休息休假的时间种类和每种休息休假时间的长度，是劳动法直接规定的。休息休假时间大体可以分为下列几种：

(1)工作日内的间歇时间　间歇时间长度一般规定，实行一班制或两班制的企业，其间歇时间应该规定在工作开始后4小时，并应不少于半小时；厂职工从下班后到下一班开始的

休息时间,其长度宜以保证体力和工作能力的恢复为准,一般为15～16小时。

(2) 每周公休假日　每周公休假日时间决定于工作周的种类和工人职员的工作制,一般职工平均每周工作五天半,享有一天半的公休假日。但是,由于生产需要或为了更好地为人民服务,不定在每周公休假日休息的,可在每周内轮流休息。出差工作人员,休息休假可在出差地点享用,未享用的,可根据实际情况给予补休;特殊行业的作业工人及实行"四班三运转"的,都可享有比普通职工更多的公休假日。

(3) 每年法定节假日　根据劳动法第四十条规定,我国的法定节假日如下:元旦(一月一日)、春节(正月初一、初二、初三日)、国际劳动节(五月一日)、国庆节(十月一日)及法律、法规规定的其他休假日,如属于部分人群的节日(三八妇女节、五四青年节、六一儿童节、八一建军节、教师节等)。

(4) 职工探亲假　职工探亲假是指与父母或配偶分居两地的职工,每年在一定时期内回家团聚的假期。

(5) 年休假　年休假是指职工每年在一定时期内享有保留工作和工资的连续休息的假期。

三、劳动报酬概述

1. 劳动报酬制度的定义

劳动报酬制度,从广义上来说,指国家调整人们从事劳动所取得的多种报酬的法律规范。从狭义上来说,则专指调整由劳动法律关系而取得报酬的法律规范。

在我国颁布的宪法中,明确规定了"各尽所能,按劳分配为主"的社会主义分配原则,同时还规定,"中华人民共和国妇女在政治的、经济的、文化的、社会和家庭的生活各方面享有同男子平等的权利。国家保护妇女的权利和利益,实行男女同工同酬"。

在社会主义市场经济条件下,为了更好对待按劳分配为主的原则,劳动法及其他有关法规明确规定了职工的劳动报酬制度,这是市场经济条件下发展经济的客观要求,通过劳动报酬制度,更好地分配国家、集体和个人三方面的利益,保障劳动者扩大再生产,加速社会主义建设。

> **讨论**
>
> 关于劳动报酬的标准有哪些规定呢?

2. 劳动法关于劳动报酬的法律规定

劳动法第五章专门规定了劳动报酬的法律制度及取得劳动报酬的主要形式是工资。工资制度是根据劳动或工作的复杂性、繁重性和责任大小划分等级,按等级规定工资标准的制度。它规定着职工工资的主要部分,规定着地区间、产业间、企业间及企业内部职工的工资关系。依据劳动法的规定,我国现行工资制度的基本原则是:工资分配应当遵循按劳分配,实行同工同酬原则、在经济发展基础上逐步提高工资水平的原则、国家对工资总量实行宏观调控制度的原则、用人单位根据本单位的生产经营特点和经济效益,依法自主确定本单位的工资分配方式和工资水平的原则、国家实行最低工资经济保障的原则等。

同时,劳动法还规定了支付工资应以货币形式按月支付给劳动者本人,不得克扣或者无故拖欠劳动者的工资。

为保障劳动者的合法权益,法律规定劳动者在法定假日和婚丧假期间以及依法参加社会活动期间,用人单位应当依法支付工资外,还规定依法延长劳动者工作时间,用人单位应

支付等于或高于劳动者正常工作时间的工资报酬；职工个人与企业订立的劳动合同中劳动报酬等标准不得低于集体合同等项规定。

你知道吗

法律趣闻

在英格兰规定，邮递员丢失一封信要判刑9年，当地一名邮递员在4年内丢了42688封信，被判了384192年的有期徒刑，破了刑法的吉尼斯纪录！

英国法律规定，如果男子在大庭广众之下发誓并做到一年之内不与妻子吵架，他就可以从国库里领到一只火腿。

尼日利亚的包契地方当局规定，任何一个男子同在校学习的女孩子结婚都要坐牢和罚款，以阻止童婚和退学。

秘鲁政府规定，丈夫谩骂妻子者可处5～10天监禁，殴打妻子者处服劳役一个月，若女方伤势较重，可判刑1～2年。此法还规定，对打骂小孩的父亲，母亲有权罚他扫地、洗衣1～2个月。

埃及开罗的法律规定，一切男子不得当着任何一个女人的面口出粗言秽语，违者刷牙一周。

美国马萨诸塞州林恩的法律规定，不许给婴儿喂咖啡；在俄勒冈州的科瓦利斯，则禁止年轻妇女在晚上六点钟以后喝咖啡。

知识点 4　劳动争议

一、劳动争议的含义

1. 劳动争议的概念

劳动争议是指用人单位和与之形成劳动关系的劳动者两个特定的主体之间因劳动的权利义务发生分歧而引起的争议。劳动法对处理劳动争议的基本方法、基本原则、基本程序和组织机构等作了规定。

西方国家对劳动争议的处理，有的由普通法院审理，有的由特别的劳工法院处理。由特别的劳工法院处理劳动争议，始于13世纪的欧洲的行会法庭，法国1806年于里昂创设了劳动审理所，此后意大利、德国等国才相继设立了劳工法庭。很多国家处理劳动争议采取自愿调解、强制调解、自愿仲裁和强制仲裁4项措施。劳动纠纷也称劳动争议，是指劳动法律关系双方当事人即劳动者和用人单位，在执行劳动法律、法规或履行劳动合同过程中，就劳动权利和劳动义务关系所产生的争议。

劳动纠纷是现实中较为常见的纠纷。国家机关、企业事业单位、社会团体等用人单位与职工建立劳动关系后，一般都能相互合作，认真履行劳动合同。但由于各种原因，双方之间产生纠纷也是难以避免的事情。劳动纠纷的发生，不仅使正常的劳动关系得不到维护，还会使劳动者的合法利益受到损害，不利于社会的稳定。因此，应当正确把握劳动纠纷的特点，积极预防劳动纠纷的发生，对已发生的劳动纠纷要及时、正确地加以解决。

2. 劳动争议的特征

劳动争议又叫做劳动纠纷,其特征主要有:

(1)劳动纠纷是劳动关系当事人之间的争议 劳动关系当事人,一方为劳动者,另一方为用人单位。劳动者主要是指与在中国境内的企业、个体经济组织建立劳动合同关系的职工和与国家机关、事业组织、社会团体建立劳动合同关系的职工。用人单位是指在中国境内的企业、个体经济组织以及国家机关、事业组织、社会团体等与劳动者订立了劳动合同的单位。不具有劳动法律关系主体身份者之间所发生的争议,不属于劳动纠纷。如果争议不是发生在劳动关系双方当事人之间,即使争议内容涉及劳动问题,也不构成劳动争议。如,劳动者之间在劳动过程中发生的争议、用人单位之间因劳动力流动发生的争议、劳动者或用人单位与劳动行政管理中发生的争议、劳动者或用人单位与劳动行政部门在劳动行政管理中发生的争议、劳动者或用人单位与劳动服务主体在劳动服务过程中发生的争议等,都不属劳动纠纷。

(2)劳动纠纷的内容涉及劳动权利和劳动义务,是为实现劳动关系而产生的争议 劳动关系是劳动权利义务关系,如果劳动者与用人单位之间不是为了实现劳动权利和劳动义务而发生的争议,就不属于劳动纠纷的范畴。劳动权利和劳动义务的内容非常广泛,包括就业、工资、工时、劳动保护、劳动保险、劳动福利、职业培训、民主管理、奖励惩罚等。

(3)劳动纠纷既可以表现为非对抗性矛盾,也可以表现为对抗性矛盾,而且,两者在一定条件下可以相互转化 在一般情况下,劳动纠纷表现为非对抗性矛盾,给社会和经济带来不利影响。

二、解决劳动争议的方法

《劳动法》第七十条规定,"用人单位与劳动者发生劳动争议,当事人可以依法申请调解,仲裁,提起诉讼,也可以协商解决"。这里规定了解决劳动争议的四种基本方法,即调解、仲裁、诉讼和协商。

1. 调解

调解的特点是自愿性,调解的结果不具有强制性。同时,调解的原则,也适用于仲裁和诉讼程序。劳动法规定,在用人单位内,可以设立劳动争议调解委员会。劳动争议调解委员会由职工代表、用人单位代表和工会代表组成,劳动争议调解委员会主任由工会代表担任。劳动争议发生后,当事人可以向本单位劳动争议调解委员会申请调解,调解达成协议的,当事人应当履行。

2. 仲裁

劳动争议仲裁是指以第三者身份出现的劳动争议仲裁委员会,对劳动争议双方当事人争议的事项,依法做出裁决的活动。劳动法规定,当事人因发生劳动争议经调解不成,当事人一方可以向劳动争议仲裁委员会申请仲裁,也可以直接向劳动争议仲裁委员会申请仲裁。提出仲裁要求的一方应当自劳动争议发生之日起六十日内向劳动争议仲裁委员会提出书面申请。仲裁裁决一般应在收到仲裁申请的六十日内做出,对仲裁裁决无异议的,当事人必须履行。在法定期限内不起诉又不履行仲裁裁决的,另一方当事人可以申请人民法院强制执行。

3. 诉讼

劳动争议诉讼是劳动争议解决的最后程序,是人民法院对劳动争议行使最终裁判权。

劳动法规定,劳动争议当事人,对仲裁裁决不服的,可以自收到仲裁裁决书之日起十五日内向人民法院提起诉讼。

4. 协商

劳动争议协商是指争议双方当事人在自愿的情况下,本着实事求是的精神,解决争议的一种途径,但这不是"私了"。协商可以作为一种解决争议的手段,但不加以提倡,而是主动依法解决。所以劳动法规定,劳动争议也可以协商解决。因签订集体合同发生争议,当事人协商不成的,当地人民政府劳动行政部门可以组织有关方面协调处理。

案例分析

李某系某村村民,1998年5月被某供电公司聘用为抄表员,帮助公司在月底抄表收费,双方口头约定李某的报酬按照抄表的户数予以确认,每抄一个电表获得的报酬0.8元,多抄多得。李某开始抄表以后,最高时每月可领取500元,最低时每月只领取100元。2006年10月公司考虑李某年龄偏大,便提出与李某解除聘用关系。李某认为自己已经为公司工作了8年多,与公司之间存在事实劳动关系,公司不能随意与自己解除聘用关系,并于2006年10月20日向当地劳动仲裁委员会提出申诉,要求供电公司补缴其工作期间的社会保险金并支付经济补偿金。试分析:李某和某供电公司之间是否存在事实劳动关系。

蒋某高中毕业后参加了无数次招聘会,但因为自己学历低而被用人单位拒绝。蒋某迫不得已让一个专门做假证书的人给自己伪造了一个硕士学位证书。不久,蒋某被一个计算机公司录用,月薪8000,签订了3年的劳动合同,合同中没有约定试用期。由于蒋某根本无法胜任工作,公司就对他的学历产生了怀疑。

通过向学校核实,公司证明了蒋某的硕士学位证书是伪造的。于是,公司决定与蒋某解除合同,并且拒绝支付蒋某已经工作了一个月的工资。蒋某不同意,认为自己已经工作了一个月,应当拿到工资。公司认为蒋某欺骗了公司,不可能支付给蒋某工资。该怎样处理?

三、解决劳动争议的原则及处理程序

1. 解决劳动争议的原则

劳动法规定,"解决劳动争议,应当根据合法、公开、及时处理的原则,依法维护劳动争议当事人的合法权益"。所谓公平有两个含义,一是争议双方法律地位平等,平等地享有权利和履行义务;二是争议处理机构应当公平执法,保障和便利当事人行使权利不得偏向或歧视任何一方。由于劳动争议案件的特殊性,关系到职工就业、报酬、劳动条件等切身利益以及企业生产程序的稳定,必须及时迅速地加以解决,所以,劳动法规定,仲裁裁决一般应在收到仲裁申请的六十日内做出,这体现了及时处理原则。

2. 劳动争议的处理程序

根据《劳动法》第七十九条的规定,处理劳动争议程序是先调解,再仲裁,最后是诉讼。

这里强调的是,劳动争议调解是程序之一,但不是处理劳动争议的必须程序,当事人任何一方不愿调解,均可以直接向劳动争议仲裁委员会申请仲裁。劳动争议仲裁是解决劳动争议的必须程序,且是诉讼的前置程序,没有经过仲裁的劳动争议,法院是不受理的。只有对劳动争议仲裁裁决不服的,才可以向人民法院提起诉讼。这种做法与《仲裁法》的规定有所区别。仲裁法规定仲裁是自愿选择的,且是"裁审择一",即选择了仲裁就不能再提出诉讼请求。劳动法之所以规定仲裁前置,主要是为了保护劳动者的利益,因为在实际情况中大多

数劳动者选择了仲裁方法解决劳动争议,且仲裁具有程序简单、方便的特点,易于劳动者接受。

大陆法系与英美法系的区别

两者的主要区别包括以下几个方面:

第一,法律渊源不同。

大陆法系是成文法系,其法律以成文法即制定法的方式存在。英美法系的法律渊源既包括各种制定法,也包括判例。

第二,法律适用不同。

前者习惯用演绎形式,后者习惯用归纳的形式。

第三,判例地位不同。

前者不是正式渊源,后者是法。

第四,法律分类不同。

前者分为公法和私法,后者分为普通法、衡平法。

第五,法律编纂不同。

前者倾向法典形式,后者倾向单行法形式。

第六,诉讼程序不同。

前者的诉讼程序以法官为重心,具有纠问程序的特点;后者的诉讼程序以原告、被告及其辩护人和代理人为重心,具有抗辩式的特点,同时还存在陪审团制度。法系这种分类不能体现法的本质,但有助于促进法律文化的了解与交流。大陆法系和英美法系在历史上差异显著,但20世纪以来,这种差别开始缩小。

每章一练

1. 简述劳动法的概念及调整对象。
2. 劳动法的基本原则是什么?
3. 如何理解劳动法对劳动合同的规定?
4. 工作时间、休息休假的种类是什么?
5. 如何解决劳动争议?

第八章　社会保险法

教学目标

通过本章的学习,使学生了解社会保险法的概念、调整对象以及相关原则,理解劳动合同的有关规定。

教学要求

了解社会保险法的相关知识,包括基本概念、调整对象以及基本原则等。

知识点 1 《社会保险法》颁布实施的重要意义和立法原则

2010年10月28日,《中华人民共和国社会保险法》(以下称《社会保险法》)由第十一届全国人大常委会第十七次会议审议通过,并自2011年7月1日起施行。《社会保险法》是中国特色社会主义法律体系中起支架作用的重要法律,是一部着力保障和改善民生的法律。它的颁布实施,是我国人力资源社会保障法制建设中的又一个里程碑,对于建立覆盖城乡居民的社会保障体系,更好地维护公民参加社会保险和享受社会保险待遇的合法权益,使公民共享发展成果,促进社会主义和谐社会的建设,具有十分重要的意义。

一、重要意义

(1)《社会保险法》的颁布实施,是深入贯彻落实科学发展观、构建社会主义和谐社会的重大举措。

《社会保险法》对各项社会保险作出了全面的制度安排和规范,将党中央建立健全社会保障体系的重大决策和战略部署转化为根本性、稳定性的国家法律制度,这必将对构建社会主义和谐社会和国家的长治久安发挥重要的保障和推动作用。

(2)《社会保险法》的颁布实施,使我国社会保险制度发展全面进入法制化轨道。

《社会保险法》规范了社会保险关系,规定了用人单位和劳动者的权利与义务,强化了政府责任,明确了社会保险行政部门和社会保险经办机构的职责,确定了社会保险相关各方的法律责任。《社会保险法》的颁布实施,使社会保险制度更加稳定,运行更加规范,使相关各方,特别是广大劳动者有了维护自身合法权益的有力武器,并必将带动一系列单项法规、规章和规范性文件的制定实施,从而使社会保险体系建设全面进入法制化的轨道。

(3)《社会保险法》的颁布实施,为推动整个人力资源社会保障事业科学发展提供了进一步的法制保障。

《社会保险法》不仅对社会保险工作是极大的促进,也将对整个人力资源社会保障工作产生积极而深远的影响。《社会保险法》确立了广覆盖、可转移、可衔接的社会保险制度,从法律上破除了阻碍各类人才自由流动、劳动者在地区之间和城乡之间流动就业的制度性障碍,有利于形成和发展统一规范的人力资源市场;《社会保险法》进一步规范和明确了劳动者和用人单位的社会保险权利义务关系,有利于促进劳动关系的稳定与和谐。

二、立法原则

(1)使广大人民群众共享改革发展成果。

按照党的十七大提出的到2020年全面建设小康社会、基本建立覆盖城乡居民的社会保障体系的目标,《社会保险法》确立的我国社会保险制度框架,把城乡各类劳动者和居民分别纳入相应的社会保险制度,努力实现制度无缺失、覆盖无遗漏、衔接无缝隙,使全体人民在养老、医疗等方面有基本保障,无后顾之忧。

(2)公平与效率相结合,权利与义务相适应。

《社会保险法》从我国基本国情和社会主义初级阶段的实际出发,在政府主导的社会保险制度上,优先体现公平原则,做出适当的普惠性安排,通过增加政府公共财政投入,加大社

会财富再分配力度,防止和消除两极分化,促进社会和谐;同时体现激励和引导原则,坚持权利与义务相适应,把缴费型的社会保险作为社会保障的核心制度。

(3)确立框架,循序渐进。

《社会保险法》全面总结我国社会保险制度改革发展的实践经验,借鉴世界各国社会保险的有益做法,确立了我国社会保险体系建设的总体框架、基本方针、基本原则和基本制度;同时,《社会保险法》也保持了必要的灵活性,作出了一些弹性的或授权性的规定,为今后的制度完善和机制创新留出了空间。

知识点 2　社会保险体系的基本框架、覆盖范围及筹资渠道

一、基本框架

《社会保险法》规定,国家建立基本养老保险、基本医疗保险、工伤保险、失业保险、生育保险等社会保险制度,保障公民在年老、疾病、工伤、失业、生育等情况下依法从国家和社会获得物质帮助的权利。

(1)基本养老保险包括职工基本养老保险、新型农村社会养老保险和城镇居民社会养老保险。本法总结二十多年来我国养老保险制度改革的经验,对职工基本养老保险制度的覆盖范围、基本模式、资金来源、待遇构成、享受条件和调整机制等作了比较全面的规范,并规定了病残津贴和遗属抚恤制度。根据开展新型农村社会养老保险试点这一重大实践进展,本法对新型农村社会养老保险的主要制度作出规范。此外,本法还规定国家建立和完善城镇居民社会养老保险制度,同时授权省、自治区、直辖市人民政府根据实际情况,可以将城镇居民社会养老保险和新型农村社会养老保险合并实施,为逐步建立统筹城乡的养老保障体系奠定了法律基础。

(2)基本医疗保险包括职工基本医疗保险、新型农村合作医疗和城镇居民基本医疗保险。本法对职工基本医疗保险制度和城镇居民基本医疗保险制度的覆盖范围、资金来源、待遇项目及享受条件、医疗保险费用结算办法等作了比较全面的规定,对新型农村合作医疗制度作了原则规定,并授权国务院规定管理办法。工伤保险、失业保险和生育保险制度经过十多年的实践,已经比较成熟。本法在总结实践经验的基础上,对工伤保险、失业保险和生育保险的规定也分别单独成章,对其覆盖范围、资金来源、待遇项目和享受条件等作了具体规定。

二、覆盖范围

《社会保险法》将我国境内所有用人单位和个人都纳入了社会保险制度的覆盖范围,具体是:

(1)基本养老保险制度和基本医疗保险制度覆盖了我国城乡全体居民。即用人单位及其职工应当参加职工基本养老保险和职工基本医疗保险;无雇工的个体工商户、未在用人单位参加社会保险的非全日制从业人员以及其他灵活就业人员可以参加职工基本养老保险和职工基本医疗保险;农村居民可以参加新型农村社会养老保险和新型农村合作医疗;城镇未就业的居民可以参加城镇居民社会养老保险和城镇居民基本医疗保险;进城务工的农村居

民依照本法规定参加社会保险;公务员和参照公务员法管理的工作人员养老保险的办法由国务院规定。

(2)工伤保险、失业保险和生育保险制度覆盖了所有用人单位及其职工。

(3)被征地农民也纳入相应的社会保险制度。被征地农民到用人单位就业的,都应当参加全部五项社会保险。对于未就业,转为城镇居民的,可以参加城镇居民社会养老保险和城镇居民基本医疗保险,继续保留农村居民身份的,可以参加新型农村社会养老保险和新型农村合作医疗保险。

(4)在中国境内就业的外国人,也应当参照本法规定参加我国的社会保险。

三、筹资渠道

国家多渠道筹集社会保险资金。《社会保险法》规定了各项社会保险制度的筹资渠道,明确了用人单位、个人和政府在社会保险筹资中的责任。具体是:

(1)城镇职工社会保险基金的主要来源是社会保险缴费。本法规定,职工基本养老保险、职工基本医疗保险和失业保险费用,由用人单位和职工共同缴纳,工伤保险和生育保险费用由用人单位缴纳,职工个人不缴费。

(2)居民社会保险基金主要由社会保险缴费和政府补贴构成。本法规定,新型农村社会养老保险实行个人缴费、集体补助和政府补贴相结合;城镇居民基本医疗保险实行个人缴费和政府补贴相结合。

(3)明确了政府在社会保险筹资中的责任。本法规定,县级以上人民政府对社会保险事业给予必要的经费支持,在社会保险基金出现支付不足时给予补贴;国有企业、事业单位职工参加基本养老保险前,视同缴费年限期间应当缴纳的基本养老保险费由政府承担;在新型农村社会养老保险和城镇居民基本医疗保险制度中,政府对参保人员给予补贴;基本养老保险基金出现支付不足时,政府给予补贴;国家设立全国社会保障基金,由中央财政预算拨款以及国务院批准的其他方式筹集的资金构成,用于社会保障支出的补充、调剂。

知识点 3 社会保险的待遇项目和享受条件

为了保障参加社会保险的个人及时足额领取社会保险待遇,《社会保险法》在现行规定的基础上,分别概括地规定了各项社会保险的待遇和享受条件,并总结实践经验,有所发展。

一、基本养老保险待遇

(1)参加基本养老保险的个人,达到法定退休年龄时累计缴费满十五年的,按月领取基本养老金。基本养老金由统筹养老金(现行制度中称为基础养老金)和个人账户养老金组成,基本养老金根据个人累计缴费年限、缴费工资、当地职工平均工资、个人账户金额、城镇人口平均预期寿命等因素确定。缴费不足十五年的人员可以缴费至满十五年,按月领取基本养老金;也可以转入新型农村社会养老保险或者城镇居民社会养老保险,按照国务院规定享受相应的养老保险待遇。

(2)参加新型农村社会养老保险的农村居民,符合国家规定条件的,按月领取新型农村社会养老保险待遇。新型农村社会养老保险待遇由基础养老金和个人账户养老金组成。

(3)参加基本养老保险的个人,因病或者非因工死亡的,其遗属可以领取丧葬补助金和抚恤金;在未达到法定退休年龄时因病或者非因工致残完全丧失劳动能力的,可以领取病残津贴。

二、基本医疗保险待遇

由于我国各地经济发展水平不同,医疗服务提供能力和医疗消费水平等差距都很大。考虑到这个实际情况,本法没有对基本医疗保险待遇项目和享受条件作更为具体的规定。需要特别指出的有两点:

(1)为了缓解个人垫付大量医疗费的问题,本法规定了基本医疗保险费用直接结算制度。参保人员就医发生的医疗费用中,按照规定应当由基本医疗保险基金支付的部分,由社会保险经办机构与医疗机构、药品经营单位直接结算;社会保险行政部门和卫生行政部门应当建立异地就医医疗费用结算制度,方便参保人员享受基本医疗保险待遇。

(2)在明确应当由第三人负担的医疗费用不纳入基本医疗保险基金支付范围的同时,本法规定,医疗费用依法应当由第三人负担,第三人不支付或者无法确定第三人的,由基本医疗保险基金先行支付后,再向第三人追偿。

三、工伤保险待遇

在《工伤保险条例》规定的工伤保险待遇基础上,《社会保险法》有三项突破:

(1)将现行规定由用人单位支付的工伤职工"住院伙食补助费""到统筹地区以外就医的交通食宿费"和"终止或者解除劳动合同时应当享受的一次性医疗补助金"改为由工伤保险基金支付,在进一步保障工伤职工权益的同时,减轻了参保用人单位的负担。

(2)为保证工伤职工得到及时救治,本法规定了工伤保险待遇垫付追偿制度。即职工所在用人单位未依法缴纳工伤保险费,发生工伤事故的,由用人单位支付工伤保险待遇。用人单位不支付的,从工伤保险基金中先行支付,然后由社会保险经办机构依照本法规定追偿。

(3)规定由于第三人的原因造成工伤,第三人不支付工伤医疗费用或者无法确定第三人的,由工伤保险基金先行支付后,向第三人追偿。

四、失业保险待遇

在《失业保险条例》规定的失业保险待遇基础上,《社会保险法》进一步规定:

(1)对于失业人员在领取失业保险金期间患病就医,由现行规定可以申领少量的医疗补助金,改为参加职工基本医疗保险并享受相应的基本医疗保险待遇,其应当缴纳的基本医疗保险费从失业保险基金中支付,从而提高了失业人员的医疗保障水平。

(2)明确个人死亡同时符合领取基本养老保险丧葬补助金、工伤保险丧葬补助金和失业保险丧葬补助金条件的,其遗属只能选择领取其中的一项。

五、生育保险待遇

在总结生育保险制度实施经验的基础上,本法规定,用人单位已经缴纳生育保险费的,其职工享受生育保险待遇,生育保险待遇包括生育医疗费用和生育津贴;职工未就业配偶按照国家规定享受生育医疗费用待遇。

知识点 4　社会保险关系转移接续和社会保险费征缴制度

一、社会保险关系转移接续

《社会保险法》规定了基本养老保险、基本医疗保险、失业保险的转移接续制度。

(1)个人跨统筹地区就业的,其基本养老保险关系随本人转移,缴费年限累计计算。个人达到法定退休年龄时,基本养老金分段计算,统一支付。具体办法由国务院规定。

(2)个人跨统筹地区就业的,其基本医疗保险关系随本人转移,缴费年限累计计算。

(3)职工跨统筹地区就业的,其失业保险关系随本人转移,缴费年限累计计算。

二、社会保险费征缴制度

在总结《社会保险费征缴暂行条例》实施经验的基础上,《社会保险法》进一步完善了社会保险费征缴制度,增强了征缴的强制性,为加强征缴工作提供了更有力的法律保障。

(1)规定了社会保险信息沟通共享机制。为了保证社会保险相关信息的及时性、准确性,《社会保险法》规定,工商行政管理部门、民政部门和机构编制管理机关应当及时向社会保险经办机构通报用人单位的成立、终止情况,公安机关应当及时向社会保险经办机构通报个人的出生、死亡以及户口登记、迁移、注销等情况。

(2)明确了灵活就业人员社会保险登记、缴费制度。《社会保险法》规定,参加社会保险的无雇工的个体工商户、未在用人单位参加社会保险的非全日制从业人员以及其他灵活就业人员,向社会保险经办机构申请办理社会保险登记,可以直接向社会保险费征收机构缴纳社会保险费。

(3)明确了社会保险费实行统一征收的方向,授权国务院规定实施步骤和具体办法。

(4)建立了社会保险费的强制征缴制度。包括以下措施:

一是从用人单位存款账户直接划拨社会保险费。《社会保险法》第六十三条规定,用人单位未按时足额缴纳社会保险费,经社会保险费征收机构责令其限期缴纳或者补足,逾期仍不缴纳或者补足的,社会保险费征收机构可以申请县级以上有关行政部门作出从用人单位存款账户中划拨社会保险费的决定,并书面通知其开户银行或者其他金融机构划拨社会保险费。

二是用人单位账户余额少于应当缴纳的社会保险费的,社会保险费征收机构可以要求该用人单位提供担保,签订延期缴费协议。

三是用人单位未足额缴纳社会保险费且未提供担保的,社会保险费征收机构可以申请人民法院扣押、查封、拍卖其价值相当于应当缴纳社会保险费的财产,以拍卖所得抵缴社会保险费。

知识点 5　社会保险基金管理制度和社会保险监督制度

一、社会保险基金管理制度

为了加强基金管理,《社会保险法》作了以下规定:

(1)规范了社会保险基金的管理原则。根据本法规定,社会保险基金管理应当遵守以下

原则:一是各项社会保险基金按照社会保险险种分别建账,分账核算,执行国家统一的会计制度。二是社会保险基金通过预算实现收支平衡。社会保险基金按照统筹层次设立预算;社会保险基金预算按照社会保险项目分别编制;社会保险基金预算、决算草案的编制、审核和批准,依照法律和国务院规定执行。三是社会保险基金专款专用,任何组织和个人不得侵占或者挪用。社会保险基金不得违规投资运营,不得用于平衡其他政府预算,不得用于兴建、改建办公场所和支付人员经费、运行费用、管理费用,或者违反法律、行政法规规定挪作其他用途。四是社会保险基金在保证安全的前提下,按照国务院规定投资运营实现保值增值,从而为社会保险基金投资运营奠定了法律基础。

(2)明确了提高社会保险基金统筹层次的方向。本法规定,基本养老保险基金逐步实行全国统筹,其他社会保险基金逐步实行省级统筹。考虑到社会保险基金的统筹层次取决于多方面的因素,本法授权国务院规定提高统筹层次的具体时间和步骤。

二、社会保险监督制度

加强社会保险监督,维护社会保险基金安全,是各方的共识。《社会保险法》从人大监督、行政监督、社会监督等三个方面,建立了比较完善的社会保险监督体系。

1. 人大监督

《社会保险法》规定,各级人民代表大会常务委员会听取和审议本级人民政府对社会保险基金的收支、管理、投资运营以及监督检查情况的专项工作报告,组织对本法实施情况的执法检查等,依法行使监督职权。

2. 行政监督

《社会保险法》规定,国家对社会保险基金实行严格监管,并明确了各级人民政府及其社会保险行政部门、财政部门、审计机关在社会保险监督方面的职责。

(1)规定了各级人民政府在社会保险监督方面的职责:国务院和省、自治区、直辖市人民政府建立健全社会保险基金监督管理制度,保障社会保险基金安全、有效运行。

(2)从两个方面规定了社会保险行政部门的监督职责:

一是规定县级以上人民政府社会保险行政部门应当加强对用人单位和个人遵守社会保险法律、法规情况的监督检查。这属于劳动保障监察活动,其措施在《劳动保障监察条例》中已有详细规定,因此本法没有再作具体规定。

二是规定社会保险行政部门对社会保险基金的收支、管理和投资运营情况进行监督检查,并规定了三项措施:①查阅、记录、复制与社会保险基金收支、管理和投资运营相关的资料,对可能被转移、隐匿或者灭失的资料予以封存;②询问与调查事项有关的单位和个人,要求其对与调查事项有关的问题作出说明,提供有关证明材料;③对隐匿、转移、侵占、挪用社会保险基金的行为予以制止并责令改正。

(3)规定财政部门、审计机关按照各自职责,对社会保险基金的收支、管理和投资运营情况实施监督。

3. 社会监督

《社会保险法》要求县级以上人民政府采取措施,鼓励和支持社会各方面参与社会保险基金的监督,并作了以下规定:

(1)规定了社会保险监督委员会的设立、组成和主要职责。本法规定,统筹地区人民政府成立由用人单位代表、参保人员代表,以及工会代表、专家等组成的社会保险监督委员会。

其主要职责是：掌握、分析社会保险基金的收支、管理和投资运营情况，对社会保险工作提出咨询意见和建议，实施社会监督；听取社会保险经办机构关于社会保险基金的收支、管理和投资运营情况的汇报；聘请会计师事务所对社会保险基金的收支、管理和投资运营情况进行年度审计和专项审计；对发现存在问题的，有权提出改正建议；对社会保险经办机构及其工作人员的违法行为，有权向有关部门提出依法处理建议。

(2)规定了工会的监督。本法规定，工会依法维护职工的合法权益，有权参与社会保险重大事项的研究，参加社会保险监督委员会，对与职工社会保险权益有关的事项进行监督。

(3)规定有关部门和单位应当向社会公布或者公开社会保险方面的信息，主动接受社会监督。包括：社会保险行政部门应当定期向社会公布社会保险基金检查结果；社会保险经办机构应当定期向社会公布参加社会保险情况以及社会保险基金的收入、支出、结余和收益情况；社会保险监督委员会应当向社会公开审计结果。

知识点 6　法律责任

《社会保险法》强化了违反本法行为所应承担的法律责任，主要有：

(1)用人单位违反《社会保险法》的法律责任。本法规定，用人单位不办理社会保险登记且在社会保险行政部门责令改正期限内不改正的，对用人单位处应缴社会保险费数额一倍以上三倍以下的罚款，对其直接负责的主管人员和其他直接责任人员处五百元以上三千元以下的罚款；用人单位未按时足额缴纳社会保险费的，由社会保险费征收机构责令限期缴纳或者补足，并自欠缴之日起，按日加收万分之五的滞纳金；逾期仍不缴纳的，由有关行政部门处欠缴数额一倍以上三倍以下的罚款。

(2)骗取社会保险基金支出或者骗取社会保险待遇的法律责任。本法规定，有关单位及其工作人员或者个人以欺诈、伪造证明材料或者其他手段骗取社会保险基金支出或者骗取社会保险待遇的，应当退回骗取的金额，并处骗取金额二倍以上五倍以下的罚款；属于社会保险服务机构的，解除服务协议；直接主管人员和其他直接责任人员有执业资格的，依法吊销其执业资格。

(3)违反社会保险基金管理的法律责任。违反本法规定，隐匿、转移、侵占、挪用社会保险基金或者违规投资运营的，由社会保险行政部门、财政部门、审计机关责令追回；有违法所得的，没收违法所得；对直接负责的主管人员和其他直接责任人员依法给予处分。

(4)有关行政部门和单位及其工作人员违反《社会保险法》的法律责任。社会保险经办机构及其工作人员未履行社会保险法定职责的，社会保险费征收机构擅自更改社会保险费缴费基数、费率，导致少收或者多收社会保险费的，由有关行政部门责令改正，对直接负责的主管人员和其他直接责任人员依法给予处分。有关行政部门、社会保险经办机构、社会保险费征收机构及其工作人员泄露用人单位和个人信息的，对直接负责的主管人员和其他直接责任人员依法给予处分；给用人单位或者个人造成损失的，应当承担赔偿责任。

每章一练

1. 社会保险制度的含义是什么？
2. 社会保险制度有哪些具体的规定？